Basics Zivilrecht

Band 5

Handels- und Gesellschaftsrecht

Hemmer/Wüst/d'Alquen

Hemmer/Wüst Verlagsgesellschaft

Hemmer/Wüst/d'Alquen, Basics Zivilrecht V, Handels- und Gesellschaftsrecht

ISBN 978-3-86193-981-8

10. Auflage 2021

gedruckt auf chlorfrei gebleichtem Papier
von Schleunungdruck GmbH, Marktheidenfeld

Juristisches Repetitorium
hemmer

URSORTE IM ÜBERBLICK

IGSBURG
st
gentheimer Str. 44
82 Würzburg
: (0931) 79 78 230
. (0931) 79 78 234
l: augsburg@hemmer.de

BAYREUTH
Daxhammer/d´Alquen
Parkweg 7
97944 Boxberg
Tel.: (07930) 99 23 38
Fax: (07930) 99 22 51
Mail: bayreuth@hemmer.de

BERLIN-DAHLEM
Gast
Schumannstraße 18
10117 Berlin
Tel.: (030) 240 45 738
Fax: (030) 240 47 671
Mail: mitte@hemmer-berlin.de

BERLIN-MITTE
Gast
Schumannstraße 18
10117 Berlin
Tel.: (030) 240 45 738
Fax: (030) 240 47 671
Mail: mitte@hemmer-berlin.de

BIELEFELD
Lück
Salzstr. 14/15
48143 Münster
Tel.: (0251) 67 49 89 70
Fax.: (0251) 67 49 89 71
Mail: bielefeld@hemmer.de

CHUM
lömer/Sperl
zstr. 14/15
43 Münster
: (0251) 67 49 89 70
.: (0251) 67 49 89 71
l: bochum@hemmer.de

BONN
Ronneberg/Clobes/Geron
Meckenheimer Allee 148
53115 Bonn
Tel.: (0228) 91 14 125
Fax: (0228) 91 14 141
Mail: bonn@hemmer.de

BREMEN
Hemmer/Wüst
Mergentheimer Str. 44
97082 Würzburg
Tel.: (0931) 79 78 257
Fax: (0931) 79 78 240
Mail: bremen@hemmer.de

DRESDEN
Weber
Täubchenweg 83
04317 Leipzig
Tel.: (0175) 93 13 967
Mail: leipzig@hemmer.de

DÜSSELDORF
Ronneberg/Clobes/Geron
Meckenheimer Allee 148
53113 Bonn
Tel.: (0228) 91 14 125
Fax: (0228) 91 14 141
Mail: duesseldorf@hemmer.de

LANGEN
ger/Tyroller
gentheimer Str. 44
82 Würzburg
(0931) 79 78 230
: (0931) 79 78 234
l: erlangen@hemmer.de

FRANKFURT/M.
Geron/Hahn/Bold
Dreifaltigkeitsweg 49
53489 Sinzig
Tel.: (02642) 61 44
Fax: (02642) 61 44
Mail: frankfurt.main@hemmer.de

FRANKFURT/O.
Gast
Schumannstraße 18
10117 Berlin
Tel.: (030) 240 45 738
Fax: (030) 240 47 671
Mail: mitte@hemmer-berlin.de

FREIBURG
Behler/Rausch
Rohrbacher Str. 3
69115 Heidelberg
Tel.: (06221) 65 33 66
Fax: (06221) 65 33 30
Mail: freiburg@hemmer.de

GIEßEN
Sperl
Parkweg 7
97944 Boxberg
Tel.: (07930) 99 23 38
Fax: (07930) 99 22 51
Mail: giessen@hemmer.de

TTINGEN
lömer/Sperl
hhofgärten 22
35 Kupferzell
(07944) 94 11 05
: (07944) 94 11 08
l: goettingen@hemmer.de

GREIFSWALD
Lück
Knieperstraße 20
18439 Stralsund
Tel.: (03831) 26 27 17
Fax: (03831) 26 27 28
Mail: greifswald@hemmer.de

HALLE
Weber
Täubchenweg 83
04317 Leipzig
Tel.: (0175) 93 13 967
Mail: halle@hemmer.de

HAMBURG
Schlömer/Sperl
Steinhöft 5-7
20459 Hamburg
Tel.: (040) 317 669 17
Fax: (040) 317 669 20
Mail: hamburg@hemmer.de

HANNOVER
Daxhammer/Sperl
Matzenhecke 23
97204 Höchberg
Tel.: (0931) 400 337
Fax: (0931) 404 3109
Mail: hannover@hemmer.de

IDELBERG
ler/Rausch
rbacher Str. 3
15 Heidelberg
(06221) 65 33 66
: (06221) 65 33 30
: heidelberg@hemmer.de

JENA
Weber
Täubchenweg 83
04317 Leipzig
Tel.: (0175) 93 13 967
Mail: halle@hemmer.de

KIEL
Onoszko/Lück
Knieperstraße 20
18439 Stralsund
Tel.: (03831) 26 27 17
Fax: (03831) 26 27 28
E-Mail: kiel@hemmer.de

KÖLN
Ronneberg/Clobes/Geron
Meckenheimer Allee 148
53113 Bonn
Tel.: (0228) 91 14 125
Fax: (0228) 91 14 141
Mail: koeln@hemmer.de

KONSTANZ
Kaiser
Hindenburgstr. 15
78467 Konstanz
Tel.: (07531) 69 63 63
Fax: (07531) 69 63 64
Mail: konstanz@hemmer.de

PZIG
oer
bchenweg 83
17 Leipzig
(0175) 93 13 967
l: leipzig@hemmer.de

MAINZ
Geron
Dreifaltigkeitsweg 49
53489 Sinzig
Tel.: (02642) 61 44
Fax: (02642) 61 44
Mail: mainz@hemmer.de

MANNHEIM
Behler/Rausch
Rohrbacher Str. 3
69115 Heidelberg
Tel.: (06221) 65 33 66
Fax: (06221) 65 33 30
Mail: mannheim@hemmer.de

MARBURG
Sperl
Parkweg 7
97944 Boxberg
Tel.: (07930) 99 23 38
Fax: (07930) 99 22 51
Mail: marburg@hemmer.de

MÜNCHEN
Wüst
Mergentheimer Str. 44
97082 Würzburg
Tel.: (0931) 79 78 230
Fax: (0931) 79 78 234
Mail: muenchen@hemmer.de

ÜNSTER
lömer/Sperl
zstr. 14/15
43 Münster
(0251) 67 49 89 70
.: (0251) 67 49 89 71
: muenster@hemmer.de

OSNABRÜCK
Fethke
Philosophenweg 23
23970 Wismar
Tel.: (0541) 18 55 21 79
Mail: osnabrueck@hemmer.de

PASSAU
Rath/Wenzl
Mergentheimer Str. 44
97082 Würzburg
Tel.: (0931) 79 78 247
Fax: (0931) 79 78 260
Mail: passau@hemmer.de

POTSDAM
Gast
Schumannstraße 18
10117 Berlin
Tel.: (030) 240 45 738
Fax: (030) 240 47 671
Mail: mitte@hemmer-berlin.de

REGENSBURG
Daxhammer/d´Alquen
Parkweg 7
97944 Boxberg
Tel.: (07930) 99 23 38
Fax: (07930) 99 22 51
Mail: regensburg@hemmer.de

STOCK
ke/Lück
eperstraße 20
39 Stralsund
(03831) 26 27 17
: (03831) 26 27 28
l: rostock@hemmer.de

SAARBRÜCKEN
Bold/Hein/Issa
Preslesstraße 2
66987 Thaleischweiler-Fröschen
Tel.: (06334) 98 42 83
Fax: (06334) 98 42 83
Mail: saarbruecken@hemmer.de

TRIER
Geron
Dreifaltigkeitsweg 49
53489 Sinzig
Tel.: (02642) 61 44
Fax: (02642) 61 44
Mail: trier@hemmer.de

TÜBINGEN
Kaiser
Hindenburgstr. 15
78465 Konstanz
Tel.: (07531) 69 63 63
Fax: (07531) 69 63 64
Mail: tuebingen@hemmer.de

WÜRZBURG - ZENTRALE -
Mergentheimer Str. 44
97082 Würzburg
Tel.: (0931) 79 78 230
Fax: (0931) 79 78 234
Mail: wuerzburg@hemmer.de

ASSESSORKURSORTE IM ÜBERBLICK

BAYERN
WÜRZBURG/MÜNCHEN/NÜRNBERG/REGENSBURG/POSTVERSAND

RA Gold
Mergentheimer Str. 44
97082 Würzburg
Tel.: (0931) 79 78 2-50
Fax: (0931) 79 78 2-51
Mail: assessor@hemmer.de

BADEN-WÜRTTEMBERG
KONSTANZ/TÜBINGEN/POSTVERSAND

RA Kaiser
Hindenburgstr. 15
78467 Konstanz
Tel.: (07531) 69 63 63
Fax: (07531) 69 63 64
Mail: konstanz@hemmer.de

STUTTGART

RAin Baier / RA Baier
Mergentheimerstr. 44
97082 Würzburg
Tel. 0931-7978247
Fax. 0931-7978260
Mail: stuttgart@hemmer.de

BERLIN/POTSDAM/BRANDENBURG
BERLIN

RA Gast
Schumannstr. 18
10117 Berlin
Tel.: (030) 24 04 57 38
Fax: (030) 24 04 76 71
Mail: mitte@hemmer-berlin.de

BREMEN/HAMBURG
HAMBURG/POSTVERSAND

RAe Sperl/Clobes/Dr. Schlömer
Kirchhofgärten 22
74635 Kupferzell
Tel.: (07944) 94 11 05
Fax: (07944) 94 11 08
Mail: assessor-nord@hemmer.de

HESSEN
FRANKFURT

RA Geron
Dreifaltigkeitsweg 49
53489 Sinzig
Tel.: (02642) 61 44
Fax: (02642) 61 44
Mail: frankfurt.main@hemmer.de

MECKLENBURG-VORPOMMERN
POSTVERSAND

RAe Burke/Lück
Buchbinderstr. 17
18055 Rostock
Tel.: (0381) 37 77 40 0
Fax: (0381) 37 77 40 1
Mail: rostock@hemmer.de

RHEINLAND-PFALZ
POSTVERSAND

RA Geron
Dreifaltigkeitsweg 49
53489 Sinzig
Tel.: (02642) 61 44
Fax: (02642) 61 44
Mail: trier@hemmer.de

NIEDERSACHSEN
HANNOVER

RAe Sperl/Schlömer
Steinhöft 5 - 7
20459 Hamburg
Tel.: (040) 317 669 17
Fax: (040) 317 669 20
Mail: assessor-nord@hemmer.de

HANNOVER POSTVERSAND

RAe Sperl/Clobes/Dr. Schlömer
Kirchhofgärten 22
74635 Kupferzell
Tel.: (07944) 94 11 05
Fax: (07944) 94 11 08
Mail: assessor-nord@hemmer.de

NORDRHEIN-WESTFALEN
KÖLN/BONN/DORTMUND/DÜSSELDORF/POSTVERSAND

RAin Dr. Ronneberg
Meckenheimer Allee 148
53113 Bonn
Tel.: (0228) 91 14 125
Fax: (0228) 91 14 141
Mail: koeln@hemmer.de

SCHLESWIG-HOLSTEIN
POSTVERSAND

RAe Sperl/Clobes/Dr. Schlömer
Kirchhofgärten 22
74635 Kupferzell
Tel.: (07944) 94 11 05
Fax: (07944) 94 11 08
Mail: assessor-nord@hemmer.de

THÜRINGEN

RAe Singbartl/Weber
Täubchenweg 83
04317 Leipzig
Tel.: (0175) 93 13 967
Mail: halle@hemmer.de

SACHSEN

RAe Singbartl/Weber
Täubchenweg 83
04317 Leipzig
Tel.: (0175) 93 13 967
Mail: leipzig@hemmer.de

SACHSEN-ANHALT

RAe Singbartl/Weber
Täubchenweg 83
04317 Leipzig
Tel.: (0175) 93 13 967
Mail: halle@hemmer.de

INHALTSVERZEICHNIS

Die Zahlen beziehen sich auf die Seiten des Skripts.

Vorwort

Basics mit der hemmer-Methode

Wer in vier Jahren sein Studium abschließen will, kann sich einen Irrtum in Bezug auf Stoffauswahl und -aneignung nicht leisten. Hoffen Sie nicht auf leichte Rezepte und den einfachen Rechtsprechungsfall. Hüten Sie sich vor Übervereinfachung beim Lernen. Stellen Sie deswegen frühzeitig die Weichen richtig.

Die „Basics" schaffen Voraussetzungen für das Verstehen der Juristerei, ermöglichen Ihnen Verständnis für klausurtypische Probleme und sind Ihnen in der Klausur eine **Anwendungshilfe**, die Sie mit den üblichen juristischen Denkmustern von Klausurerstellern vertraut machen. Wissen wird konsequent unter Anwendungsgesichtspunkten erworben.

Die **hemmer-Methode** vermittelt Ihnen die **erste richtige Einordnung** und das **Problembewusstsein**, welches Sie brauchen, um an einer Klausur bzw. dem Ersteller nicht vorbeizuschreiben. Häufig ist dem Studierenden nicht klar, warum er schlechte Klausuren schreibt. Wir geben Ihnen **gezielte Tipps**! Vertrauen Sie auf unsere **Expertenkniffe**.

Durch die ständige Diskussion mit unseren Kursteilnehmerinnen und Kursteilnehmern ist uns als erfahrenen Repetitoren klar geworden, welche **Probleme** die Studierenden haben, ihr **Wissen anzuwenden**. Wir haben aber auch von unseren Kursteilnehmerinnen und Kursteilnehmern profitiert und von ihnen erfahren, welche **Argumentationsketten** in der Prüfung zum Erfolg geführt haben.

Die **hemmer-Methode** gibt **jahrelange Erfahrung** weiter, erspart Ihnen viele schmerzliche Irrtümer, setzt richtungsweisende Maßstäbe und begleitet Sie als **Gebrauchsanweisung** in Ihrer Ausbildung:

1. Grundwissen:

Die **Grundwissenskripten** sind für die Studierenden in den ersten Semestern gedacht. In den Theoriebänden Grundwissen werden leicht verständlich und kurz die wichtigsten Rechtsinstitute vorgestellt und das notwendige Grundwissen vermittelt. Die Skripten werden durch den jeweiligen Band unserer **Reihe „Die wichtigsten Fälle“** ergänzt.

2. Basics:

Das Grundwerk für Studium und Examen. Es schafft schnell **Einordnungswissen** und mittels der hemmer-Methode richtiges Problembewusstsein für Klausur und Hausarbeit. Wichtig ist, **wann und wie** Wissen in der Klausur angewendet wird.

3. Skriptenreihe:

Vertiefendes Prüfungswissen: Über 1.000 Klausuren wurden auf ihre „essentials" abgeklopft.

Anwendungsorientiert werden die für die Prüfung nötigen Zusammenhänge umfassend aufgezeigt und wiederkehrende Argumentationsketten eingeübt.

Gleichzeitig wird durch die **hemmer-Methode** auf **anspruchsvollem Niveau** vermittelt, nach welchen Kriterien Prüfungsfälle beurteilt werden. Mit dem Verstehen wächst die Zustimmung zu Ihrem Studium. Spaß und Motivation beim Lernen entstehen erst durch Verständnis.

Lernen Sie, durch Verstehen am juristischen Sprachspiel teilzunehmen. Wir schaffen den „background“, mit dem Sie die innere Struktur von Klausur und Hausarbeit erkennen: **„Problem erkannt, Gefahr gebannt“**. Profitieren Sie von unserem **strategischen Wissen**. Wir werden Sie mit unserem know-how auf das Anforderungsprofil einstimmen, das Sie in Klausur und Hausarbeit erwartet.

Die Theoriebände Grundwissen, die Basics, die Skriptenreihe und der Hauptkurs sind als **modernes, offenes und flexibles Lernsystem** aufeinander abgestimmt und ergänzen sich ideal. Die **studentenfreundliche Preisgestaltung** ermöglicht den **Erwerb als Gesamtwerk**.

4. Hauptkurs:

Schulung am examenstypischen Fall mit der Assoziationsmethode. Trainieren Sie unter professioneller Anleitung, was Sie im Examen erwartet und wie Sie bestmöglich mit dem Examensfall umgehen.

Nur wer die Dramaturgie eines Falles verstanden hat, ist in Klausur und Hausarbeit auf der sicheren Seite! Häufig hören wir von unseren Kursteilnehmenden: **„Erst jetzt hat Jura richtig Spaß gemacht“**.

Die Ergebnisse unserer Kursteilnehmerinnen und Kursteilnehmer geben uns Recht. Maßstab ist der Erfolg. Die Examensergebnisse zeigen, dass unsere Kursteilnehmenden überdurchschnittlich abschneiden.

Die Examensergebnisse unserer Kursteilnehmerinnen und Kursteilnehmer können auch Ansporn für Sie sein, intelligent zu lernen: Wer nur auf vier Punkte lernt, landet leicht bei drei.

Lassen Sie sich aber nicht von diesen Supernoten verschrecken, sehen Sie dieses Niveau als Ansporn für Ihre Ausbildung.

Wir hoffen, mit unserem Gesamtangebot bei der Konkretisierung des Rechts mitzuwirken und wünschen Ihnen **viel Spaß beim Durcharbeiten** unserer Skripten.

Wir würden uns freuen, mit Ihnen in unserem Hauptkurs und mit der **hemmer-Methode** gemeinsam Verständnis an der Juristerei zu trainieren. Nur wer erlernt, was ihn im Examen erwartet, lernt richtig!

So leicht ist es, uns kennenzulernen: Probehören ist jederzeit in den jeweiligen Kursorten möglich.

Karl-Edmund Hemmer & Achim Wüst

§ 1 EINLEITUNG

Die große Bedeutung des Handels- und Gesellschaftsrechts zeigt sich in der zunehmenden Anhäufung von handels- und gesellschaftsrechtlichen Bezügen in Übungsklausuren und später im Examen. Unsere Basics-Skript Reihe ist gerade für frühe und mittlere Semester gedacht. Unsere Empfehlung: Beginnen Sie möglichst frühzeitig mit den „Basics".

Die Klausurrelevanz des Handels- und Gesellschaftsrechts hat noch weitere Gründe: So bieten sich dem Klausurersteller - wie in kaum einem anderen Rechtsgebiet - unzählige Schnittstellen zum allgemeinen bürgerlichen Recht. Nahezu jede bürgerlich-rechtliche Klausur lässt sich ohne großen Aufwand handels- oder gesellschaftsrechtlich „aufpeppen". Damit kann der Ersteller der Klausur die Notenskala von 0 bis 18 ausschöpfen. Häufig handelt es sich nur um einen Aufhänger, den man in der Klausur richtig einordnen muss.

Gesellschaftsrecht setzt i.d.R. mindestens zwei Personen voraus. Derartige „Mehrpersonenverhältnisse" sind - wie Sie vielleicht schon aus der „normalen" BGB-Klausur wissen - ebenfalls ein beliebtes Mittel, den Schwierigkeitsgrad einer Klausur zu erhöhen.

Besonderen Wert legen wir dabei darauf, Grundverständnis für das Gesellschaftsrecht zu vermitteln, ohne aber unzulässig zu vereinfachen. So wird die BGB-Gesellschaft als Grundtyp insbesondere haftungsrechtlich eingehend erörtert. Ausgehend von der BGB-Gesellschaft wird das ganze System der Personengesellschaften erschlossen. An Beispielen orientiert wird den Besonderheiten im Innen- und Außenverhältnis bei den jeweiligen Gesellschaftsformen Rechnung getragen. Auch die juristischen Personen werden in ihren Grundzügen erklärt. Die klausurrelevanten handelsrechtlichen Themenkreise, wie u.a. Kaufmannsbegriff, Publizität des Handelsregisters, beiderseitiger Handelskauf haben wir versucht, möglichst einfach und klar darzustellen. So gelangen Sie zum so wichtigen Grundverständnis der klausurrelevanten Problemfelder.

Es gibt nicht viele Rechtsgebiete, die sich so stark wechselseitig beeinflussen, wie Handels- und Gesellschaftsrecht. Wer daher das eine Rechtsgebiet beherrschen will, kommt um die Beschäftigung mit dem anderen nicht herum. Die Reihenfolge hingegen, in der man sich diese beiden Materien aneignet, ist weitestgehend dem persönlichen Geschmack überlassen. Wir haben in diesem Skript aus zwei Gründen mit dem Gesellschaftsrecht begonnen: Einerseits ist ein Großteil der gesellschaftsrechtlichen Basics im BGB, also auch für den Einsteiger auf halbwegs „vertrautem Gelände", geregelt.

Andererseits werfen viele Regelungen des Handelsrechts, die für sich genommen recht unkompliziert wirken, erst im gesellschaftsrechtlichen Kontext klausurtypische Probleme auf. Für Ihren Lernerfolg ist es deshalb von Vorteil, wenn Sie mit dem Gesellschaftsrecht beginnen und sich anschließend das Handelsrecht aneignen.

Gehen Sie mit Spaß an das Gesellschaftsrecht heran. Sie werden feststellen: Die Fragen reduzieren sich für Sie auf das Wesentliche. Sie verlieren so die Angst vor der sog. exotischen „GmbH-Klausur", die i.d.R. gar nicht so exotisch ist. Erwerben Sie sich mit unserem Basics-Skript das sichere Gefühl, Handels- und Gesellschaftsrecht wirklich verstanden zu haben.

TEIL 1: GESELLSCHAFTSRECHT

§ 1 GRUNDLAGEN

A. Der Begriff der Gesellschaft

Definitionsversuch

Der Einstieg in ein neues Rechtsgebiet erfolgt üblicherweise mit einer Bestimmung des zu behandelnden Gegenstandes und der Abgrenzung zu anderen Rechtsgebieten. Im Gesellschaftsrecht bereitet diese Vorgehensweise einige Schwierigkeiten: 1

Gesellschaft i.w.S.

Schon im allgemeinen Sprachgebrauch wird der Begriff „Gesellschaft“ in den verschiedensten Zusammenhängen angewandt. In der Rechtswissenschaft versteht man unter einer Gesellschaft gemeinhin jede private Personenvereinigung, deren Mitglieder auf rechtsgeschäftlicher Grundlage einen gemeinsamen Zweck verfolgen (Gesellschaft im weiteren Sinne).

hemmer-Methode: Gegenüber anderen Definitionsversuchen ist dieser am „griffigsten“. Nicht verschwiegen werden soll aber, dass diese Definition zumindest mit der Anerkennung der Ein-Mann-GmbH (vgl. § 1 GmbHG: „... durch *eine* oder mehrere Personen...“) sehr fragwürdig geworden ist, da es sich bei der Ein-Mann-GmbH zwar zweifellos um eine Gesellschaft i.w.S., kaum aber um eine Personen*vereinigung* handelt. Da jedoch die allermeisten Lehrbuchautoren unverändert an der Umschreibung der Gesellschaft i.w.S. als „Personenvereinigung“ festhalten, wird man Ihnen als Studenten hier kaum einen „Strick drehen“.

keine Gesellschaften i.w.S.

Trotz aller Bedenken eignet sich diese Definition gut, den Regelungsbereich des Gesellschaftsrechts von dem anderer Rechtsgebiete abzugrenzen. 2

Keine Gesellschaften sind daher:

- Gemeinschaften, die dem **öffentlichen Recht** zugehören. Körperschaften des öffentlichen Rechts (vgl. § 89 BGB) sind keine privaten Personenvereinigungen und zudem nicht rechtsgeschäftlich begründet. Anstalten und Stiftungen des öffentlichen Rechts sind außerdem keine Personenvereinigungen.
- Privatrechtliche **Stiftungen**, §§ 80 ff. BGB, sind keine Personenvereinigungen, sondern rechtsfähige Zweckvermögen.

➲ Die **eheliche Lebensgemeinschaft** verfolgt keinen bestimmten gesellschaftsrechtlichen Zweck, sondern dient der Herstellung einer umfassenden Lebensgemeinschaft, § 1353 I 2 BGB.

hemmer-Methode: Die Ehe ist somit grundsätzlich keine Gesellschaft. Aber Vorsicht! Zur Verfolgung anderer, sozusagen über „Tisch und Bett“ hinausgehender Zwecke können selbstverständlich auch Ehegatten miteinander Gesellschaftsverträge schließen. Ähnliches gilt auch für nichteheliche Lebensgemeinschaften, da auch hier die persönlichen Beziehungen im Vordergrund stehen.

➲ Die **Miterbengemeinschaft**, §§ 2032 ff. BGB, beruht nicht auf einem Rechtsgeschäft, sondern entsteht kraft Gesetzes, § 2032 BGB.

➲ Bei schlichten **Rechtsgemeinschaften** i.S.d. §§ 741 ff. BGB fehlt es teilweise schon an einer rechtsgeschäftlichen Begründung, jedenfalls aber an einer **gemeinsamen** Zweckverfolgung.

Gesellschaft i.e.S. = Personengesellschaft

Der terminologischen Klarheit nicht gerade zuträglich ist es, dass der Begriff „Gesellschaft“ auch synonym für den Begriff der Personengesellschaft - also einer bestimmten Unterform der Gesellschaften i.w.S. - verwendet wird. Man spricht dann auch von **Gesellschaften im engeren Sinne**.

B. Grundlagen und Systematik des Gesellschaftsrechts

I. Die Gesellschaftsformen im Überblick

Für den Einsteiger stellt sich das Gesellschaftsrecht oft als sehr unübersichtlich dar. Dies liegt zum einen an der Vielzahl der Gesellschaftsformen, zum anderen daran, dass diese auch noch in ganz verschiedenen Gesetzen geregelt sind. 3

So werden allein in diesem Einsteigerskript folgende Gesellschaftsformen behandelt:

➲ die Gesellschaft bürgerlichen Rechts - GbR (§§ 705 ff. BGB)

➲ die offene Handelsgesellschaft - OHG (§§ 105 ff. HGB)

➲ die Kommanditgesellschaft - KG (§§ 161 ff. HGB)

➲ die stille Gesellschaft (§§ 230 ff. HGB)

➲ der rechtsfähige Verein (§§ 21 ff. BGB)

➲ der nichtrechtsfähige Verein (§ 54 BGB)

In Grundzügen wird angesprochen:

- die Gesellschaft mit beschränkter Haftung - GmbH (GmbHG, Schönfelder Nr. 52) (inkls. UG, § 5a GmbHG)

Weitere - in diesem Skript nicht behandelte - Gesellschaftsformen sind z.B.:

- die Aktiengesellschaft - AG (AktG, Schönfelder Nr. 51)
- die Partnerschaftsgesellschaft - PartG (PartGG, Schönfelder Nr. 50b)
- die Kommanditgesellschaft auf Aktien - KGaA (§§ 278 ff. AktG)
- die eingetragene Genossenschaft - eG (GenG, Schönfelder Nr. 53)
- der Versicherungsverein auf Gegenseitigkeit - VVaG (§§ 7, 15-53 VAG)
- die Europäische wirtschaftliche Interessenvereinigung -EWIV (EWIV-VO, EWIV-AusführungsG)

hemmer-Methode: Keine Angst! Im Pflichtfachbereich interessieren nur die in diesem Skript angesprochenen Gesellschaftsformen. Dennoch sollten Sie auch die etwas exotischeren Typen zumindest dem Namen nach kennen - das gehört einfach zur juristischen Allgemeinbildung.

II. Die Systematik des Gesellschaftsrechts

Um den Überblick nicht völlig zu verlieren, empfiehlt es sich, die 4
Gesellschaften i.w.S. zu Gruppen zusammenzufassen. Die gängigste und wichtigste Differenzierung ist die zwischen Personengesellschaften und Körperschaften.

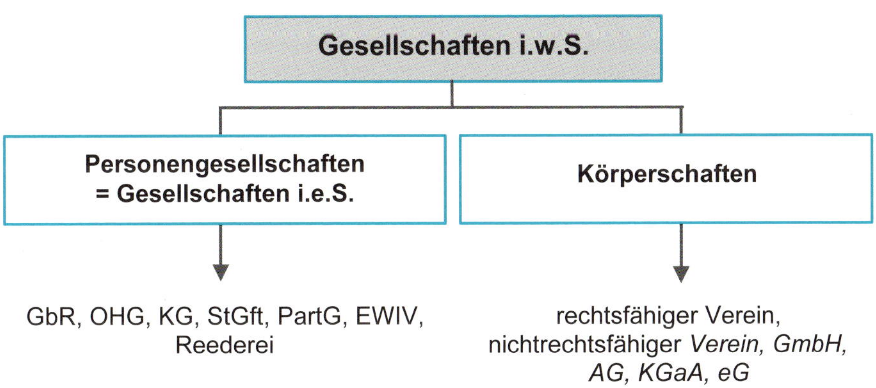

Personengesellschaften sind die auf dem Grundtyp der GbR (§§ 705 ff. BGB) beruhenden Gesellschaften. Die Körperschaften hingegen gehen auf die Grundform des eingetragenen Vereins (§§ 21 ff., 55 ff. BGB) zurück.

weitere Einteilungskriterien

Des Weiteren kann man aber auch nach rechtsfähigen und nichtrechtsfähigen Gesellschaften oder nach der Struktur des Gesellschaftsvermögens unterscheiden. Die Körperschaften wiederum kann man in kapitalistische und nichtkapitalistische unterteilen. Man kann sog. Handelsgesellschaften abgrenzen und diese wiederum in Personenhandelsgesellschaften und Handelsgesellschaften kraft Rechtsform unterteilen. Kurz: Den unterschiedlichen Gruppierungs- und Differenzierungsmöglichkeiten sind kaum Grenzen gesetzt. 5

hemmer-Methode: In jedem Lehrbuch folgen nun seitenlange gelehrte Ausführungen über die verschiedenen Strukturmerkmale. Uns sollen die beschriebenen Andeutungen an dieser Stelle genügen. Für Ihren Lernerfolg als „Einsteiger" macht es keinen Sinn, Gesellschaften zu systematisieren, von denen Sie bislang wahrscheinlich nicht mehr kennen, als den Namen. Daher werden wir im Folgenden direkt in medias res gehen und einige Gesellschaftsformen kennen lernen. Erst im Anschluss daran wollen wir uns Gedanken darüber machen, welche Unterschiede und Gemeinsamkeiten die einzelnen Gesellschaften i.w.S. aufweisen. Damit keine Missverständnisse aufkommen: Um eine Systematisierung des Gesellschaftsrechts kommen Sie nicht umhin, wenn Sie diese Materie verinnerlichen wollen. Aber: Lernen mit der hemmer-Methode heißt auch Lernen an der richtigen Stelle für maximalen Lernerfolg.

III. Gesellschaftsrecht und Vertragsfreiheit

grds. Vertragsfreiheit

Da das Gesellschaftsrecht - von einigen Vorschriften öffentlichrechtlicher Natur abgesehen - Teilgebiet des Privatrechts ist, gilt auch hier prinzipiell der allgemeine **Grundsatz der Vertragsfreiheit**. Im Interesse vor allem der Gesellschaftsgläubiger, aber nicht zuletzt auch der Gesellschafter selbst, unterliegt dieser Grundsatz im Gesellschaftsrecht einigen Einschränkungen. 6

aber numerus clausus

Die wichtigste dieser Beschränkungen ist der sog. **numerus clausus** der Gesellschaftsformen. Wer eine Gesellschaft gründen will, muss sich für eine der gesetzlich normierten Gesellschaftsformen entscheiden; er kann nicht völlig neue Gesellschaftsformen „erfinden". Innerhalb dieses Rahmens bleibt den Gesellschaftern jedoch durchaus Raum für individuelle Gestaltungen: So sind z.B. diejenigen Gesetzesnormen, die die interne Struktur der Gesellschaften betreffen, weitgehend dispositiver Natur. 7

hemmer-Methode: Das Spannungsverhältnis zwischen Vertragsfreiheit und vielfältigen Schutzbedürfnissen wirft auch und gerade im Gesellschaftsrecht immer wieder neue Probleme auf. Als Beispiel sei hier nur die Diskussion um die „gerichtliche Inhaltskontrolle“ von Gesellschaftsverträgen im Personengesellschaftsrecht genannt.

IV. Die Wahl der passenden Rechtsform

Wahlfreiheit

Unter Wahrung des numerus clausus der Gesellschaftsformen haben die an einem Zusammenschluss interessierten Personen also weitgehende Freiheit bei der Wahl der Rechtsform. 8

gesellschaftsrechtliche Faktoren

Für welche Rechtsform sie sich entscheiden werden, hängt von einer Vielzahl verschiedener Faktoren ab. Aus gesellschaftsrechtlicher Sicht kommt es insbesondere auf die Bereitschaft zur Übernahme der Geschäftsführung und der persönlichen Haftung sowie auf die vorhandene Kapitalausstattung an. Daneben spielen auch Rechnungslegungs-, Publizitäts- und Mitbestimmungsvorschriften eine Rolle. 9

sonstige Faktoren

Einen nicht zu unterschätzenden Einfluss üben jedoch in der Praxis auch betriebswirtschaftliche und insbesondere steuerrechtliche Faktoren aus. 10

hemmer-Methode: Im 1. Staatsexamen werden von Ihnen zwar kaum kautelarjuristische Fähigkeiten erwartet. Viele Erscheinungsformen des Gesellschaftsrechts, so z.B. die GmbH & Co. KG, sind aber überhaupt nur verständlich, wenn man sich klarmacht, dass sie größtenteils auf steuerrechtlichen Erwägungen beruhen. Werfen Sie bereits jetzt gelegentlich einen Blick über den Tellerrand des 1. Staatsexamens und überlassen Sie einträgliche Berufsmöglichkeiten in diesem interessanten Rechtsgebiet nicht den Betriebswirten! Die Tendenz geht dahin, dass der Rechtsanwalt den Fachanwalt für Steuerrecht erwirbt und sich evtl. sogar zum Steuerberater ausbilden lässt.

§ 2 DAS RECHT DER PERSONENGESELLSCHAFTEN

Einige wichtige Gesellschaftsformen fasst man unter dem Begriff der **Personengesellschaften** zusammen. 11

hemmer-Methode: Kümmern Sie sich jetzt bitte noch nicht um den Begriff der „Personengesellschaft", wir werden später darauf zurückkommen. Damit es nicht zu abstrakt wird, wollen wir uns aber zunächst einmal einige Gesellschaftsformen näher ansehen. Erst im Anschluss wollen wir die gemeinsamen Strukturmerkmale der Personengesellschaften herausarbeiten (Rn. 442 ff.).

A. Die Gesellschaft bürgerlichen Rechts

Fundort und Charakter der GbR

Wenn Sie einmal die Inhaltsübersicht des BGB aufschlagen, werden Sie feststellen, dass dort die §§ 705 ff. unter dem Titel „Gesellschaft" zusammengefasst sind. 12

Um Verwechslungen auszuschließen, bezeichnet man die dort normierte Gesellschaft - nach dem Fundort ihrer Regelung - als „Gesellschaft bürgerlichen Rechts" (GbR) oder auch als BGB-Gesellschaft. Mit dieser wollen wir uns im Folgenden näher beschäftigen.

I. Die Entstehung der GbR

Die Grundvoraussetzungen einer GbR finden wir in § 705 BGB. Danach brauchen wir 13

- einen Gesellschaftsvertrag,
- in dem ein gemeinsamer Zweck
- und die Pflicht der Gesellschafter, diesen zu fördern, vereinbart werden.

Diese Voraussetzungen sind sehr allgemein gehalten. Wenn man noch bedenkt, dass die §§ 705 ff. BGB wenig zwingendes Recht enthalten, ist das für die Gesellschafter sehr praktisch: Sie können den Vertrag sehr frei nach ihren speziellen Bedürfnissen gestalten und sich so gleichsam eine GbR „nach Maß" zusammenzimmern.

Sehen wir uns die Grundvoraussetzungen der GbR einmal näher an:

1. Der Gesellschaftsvertrag

a) Die Gesellschafter

Gesellschafter

Es stellt sich die Frage, wer sich überhaupt an einem Gesellschaftsvertrag beteiligen, also Gesellschafter werden kann. Es sind dies 14

natürliche Personen

aa) alle natürlichen Personen. Da die Rechtsfähigkeit des Menschen mit der Vollendung der Geburt beginnt, § 1 BGB, können z.B. auch Säuglinge Gesellschafter sein.

juristische Personen

bb) alle juristischen Personen. Neben den natürlichen Personen, also Menschen, hat der Gesetzgeber auch einigen Organisationsformen die Rechtsfähigkeit zuerkannt (z.B. §§ 21, 80 BGB). Man nennt sie „juristische Personen“. Auch sie können selbstverständlich Gesellschafter sein.

hemmer-Methode: Manche juristische Personen sind ihrerseits Gesellschaften. Einige davon werden wir weiter unten kennen lernen.

bestimmte andere Personenvereinigungen

cc) bestimmte andere, grundsätzlich nichtrechtsfähige **Personenvereinigungen**, die am Rechtsverkehr als relativ eng geschlossene Einheiten teilnehmen (z.B. die Personenhandelsgesellschaften, §§ 124 I, 161 II HGB, sowie die GbR und der nichtrechtsfähige Verein).

hemmer-Methode: Hier ist vieles umstritten. Merken sollten Sie sich: Wer voll rechtsfähig ist, kann immer Gesellschafter sein, darüber hinaus aber auch manche grds. nichtrechtsfähige Personenvereinigungen.

b) Der Vertragsschluss

es gilt der BGB-AT

Davon zu trennen ist die Frage, wie der Abschluss des Gesellschaftsvertrages zustande kommt. Hier gelten grundsätzlich die allgemeinen Regeln des BGB-AT, insbesondere die Regeln über die Geschäftsfähigkeit und die Vertretung. 15

hemmer-Methode: Eine Einschränkung erfährt dieser Grundsatz bei der sog. fehlerhaften Gesellschaft (ausführlich unten Rn. 161 ff.), bei der man sich bei Vorliegen bestimmter Voraussetzungen für die Vergangenheit nicht auf die Unwirksamkeit berufen kann.

grds. formfrei

Daher gilt auch für Gesellschaftsverträge der Grundsatz der Formfreiheit: Sie können mündlich oder sogar konkludent (d.h. durch schlüssiges Handeln) geschlossen werden. Eine Ausnahme gilt nur dann, wenn der Gesellschaftsvertrag ein **formbedürftiges Leistungsversprechen** enthält. 16

Bsp.: Verspricht jemand im Gesellschaftsvertrag, der Gesellschaft ein Grundstück zu übereignen, so bedarf der ganze Vertrag gem. § 311b I S. 1 BGB der notariellen Beurkundung. Wird demgegenüber der Gesellschaft unentgeltlich überlassen, handelt es sich auch bei langer Laufzeit um eine formfreie Leihe. Selbst wenn in diesen Fällen das Recht des Verleihers zur Eigenbedarfskündigung vertraglich ausgeschlossen ist, wird der Gesellschaftsvertrag nicht formbedürftig, vgl. BGH, Life&Law 2016, 379 ff.

2. Der gemeinsame Zweck

grds. jeder erlaubte Zweck möglich

Wie wir bereits wissen, ist Voraussetzung jeder Gesellschaft ein gemeinsamer Zweck. Es kommt grundsätzlich jeder erlaubte Zweck in Betracht, gleichgültig, ob dieser wirtschaftlicher oder ideeller Natur ist. 17

Ausnahme: Betrieb eines Handelsgewerbes

Manche Gesellschaftsformen sind auf einen ganz bestimmten Zweck, nämlich den Betrieb eines Handelsgewerbes, beschränkt. Eine solche Beschränkung kennt die GbR nicht. Dennoch ist die Existenz solcher Gesellschaftsformen auch für die GbR von Bedeutung: Immer dann, wenn Zweck der Gesellschaft der Betrieb eines Handelsgewerbes ist, werden die Regelungen der GbR durch die spezielleren Normen dieser Gesellschaftsformen verdrängt. Man kann also sagen 18

Für eine GbR kommt jeder erlaubte Zweck in Betracht, mit Ausnahme des Betriebs eines Handelsgewerbes: §§ 123, 1 II HGB.

hemmer-Methode: Wie bereits erwähnt, gilt im Gesellschaftsrecht ein sog. „numerus clausus“. Das heißt: Die Gesellschafter können zwar nach ihren Bedürfnissen eine der gesetzlich vorgegebenen Formen wählen und diese in gewissen Grenzen auch abändern, nicht jedoch privatautonom ganz neue Gesellschaftsformen „erfinden“ (Grund: Gläubigerschutz). Dies führt zu einem Rechtsformzwang: Erfüllen die Gesellschafter in ihrem Vertrag die tatbestandlichen Voraussetzungen einer bestimmten Gesellschaftsform (z.B. Betrieb eines Handelsgewerbes), so entsteht auch eine Gesellschaft eben in *dieser* Rechtsform, ob die Vertragsschließenden das wollen oder nicht. Zum Gewerbebegriff und den entsprechenden Gesellschaften unten mehr (vgl. Rn. 449 ff.).

Gemeinsamkeit des Zwecks

Der zulässige Gesellschaftszweck muss den Gesellschaftern auch **gemeinsam** sein, sie dürfen also nicht lediglich parallele Zwecke verfolgen. 19

hemmer-Methode: In diesem Zusammenhang stellen sich die Spezialprobleme der sog. „Löwengesellschaft" (societas leonina) und der Abgrenzung zu den partiarischen Rechtsverhältnissen. Dies ist Stoff für Fortgeschrittene, der vertiefend in unserem Skript Gesellschaftsrecht, Rn. 47, 337, dargestellt wird.

Abgrenzung zur Bruchteilsgemeinschaft

Bezüglich dieses gemeinsamen Zwecks müssen die Parteien sich **rechtlich binden** wollen. Anhand dieses Bindungswillens müssen wir die Gesellschaft von der **Bruchteilsgemeinschaft** der §§ 741 ff. BGB abgrenzen. 20

Bei gesetzlich entstandenen Bruchteilsgemeinschaften gibt es keine Abgrenzungsschwierigkeiten. Denken Sie daran: Gesellschaften entstehen immer rechtsgeschäftlich! Das Problem liegt darin, dass auch Bruchteilsgemeinschaften vertraglich vereinbart werden können. Hier kommt es entscheidend auf den Bindungswillen der Parteien an.

Bsp.: Maier und Huber schaffen sich gemeinsam einen Mähdrescher an. Maier soll die Maschine jeweils von Montag bis Mittwoch auf seinen Feldern, Huber entsprechend von Donnerstag bis Samstag benutzen dürfen. Den Kaufpreis teilen sie zur Hälfte, außerdem vereinbaren sie, dass auch die Unterhaltungskosten hälftig geteilt werden sollen. Da Huber nach einiger Zeit auf den Zuckerrübenanbau umsteigt, verkauft er „seinen Anteil" an Schulze, den Maier noch nie leiden konnte. Als Schulze eines Donnerstags bei Maier klingelt, um „sein neues Miteigentum" abzuholen, fragt sich Maier empört, ob das alles mit rechten Dingen zugegangen ist.

Die Antwort hängt davon ab, ob zwischen Maier und Huber eine GbR bestand.

Wäre dies der Fall, hatte Huber gem. § 719 I BGB nicht über seinen Anteil verfügen können. Die Gründung einer GbR würde einen gemeinsamen Zweck und einen entsprechenden Rechtsbindungswillen voraussetzen. Der Kauf selbst ist als Gesellschaftszweck nicht sonderlich interessant, denn sollte diesbezüglich eine GbR entstanden sein, ist sie jedenfalls wegen Zweckerreichung erloschen, § 726 BGB. Da Maier und Huber das Gerät jeweils auf ihren eigenen Feldern benutzen wollten, ist auch insoweit kein **gemeinsamer** Zweck gegeben.

Schließlich kann auch aus der getroffenen Vereinbarung bezüglich der Unterhaltungskosten kein auf Gründung einer GbR gerichteter Bindungswille geschlossen werden, da das Gesetz entsprechende Rechtsfolgen auch für Bruchteilsgemeinschaften vorsieht (§§ 748, 742 BGB). Für einen weitergehenden Bindungswillen gibt es keine Anhaltspunkte, so dass die Anforderungen des § 705 BGB hier nicht erfüllt sind. Die Verfügung des Huber scheitert daher nicht an § 719 BGB.

Stattdessen ist hier von einer Bruchteilsgemeinschaft in Form des Miteigentums gem. §§ 741 ff, 1008 ff. BGB auszugehen. Gemäß § 747 S. 1 BGB konnte Huber daher wirksam über seinen Miteigentumsanteil verfügen.

hemmer-Methode: Manchmal können Sie lesen, das bloße „Halten und Verwalten“ einer Sache sei kein tauglicher Gesellschaftszweck. Das stimmt so pauschal nicht!
Richtig muss es heißen: Ist das Halten und Verwalten vereinbart, können wir allein daraus noch nicht einen konkludenten, auf eine Gesellschaft gerichteten Bindungswillen entnehmen. Es handelt sich hier also um ein Auslegungsproblem. Die maßgebliche Frage ist: Sind die Rechtsfolgen der Gesellschaft oder die der Bruchteilsgemeinschaft gewollt?

3. Die Förderungspflicht

Drittes konstitutives Merkmal der GbR ist die Verpflichtung der Gesellschafter zur Förderung dieses Zwecks, § 705 BGB a.E. Die Gesellschafter müssen sich im Gesellschaftsvertrag verpflichten, irgendeinen Beitrag zu leisten (vgl. § 706 BGB). 21

II. Die Rechtsnatur der GbR

Bevor wir einzelne Rechtsbeziehungen erörtern können, müssen wir uns über die Rechtsnatur der GbR Gedanken machen. Zu beantworten ist die Frage: Kann die GbR als solche überhaupt selbst Ansprüche haben bzw. Ansprüchen ausgesetzt sein? 22

hemmer-Methode: Beim ersten Lesen werden Ihnen die folgenden Ausführungen wahrscheinlich sehr theoretisch und kompliziert vorkommen. Für das Verständnis des Gesellschaftsrechts ist es jedoch unabdingbar nötig, dass Sie die Rechtsnatur der GbR *verstanden* haben. Nehmen Sie sich daher die Zeit, den folgenden Stoff wiederholt durchzuarbeiten, bis Sie hier völlig sicher sind.

1. Prinzipien der Vermögenszuordnung

Ausgangsüberlegungen

Am Anfang unserer Überlegungen steht eine These: Ein Recht, z.B. das Eigentum an einer Sache, kann niemals **in vollem Umfang** mehreren Personen zugleich zustehen. Wenn Sie einmal § 903 S. 1 BGB lesen, wird Ihnen das sofort klar: Wenn eine Sache mehreren gehört und jeder von ihnen mit ihr nach Belieben verfahren könnte, würde dies spätestens dann, wenn Meinungsunterschiede auftauchen, zu einem unauflösbaren Chaos führen. So lässt sich eine Gesellschaft sicher nicht organisieren. Stattdessen finden wir im Gesetz verschiedene Modelle der Vermögenszuordnung: 23

Lösungsansatz juristische Person

Ein Lösungsansatz könnte so aussehen, dass **allein die Gesellschaft** Trägerin von Rechten und Pflichten ist. Nach unserer Ausgangsthese hätte das zwingend zur Folge, dass den einzelnen Mitgliedern keinerlei Rechte am Gesellschaftsvermögen zukommen. 24

Dieser Lösungsansatz setzt allerdings voraus, dass die Gesellschaft als solche überhaupt Trägerin von Rechten und Pflichten sein kann, mithin rechtsfähig, ein eigenständiges Rechtssubjekt ist. Will der Gesetzgeber einer Organisationsform die Rechtsfähigkeit einräumen, tut er das allerdings stets sehr deutlich (vgl. §§ 25 BGB, 13 I GmbHG, 1 I S. 1 AktG). In den §§ 705 ff. BGB finden wir eine solche Regelung nicht. Die GbR ist nach allg. Auffassung keine juristische Person, dieser Ansatz ist daher jedenfalls nach dem Gesetzestext problematisch.

Lösungsansatz Bruchteilsgemeinschaft

Eine weitere Möglichkeit, wie ein Recht mehreren zugeordnet werden kann, haben wir oben bereits kurz kennen gelernt: Die Bruchteilsgemeinschaft gem. §§ 741 ff. BGB. 25

Da auch hier die gemeinschaftlichen Rechte irgendwie aufgeteilt werden müssen (denken Sie an unsere Ausgangsthese!), behilft man sich mit einem Gedankenspiel: Man stellt sich einfach vor, dass jedem Teilhaber an jedem einzelnen Gegenstand des gemeinschaftlichen Vermögens ein rechnerischer Bruchteil zusteht. Weil es sich nicht um reale, sondern nur um gedachte Anteile handelt, spricht man auch von „ideellen" Bruchteilen. Diese gehören zum Privatvermögen des jeweiligen Teilhabers.

> Wenn Maier und Huber also je zur Hälfte Miteigentümer eines Mähdreschers geworden sind, bedeutet das also **nicht**, dass dem einen die Vorderachse und dem anderen die Hinterachse gehört. Die Anteile sind bloß gedacht („ideell").
>
> Diesen Zustand können beide Teilhaber allerdings jederzeit beenden: So kann z.B. Huber gem. § 747 S. 1 BGB über seinen Anteil frei verfügen, diesen also ohne Zustimmung Hubers an einen Dritten übertragen (z.B. aufgrund eines Kaufvertrags), und dies sogar entgegen einer mit Maier getroffenen Vereinbarung, § 137 S. 1 BGB (keinerlei dingliche Bindung!). Oder er verlangt gem. § 749 I BGB die Auflösung der Gemeinschaft, worauf der Mähdrescher gem. § 753 BGB verkauft werden muss. Auch dieses Recht kann durch eine Vereinbarung mit Maier nicht völlig ausgeschlossen werden, § 749 II und III BGB.

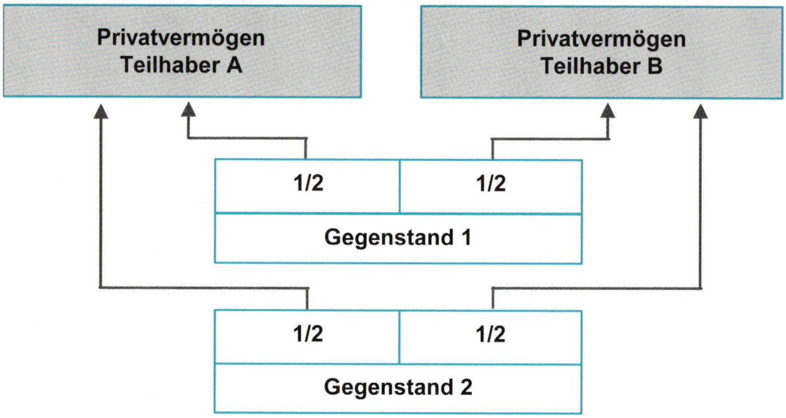

Dogmatisch stehen der Organisation des Gesellschaftsvermögens als Bruchteilsgemeinschaft keine Hindernisse entgegen - praktisch aber ganz erhebliche: Die Möglichkeit eines jeden Teilhabers, über seinen Anteil zu verfügen oder sogar die Auflösung zu verlangen, passt einfach nicht zur gesellschaftstypischen Unterordnung unter einen gemeinsamen Zweck. Jeder Teilhaber könnte diesen eigenmächtig vereiteln.

hemmer-Methode: Die Organisation des Vermögens einer GbR als Bruchteilsgemeinschaft der Gesellschafter ist also theoretisch möglich, aufgrund der heute einhelligen kollektivistischen Theorie aber weder praktikabel noch notwendig.

Lösungsansatz Gesamthandsgemeinschaft

Ein drittes Zuordnungsprinzip liegt in der sog. „**Gemeinschaft zur gesamten Hand**". Charakteristisch ist dabei, dass der einzelne Gesamthänder über seinen Anteil an einzelnen der Gesamthand zustehenden Gegenständen nicht selbständig verfügen kann (vgl. §§ 1419 I, 2033 II BGB). Stattdessen hat jeder Gesamthänder einen Anteil am Gesellschaftsvermögen **als Ganzem**. Die der Gesamthand zustehenden Gegenstände bilden also ein dinglich gebundenes, vom Privatvermögen der Gesamthänder getrenntes **Sondervermögen**. 26

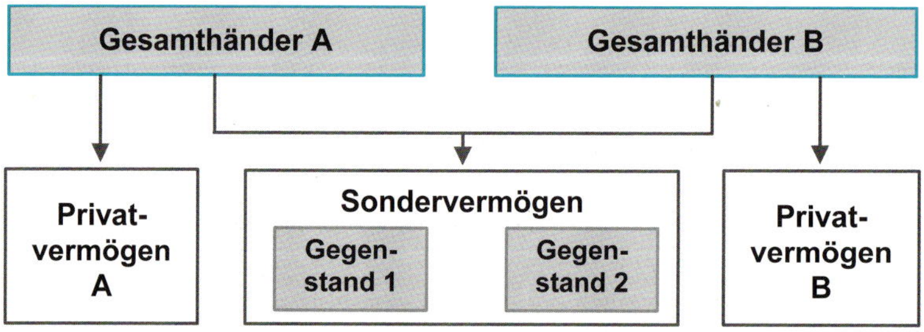

hemmer-Methode: Die Frage, inwieweit ein Gesamthänder über seinen Anteil am Gesamthandsvermögen verfügen kann, ist für die verschiedenen Gesamthandsgemeinschaften unterschiedlich zu beantworten: Bei der Miterbengemeinschaft ist eine solche Verfügung zulässig (§ 2033 I S. 1 BGB), in der ehelichen Gütergemeinschaft nicht (§ 1419 I BGB).

2. Die Vermögenszuordnung bei der GbR

Letztlich ist die Frage, wie die Vermögenszuordnung bei der GbR „funktioniert" stark von der Fragestellung geprägt, ob die Gesellschaft selbst Trägerin von Rechten und Pflichten sein kann und damit selbst Inhaberin des Gesellschaftsvermögens. 27

a) Die Teilrechtsfähigkeit der GbR

Die Problematik der Teilrechtsfähigkeit der GbR war eine der schwierigsten und am heftigsten umstrittenen Fragen des Zivilrechts. Der BGH hat diese Frage Anfang 2001 zugunsten der Teilrechtsfähigkeit entschieden, vgl. BGH, Life&Law 2001, 216 ff. 28

Der Gesetzgeber selbst hat in verschiedenen Normen zum Ausdruck gebracht, dass die Gesellschaft selbst Trägerin von Rechten und Pflichten sein kann, so z.B. in § 14 II BGB bzw. § 11 II InsO.

hemmer-Methode: Umstritten war lange nach dieser Entscheidung vor allem die Frage, ob die GbR selbst grundbuchfähig ist, vgl. z.B. OLG Stuttgart, Life&Law 2007, 446 ff. Der BGH hat im Dezember 2008 die Grundbuchfähigkeit bejaht (Life&Law 2009, 158 ff.), woraufhin der Gesetzgeber mit der Einfügung von § 899a BGB reagiert hat. Die Frage nach der Grundbuchfähigkeit ist damit geklärt. Aus § 899a BGB selbst ergeben sich aber weitere Streitfragen, die bislang ungeklärt sind. So soll sich über diese Vorschrift ein Erwerber darauf verlassen können, dass die Übereignung nicht an der nicht ordnungsgemäßen Vertretung der Gesellschaft scheitert. Problematisch ist in dem Zusammenhang, ob die Vorschrift auch gilt, soweit es um den Abschluss des schuldrechtlichen Kausalgeschäfts gilt.

b) Konsequenz für Vermögenszuordnung

Gesamthand als Regelfall der GbR

Vor diesem Hintergrund scheint der Begriff der Gesamthandsgemeinschaft nicht mehr ganz passend zu sein, auch wenn § 719 BGB nach wie vor von gesamthänderischer Bindung spricht.

Die Vermögenszuordnung, wie sie unter Rn. 26 für Gesamthandsgemeinschaften beschrieben wird, ist nach heutiger Auffassung jedenfalls nicht mehr passend, weil – ähnlich wie bei juristischen Personen – das Vermögen der Gesellschaft selbst als Trägerin zugeordnet wird.

starke dingliche Bindung, § 719 I Alt. 2 BGB (zwingend)

Die jeweiligen Gesellschafter können über Anteile an den **einzelnen** zum Gesellschaftsvermögen gehörenden Gegenständen nicht selbständig verfügen, § 719 I Alt. 2 BGB, was selbstverständlich erscheint, wenn Eigentümer von Sachen, bzw. Inhaber von Forderungen die Gesellschaft selbst ist. *29*

Abspaltungsverbot, §§ 717 S. 1, 719 I Alt. 1 BGB (abdingbar)

Stattdessen hat jeder Gesellschafter einen Anteil am Gesellschaftsvermögen **als Ganzem**. Auch über diesen Anteil kann er, soweit nichts anders vereinbart ist, nicht völlig frei verfügen, vgl. § 719 I Alt. 1 BGB. Diese Vorschrift ist ein wenig missverständlich. Nach heute allgemeiner Ansicht beschränkt sich ihre Aussage darauf, dass der Anteil am Gesellschaftsvermögen **nicht getrennt von der Mitgliedschaft** übertragen werden kann (sog. Abspaltungsverbot, §§ 717 S. 1, 719 I Alt. 1 BGB), da der Anteil am Gesellschaftsvermögen selbst nicht besteht. Vielmehr steht das Gesellschaftsvermögen der Gesellschaft zu, an der jeder Gesellschafter einen Anteil hat. *30*

Anwachsungsprinzip § 738 I BGB

Selbst wenn ein Gesellschafter ausscheidet, bleibt das Gesellschaftsvermögen solches der Gesellschaft: Der Anteil des Ausscheidenden wächst automatisch den übrigen Gesellschaftern zu, § 738 S. 1 BGB, sog. **Anwachsungsprinzip**. Der Ausscheidende bekommt lediglich einen schuldrechtlichen Ausgleichsanspruch, § 738 I S. 2 BGB. Tritt ein neuer Gesellschafter hinzu, wächst ihm demzufolge ein Anteil am Gesellschaftsvermögen zu, der Anteil der anderen Gesellschafter verringert sich entsprechend. *31*

dingliche Surrogation, § 718 II BGB

Der Bestand des Sondervermögens wird zudem durch die **Surrogationsregel** des § 718 II BGB gesichert. An die Stelle von ausgeschiedenen Gegenständen tritt kraft Gesetzes der Ersatzgegenstand, ohne dass es dazu einer rechtsgeschäftlichen Übertragung bedarf (dingliche Surrogation). *32*

***Bsp.:** Der Pkw, den Maier in die Maier&Huber GbR eingebracht hat, wird bei einem von Dietrich verursachten Verkehrsunfall beschädigt.* *33*

Hier gehören die Ersatzansprüche gegen den Dietrich (§§ 823 BGB, 18, 7 I StVG) kraft Gesetzes zum Gesellschaftsvermögen, ohne dass es einer Einbringung der Ansprüche durch Abtretung gem. § 398 BGB bedarf. Anders wäre dies, wenn Maier mit seinem Privat-PKW unterwegs gewesen wäre. Hier schuldet die Gesellschaft dem M Ausgleich, im Gegenzug kann die Gesellschaft die Abtretung der Ersatzansprüche des M gegen G verlangen. *34*

III. Das Innenverhältnis

1. Unterscheidung Innen- und Außenverhältnis

Innen- und Außenverhältnis

Im Gesellschaftsrecht müssen wir grundlegend zwischen dem Innen- und dem Außenverhältnis unterscheiden. Während das Außenverhältnis die Rechtstellung der Gesellschaft und der Gesellschafter zu Dritten betrifft, bezeichnet man die Rechte und Pflichten der Gesellschafter untereinander und gegenüber der Gesellschaft als Innenverhältnis. 35

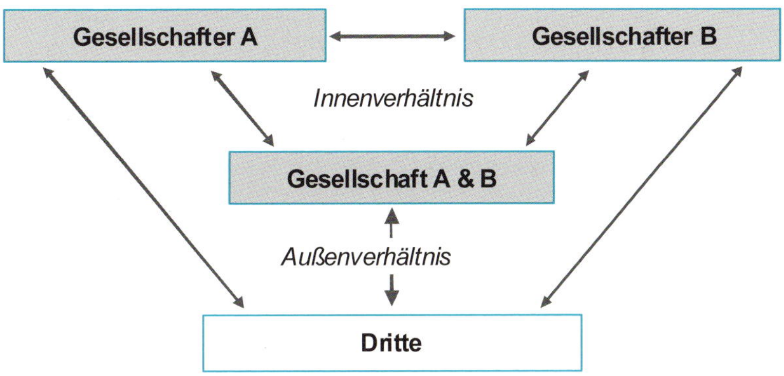

Vertragsfreiheit im Innenverhältnis

Zunächst werden wir das Innenverhältnis, also die Rechtsbeziehungen der Gesellschafter untereinander und zur Gesellschaft, betrachten. Zu beachten ist dabei, dass sich das Innenverhältnis in erster Linie nach den Vereinbarungen des Gesellschaftsvertrages richtet. Die gesetzlichen Bestimmungen sind weitestgehend nicht zwingend. 36

hemmer-Methode: In der Klausur müssen streng zwischen Innen- und Außenverhältnis unterscheiden. Ähnlich wie beim Abstraktionsprinzip ist die rechtliche Beurteilung von Maßnahmen im Innenverhältnis grds. unabhängig von der Rechtslage im Außenverhältnis.

2. Pflichten der Gesellschafter

Mitgliedschaftspflichten

Die Pflichten der Gesellschafter, die sog. **Mitgliedschaftspflichten**, sind allesamt Konkretisierungen der allgemeinen Zweckförderungspflicht, § 705 BGB. Die wichtigsten Mitgliedschaftspflichten gegenüber der Gesellschaft sind die Beitragspflicht und die Pflicht zur Geschäftsführung. Untereinander sind die Gesellschafter zur Treue verpflichtet. Die Pflichten der Gesellschafter gegenüber der Gesellschaft bezeichnet man auch umgekehrt als **Sozialansprüche** der Gesellschaft. 37

hemmer-Methode: Eigentlich spricht das Gesetz nur beim Verein von „Mitgliedschaft“ (vgl. § 38 BGB), nicht jedoch bei der GbR. Der Begriff lässt sich jedoch auf alle verfassten Personenmehrheiten anwenden. Unterschiede bestehen lediglich hinsichtlich des Inhaltes der Mitgliedschaft.

a) Die Pflicht zur Beitragsleistung

Wie wir bereits wissen, müssen sich die Gesellschafter im Gesellschaftsvertrag verpflichten, Beiträge zu leisten, §§ 705, 706 BGB. 38

aa) Art und Höhe der Beiträge

mögliche Beitragsarten

Wahrscheinlich werden Sie im Zusammenhang mit dem Begriff „Beitrag“ zunächst an eine Geldzahlung denken. Dies ist zwar die häufigste, keineswegs jedoch die einzige zulässige Beitragsart. Beiträge können z.B. auch die Übereignung von Sachen, die Abtretung von Forderungen oder die Erbringung von Diensten (§ 706 III BGB), aber auch die Zurverfügungstellung von „know how“ oder sogar des „guten Namens“ sein. 39

Einbringung von Sachen

Bei der Einbringung von Sachen kann man danach unterscheiden, ob diese zu gemeinschaftlichem Eigentum (sog. Einbringung „*quoad dominium*“), zum gemeinsamen Gebrauch („*quoad usum*“) oder nur dem Werte nach („*quoad pretium*“) erfolgen soll. 40

hemmer-Methode: Das klingt aufgrund der lateinischen Fachtermini kompliziert, ist es aber nicht. Es geht darum, ob eine Übereignung oder nur eine Gebrauchsüberlassung gewollt ist. Im Zweifel spricht die Auslegungsregel des § 706 II BGB für eine Einbringung *quoad dominium*, also zu gemeinschaftlichem Eigentum.

Beitragshöhe

Ist nichts anderes vereinbart, dann schulden alle Gesellschafter gleiche Beiträge, § 706 I BGB. 41

grds. keine Nachschusspflicht, § 707 BGB

Gemäß § 707 BGB besteht grds. keine Pflicht zur nachträglichen Erhöhung der vereinbarten Beiträge oder zur Ergänzung der durch Verlust geminderten Einlage (**keine Nachschusspflicht**). Eine Erhöhung der Beitragspflicht kann nur durch Änderung des Gesellschaftsvertrages erfolgen, der grds. der Zustimmung aller Gesellschafter bedarf. Nur wenn eine Beitragserhöhung zur Erreichung des Gesellschaftszwecks **unabdingbar** ist, kann diese u.U. ausnahmsweise auch gegen den Willen eines Gesellschafters durchgeführt werden; der widersprechende Gesellschafter wird allerdings nicht selbst zu einer Zahlung verpflichtet. Leisten jedoch die übrigen Gesellschafter weitere Beiträge, so ändern sich die Kapitalanteile in der Gesellschaft. 42

hemmer-Methode: Treten bei der Einbringung von Gegenständen oder Dienstleistungen Leistungsstörungen auf, so sind die entsprechenden Regelungen des Schuldrechts i.d.R. nur modifiziert anwendbar. Grund: Das allgemeine Recht der Leistungsstörungen (§§ 320 ff. BGB) setzt einen gegenseitigen (zweiseitigen) Vertrag voraus, keinen gemeinsamen Zweck. Vgl. hierzu ausführlich unser Skript Gesellschaftsrecht, Rn. 304 ff.

bb) Die Leistung der Beiträge

Wechsel der Rechtszuständigkeit

Nochmals: Im Gegensatz zur Bruchteilsgemeinschaft steht dem einzelnen Gesellschafter rechtlich kein Anteil an den der Gesellschaft geleisteten Einlagen zu. 43

Deshalb stellt die Übertragung eines Beitrags aus dem Privatvermögen auf die Gesellschaft eine vollständige Rechtsübertragung dar. Es müssen alle Vorschriften, die die Übertragung von Rechten auf ein anderes Rechtssubjekt betreffen, eingehalten werden.

hemmer-Methode: Dies sind z.B. die §§ 929 ff. BGB für die Einbringung beweglicher Sachen *quoad dominium* oder die §§ 398 ff. BGB für die Abtretung von Forderungen an die Gesellschaft. Kennen Sie die Grundsätze der Vermögenszuordnung bei der GbR noch? Wenn nicht, bitte unbedingt oben (Rn. 23 ff.) wiederholen!

Rechtsübertragung auch bei Personenidentität nötig, nicht aber bei bloßem Wechsel der Rechtsform

Im Einzelnen heißt dies, dass eine Rechtsübertragung auch dann notwendig ist, wenn der einzubringende Gegenstand bereits im Bruchteilseigentum aller Gesellschafter oder im Gesamthandseigentum einer anderen von den gleichen Gesellschaftern gebildeten Gesamthandsgemeinschaft steht. Keine Rechtsübertragung brauchen wir hingegen, wenn die Identität der bisherigen Gesellschaft erhalten bleibt und sie lediglich ihre Rechtsform ändert. 44

Bsp.: *Die Landwirte Maier und Huber sind je zur Hälfte Miteigentümer eines Grundstücks.*

Da sie einsehen, dass der ständige Konkurrenzkampf keinen Sinn macht, beschließen sie, sich in einer GbR (kein Handelsgewerbe, vgl. § 3 HGB) zusammenzutun. Als Beiträge wollen sie das Grundstück einbringen. Wie funktioniert das?

Hier muss ein vollständiger Rechtssubjektwechsel in Form der §§ 873, 925 BGB erfolgen. Maier und Huber müssen das Grundstück daher gemeinsam (§ 747 S. 2 BGB) an die aus ihnen beiden bestehende Gesamthand auflassen. Die Auflassung erfolgt als Insichgeschäft:

Auf der einen Seite handeln Maier und Huber als Miteigentümer des Grundstücks, auf der anderen Seite als Gesamthand, vertreten durch eben Maier und Huber (§§ 709 I, 714 BGB). § 181 BGB hindert dieses Insichgeschäft nicht, weil die Auflassung in Erfüllung der Beitragsverpflichtung aus dem Gesellschaftsvertrag erfolgt.

b) Die Geschäftsführung

Geschäftsführung: alle auf Verfolgung des Gesellschaftszwecks gerichteten Tätigkeiten

Als reines Rechtsinstitut kann die GbR als solche nicht handeln. 45
Sie kann - das leuchtet ein - weder Vertragsverhandlungen, noch die Bücher führen oder die Produktion organisieren. Das müssen schon Menschen tun. Man bezeichnet solche, auf die Verfolgung des Gesellschaftszwecks gerichteten Tätigkeiten für die Gesellschaft als **Geschäftsführung**. Nun wollen wir klären, wer bei der GbR zur Geschäftsführung berechtigt, aber auch verpflichtet ist.

hemmer-Methode: Die Geschäftsführung ist sowohl ein Recht des Betreffenden, als auch eine klagbare Pflicht gegenüber der Gesellschaft (man spricht von einem sog. Pflichtrecht). Dies rechtfertigt die vollständige Behandlung des Themas an dieser Stelle.

aa) Geschäftsführung und Vertretung

Geschäftsführung ⇨ rechtl. Dürfen im Innenverhältnis

Ein Blick ins Gesetz zeigt, dass hier streng zwischen Geschäfts- 46
führung und Vertretung unterschieden wird. Während die Geschäftsführungsbefugnis den Umfang bestimmt, in dem jemand die Unternehmensführung **nach innen** vornehmen **soll**, bestimmt die Vertretungsbefugnis den Umfang in welchem er Rechte und Pflichten für die Gesellschaft **nach außen** begründen **kann**.

Vertretung ⇨ rechtl. Können im Außenverhältnis

Die Geschäftsführung ist somit eine Frage des Innenverhältnisses, die Vertretung ist für das Außenverhältnis interessant. Man könnte auch sagen: Die Geschäftsführung regelt das rechtliche „Dürfen“, die Vertretung das rechtliche „Können“.

Bsp.: Maier ist alleinvertretungsberechtigter Gesellschafter der Maier&Huber GbR. Maier ist jedoch nicht alleine zur Geschäftsführung befugt. Wie ist die Rechtslage, wenn Maier mit Dietrich einen Kaufvertrag über einen Porsche im Wert von 100.000 € für die GbR abschließt?

1. Der Vertrag ist wirksam: Maier war alleinvertretungsberechtigt **(Außenverhältnis)** und kann die Gesellschaft gem. § 714 BGB wirksam verpflichten. Daraus ergeben sich die vertraglichen Verpflichtungen der Maier&Huber GbR (§§ 433 II, 719 I BGB) und des Dietrich (§ 433 I S. 1 BGB).

2. Die Maier&Huber GbR hat jedoch im **Innenverhältnis** gegen den Maier einen Anspruch aus § 280 I BGB. Die Pflichtverletzung liegt hier in dem Geschäftsführungshandeln trotz fehlender Geschäftsführungsbefugnis. Bei der Durchsetzung der Ansprüche gegen Maier stellt sich zusätzlich das Problem, wie die Maier&Huber GbR Ansprüche gegen M gerichtlich geltend machen kann, wenn die Mitgesellschafter nicht vertretungsberechtigt sind. Diese Problematik ist über die Rechtsfigur der actio pro socio zu lösen (siehe Rn. 98 ff.).

hemmer-Methode: Der eben geschilderte Fall soll nur die Unterscheidung zwischen Innen- und Außenverhältnis verdeutlichen. Auf die Probleme im Bereich der Stellvertretung und der Geschäftsführung werden wir noch ausführlich eingehen. Der kurze Ausblick auf später ausführlich behandelte Gebiete soll Ihnen jetzt schon eine erste Einordnung ermöglichen, die Sie später vertiefen können.

bb) Zulässige Gestaltungsmöglichkeiten

Geschäftsführung grds. durch Gesellschafter

Bei der Frage, wem nun die Geschäftsführung zukommt, müssen wir uns zunächst vor Augen halten, dass durch den Gesellschaftsvertrag ein besonderes persönliches Vertrauensverhältnis begründet wird. Diesem würde es widersprechen, wenn Dritte sich beliebig in die Unternehmungsführung einmischen könnten. Zudem sind Gesellschafterrechte untrennbar mit der Mitgliedschaft an der GbR verbunden (§ 717 S. 1 BGB, sog. Abspaltungsverbot). Hieraus folgt, dass die Geschäftsführung grds. den Gesellschaftern zusteht. 47

gesetzlicher Regelfall: § 709 I BGB

➲ Enthält der Gesellschaftsvertrag keine Regelung, so gilt gem. § 709 I BGB eine **Gesamtgeschäftsführungsbefugnis aller Gesellschafter**, d.h. zu jedem Geschäft ist die Zustimmung aller Gesellschafter nötig. 48

hemmer-Methode: Dadurch ist die Geschäftsführung schwerfällig, aber auch relativ ungefährlich: Kein Gesellschafter muss befürchten, dass „über seinen Kopf hinweg" entschieden wird. Achtung: Die Zustimmung kann auch konkludent, u.U. durch bloßes bewusstes Geschehenlassen, erteilt werden. Wollen die Gesellschafter hingegen eine flexiblere Geschäftsführung, können sie im Gesellschaftsvertrag folgendes abweichend vereinbaren.

weitere Gestaltungsmöglichkeiten

➲ **Jeder** Gesellschafter darf für sich **allein** handeln (**Alleingeschäftsführungsbefugnis aller Gesellschafter**). 49

➲ Nur **ein** einziger Gesellschafter darf handeln (**Alleingeschäftsführungsbefugnis eines Gesellschafters**).

➲ **Mehrere** Gesellschafter dürfen nur **gemeinsam** handeln (**Gesamtgeschäftsführungsbefugnis mehrerer Gesellschafter**).

cc) Die Willensbildung durch Beschlüsse

Willensbildung durch Beschlüsse

Sind an der inneren Willensbildung der Gesellschaft mehrere Personen zu beteiligen, so muss ein entsprechender **Beschluss** herbeigeführt werden. Dies ist insbesondere i.R.d. der sog. **Mehrheitsgeschäftsführung** der Fall, nach der die Stimmenmehrheit entscheiden soll. Ist nichts anderes vereinbart (z.B. Stimmen nach Größe der Kapitalanteile), so hat nach § 709 II BGB jeder Gesellschafter eine Stimme. 50

Maßnahmen i.R.d. Gesellschaftsvertrages

Grundsätzlich ist es Sache der geschäftsführungsbefugten Gesellschafter, Beschlüsse über Gesellschaftsangelegenheiten zu treffen. Dies gilt zumindest, solange sie dabei die Grenzen des Gesellschaftsvertrages und insbesondere des darin vereinbarten Zwecks einhalten. 51

sonstige Maßnahmen

Es können allerdings auch Situationen auftreten, die Entscheidungen erfordern, die über den Gesellschaftsvertrag hinausgehen oder gar eine Änderung desselben nötig machen. Derartige Beschlüsse müssen - selbst wenn eine von § 709 I BGB abweichende Geschäftsführungsregelung getroffen wurde - in der Regel **alle** Gesellschafter einstimmig fassen. Zu diesem Zweck wird meist eine Gesellschafterversammlung einberufen. Gleiches gilt, wenn der Gesellschaftsvertrag dies für bestimmte Beschlussgegenstände ausdrücklich verlangt. 52

hemmer-Methode: Die Möglichkeit nicht einstimmiger Änderungen des Gesellschaftsvertrags ist stark eingeschränkt (Minderheitenschutz!): Ist lediglich allgemein die Zulässigkeit von Änderungen des Gesellschaftsvertrags durch Mehrheitsbeschluss vereinbart, so umfasst dies nur *allgemein übliche* Änderungen.
Wesentliche Vertragsänderungen (z.B. die Erhöhung der Beitragspflicht) sind durch Mehrheitsbeschluss nur dann möglich, wenn *dieser* mögliche Beschlussgegenstand *ausdrücklich* im Vertrag stand.
Dieser sog. Bestimmtheitsgrundsatz ist Ausfluss der allgemeinen Auslegungsregeln der §§ 133, 157, 242 BGB.
Demzufolge ist eine Klausel, die ausdrücklich *alle* Änderungen des Gesellschaftsvertrages der Mehrheit überlässt, sogar in jedem Fall sittenwidrig, § 138 I BGB. Man geht eben davon aus, dass i.d.R. kein Gesellschafter einen „Blankoscheck“ erteilen will. Näheres dazu in unserem Skript Gesellschaftsrecht, Rn. 299 f., 332.

Stimmrechtsausschlüsse

Bei der Beschlussfassung sind solche Gesellschafter nicht zu beteiligen, deren Stimmrecht ausgeschlossen ist. 53

Kraft Gesetzes gilt dies für folgende **Fallgruppen**:

- Entziehung der Geschäftsführung, § 712 I BGB

- Ein Gesellschafter ist vom Stimmrecht ausgeschlossen, wenn über seine Entlastung, seine Befreiung von einer Verbindlichkeit oder Erledigung eines gegen ihn gerichteten Rechtsstreits zu beschließen ist (§§ 34 BGB, 47 IV GmbHG, 136 I AktG analog).

- Nach h.M. gilt der Stimmrechtsausschluss auch allgemein, wenn über ein Rechtsgeschäft der Gesellschaft mit dem betroffenen Gesellschafter entschieden wird.

hemmer-Methode: Diesen gesetzlichen Stimmrechtsausschlüssen liegen das allgemeine Rechtsprinzip, dass niemand Richter in eigener Sache sein soll, sowie das Verbot des Insichgeschäfts gem. § 181 BGB zugrunde.

vertragl. Stimmrechtsausschlüsse

Darüber hinaus können die Gesellschafter im Gesellschaftsvertrag in den Grenzen des § 138 BGB weitere Stimmrechtsausschlüsse vereinbaren. *54*

Mängel der Beschlussfassung

Die Stimmabgabe ist eine Willenserklärung i.S.d. §§ 116 ff. BGB und unterliegt somit den einschlägigen Bestimmungen des BGB-AT. Die Unwirksamkeit einer Stimmabgabe, etwa aufgrund einer Anfechtung, führt jedoch nur dann zur Unwirksamkeit des ganzen Beschlusses, wenn es eben gerade auf diese Stimme ankam (z.B. bei Gesamtgeschäftsführung oder Umschlagen der Mehrheit bei Mehrheitsbeschlüssen). *55*

dd) Das Widerspruchsrecht

Widerspruchsrecht, § 711 BGB

Für den gesetzlichen Regelfall des § 709 I BGB reichen die eben dargestellten Beschlussregeln völlig aus: Für jedes Geschäft ist danach der einstimmige Beschluss aller Gesellschafter erforderlich. Gilt hingegen eine andere Geschäftsführungsregelung, können mit dem bislang erworbenen Wissen manche Situationen nicht gelöst werden: *56*

> ***Bsp.:*** *Im Gesellschaftsvertrag der aus Maier, Huber und Schulze bestehenden GbR wurde dem Maier Einzelgeschäftsführungsbefugnis, Huber und Schulze Gesamtgeschäftsführungsbefugnis eingeräumt. Huber und Schulze wollen für die Gesellschaft einen neuen Mähdrescher kaufen. Dem Maier ist dieses Gerät jedoch zu teuer, weshalb er sich gegen den Kauf ausspricht.* ***Dürfen*** *Huber und Schulze den Mähdrescher trotzdem kaufen?*

Beim Kauf des Mähdreschers handelt es sich um eine Geschäftsführungsmaßnahme. Der damit grds. einschlägige § 709 I BGB wird hier durch die gesellschaftsvertraglichen Regelungen verdrängt: Danach sind Huber und Schulze grds. berechtigt, gemeinsam auch **ohne die Zustimmung** des Maier Geschäftsführungsmaßnahmen zu treffen. Zu berücksichtigen ist allerdings, dass Maier alleingeschäftsführungsbefugt ist. Maier hat somit in Bezug auf die Geschäftsführung die gleichen Rechte, wie Huber und Schulze gemeinsam. Da Maier dem Geschäft **widersprochen** hat, liegt also gewissermaßen eine „Pattsituation" vor.

§ 711 S. 2 BGB ordnet für solche Fälle an, dass das Geschäft unterbleiben muss.

hemmer-Methode: Denken Sie an die oben besprochene Trennung von Geschäftsführung und Vertretung! Obwohl Huber und Schulze den Mähdrescher nicht kaufen *dürfen*, *können* sie für die GbR einen wirksamen Kaufvertrag schließen (st. Rspr., vgl. BGH MDR 2008, 1046 ff.). Schließen Huber und Schulze jedoch den Vertrag ab, so begehen Sie im Innenverhältnis zur GbR eine Pflichtverletzung, die zur Haftung aus § 280 I BGB wegen Pflichtverletzung des Gesellschaftsvertrages führen kann.

Berechtigte

Das Widerspruchsrecht ist sozusagen die Kehrseite der Geschäftsführungsbefugnis. Widersprechen kann daher nur, wer auch geschäftsführungsbefugt ist. Ist ein Gesellschafter nur zusammen mit anderen gesamtgeschäftsführungsbefugt, so kann er auch nur mit diesen gemeinsam wirksam widersprechen. 57

Bsp.: *Wie oben, nur sind diesmal Maier und Huber für den Kauf und Schulze widerspricht. Darf Maier den Mähdrescher kaufen?*

Gem. § 711 S. 1 BGB reicht das Widerspruchsrecht nur soweit, wie die Geschäftsführungsbefugnis des jeweiligen Gesellschafters reicht. Da Schulze nur gemeinsam mit Huber geschäftsführungsbefugt ist, kann er auch nur mit diesem gemeinsam wirksam widersprechen. Da Huber jedoch für den Kauf ist, liegt kein wirksamer Widerspruch i.S.d. § 711 BGB vor. Maier darf den Mähdrescher für die GbR kaufen.

Grenzen des Widerspruchsrechts

Als Ausfluss der Geschäftsführungsbefugnis unterliegt das Widerspruchsrecht der gesellschaftsrechtlichen Treuepflicht. Es darf also nur im Interesse der Gesellschaft, nicht dagegen zur Verfolgung eigener Interessen ausgeübt werden. Außerdem muss der Widerspruch rechtzeitig erfolgen: Ein Anspruch auf Rückgängigmachung einer bereits durchgeführten Maßnahme besteht nicht. 58

hemmer-Methode: Übt ein Gesellschafter das Widerspruchsrecht pflichtwidrig und schuldhaft (beachten Sie § 708 BGB!) aus, macht er sich schadensersatzpflichtig, § 280 I BGB. Nach § 249 I BGB müsste er dann den Widerspruch zurücknehmen. Gemäß dem Grundsatz des „dolo facit" ist der Widerspruch dann jedoch von Anfang an als unbeachtlich zu behandeln, § 242 BGB.

ee) Ersatzansprüche gegen die Gesellschaft

Ersatzansprüche gegen die Gesellschaft

Häufig kommt es vor, dass Gesellschaftern aufgrund ihrer Tätigkeit für die Gesellschaft Kosten entstehen. Es ist daher zu klären, unter welchen Voraussetzungen Ersatzansprüche gegen die Gesellschaft entstehen. 59

entscheidend, ob Geschäftsführungsbefugnis

Es ist sinnvoll, danach zu unterscheiden, **wer** solche Ersatzansprüche geltend macht: Einen geschäftsführungsbefugten Gesellschafter, der ja u.U. sogar die Pflicht zum Tätigwerden hat, werden wir anders behandeln müssen, als einen nicht Geschäftsführungsberechtigten, der sich „ungebeten" in Gesellschaftsangelegenheiten einmischt.

(1) Ansprüche des Geschäftsführers

geschäftsführungsbefugte Gesellschafter

Für Aufwendungen, die ein **geschäftsführungsbefugter** Gesellschafter macht, verweist § 713 BGB auf die §§ 664 ff. BGB, also auf das Auftragsrecht. Die maßgebliche Norm ist hier **§ 670 BGB**. 60

Hieraus ergeben sich zwei wichtige Einschränkungen:

Anspruch nur im Rahmen der Geschäftsführungsbefugnis

Zum einen spricht § 670 BGB nur von solchen Aufwendungen, die der Beauftragte „nach den Umständen für erforderlich halten darf". Das bedeutet: Auch der grds. geschäftsführungsbefugte Gesellschafter bekommt hiernach keinen Ersatz, wenn er - aus welchen Gründen auch immer - den Rahmen seiner Geschäftsführungsbefugnis überschritten hat.

hemmer-Methode: Denken Sie in solchen Fällen jedoch an einen möglichen Anspruch aus GoA (mehr dazu gleich unten im Anschluss).

Ersatzfähigkeit von Schäden?

Zum anderen ist der Aufwendungsbegriff selbst problematisch: Nach der hergebrachten Definition sind Aufwendungen, im Gegensatz zu Schäden, nur **freiwillige** Vermögensopfer. Was ist aber, wenn der Geschäftsführer bei seiner Tätigkeit Schäden erleidet? 61

> **Bsp.:** *Auf der Fahrt zu einem Kunden der Maier & Huber GbR erleidet der alleingeschäftsführungsberechtigte Maier mit seinem privaten Auto einen Unfall.*

Da die Fahrt eine Geschäftsführungsmaßnahme war, könnte Maier gegen die teilrechtsfähige GbR (Gesamthand, § 718 BGB) einen Ersatzanspruch aus §§ 713, 670 BGB haben.

Fraglich ist allerdings, ob der dem Maier entstandene Schaden noch unter den Begriff der „Aufwendung" i.S.d. § 670 BGB fällt, versteht man unter Aufwendungen doch regelmäßig nur **freiwillige** Vermögensopfer. Von einem freiwilligen Vermögensopfer kann hier jedoch keine Rede sein. Dennoch herrscht im Ergebnis Einigkeit über die Ersatzfähigkeit solcher Schäden. Nach h.M. reicht es aus, dass **freiwillig ein Schadensrisiko übernommen** wird.

In der Klausur stellen sich im Anschluss regelmäßig noch die Fragen des Mitverschuldens des Geschäftsführers gem. § 254 I BGB und der Anwendbarkeit des § 708 BGB im Straßenverkehr (dazu unten mehr).

hemmer-Methode: Hier ist im Detail vieles umstritten: Nach einer anderen Ansicht ist § 670 BGB zwar auf Schäden nicht anwendbar, dafür aber der eigentlich für die OHG geltende § 110 I Alt. 2 HGB analog.
Auch wenn wir die OHG unten noch ausführlich besprechen, könnten Sie diese Norm ruhig schon jetzt einmal lesen.

Arbeitszeit nicht ersatzfähig

Ersatz für aufgewendete Arbeitszeit kann nicht verlangt werden. 62
Hier fehlt es an der Freiwilligkeit, da i.d.R. aus dem Gesellschaftsvertrag eine Pflicht zur Geschäftsführung folgt.

(2) Ansprüche anderer Personen

andere Personen: Ersatz nur über GoA

Nicht geschäftsführungsbefugte Personen, ob sie nun Gesell- 63
schafter sind oder nicht, können hingegen nur unter den strengeren Voraussetzungen der **berechtigten GoA** gem. §§ 677, 683 S. 1, 670 BGB Aufwendungsersatz von der GbR verlangen. Dies gilt auch für geschäftsführungsbefugte Gesellschafter, die den Umfang ihrer Geschäftsführungsbefugnis überschritten haben.

hemmer-Methode: Wiederholen Sie die Voraussetzungen und Rechtsfolgen der GoA in unserem Skript Basics Zivilrecht, Band 2, Gesetzliche Schuldverhältnisse.

ff) Die Entziehung der Geschäftsführung

Entziehung gesetzl. Geschäftsführungsbefugnis nicht möglich

Eine im Gesellschaftsvertrag erteilte Geschäftsführungsbefugnis 64
kann nur unter den engen Voraussetzungen des § 712 I BGB (lesen!) entzogen werden. Ein Entzug der gesetzlichen Geschäftsführungsbefugnis gem. § 709 I BGB ist gegen den Willen des betroffenen Gesellschafters überhaupt nicht möglich.

Diese Einschränkungen der Entziehungsmöglichkeit zeigen, dass ein **Recht** auf Geschäftsführung besteht. Die im Gegenzug nach § 712 II BGB eingeschränkte Kündigungsmöglichkeit zeigt, dass auch eine **Pflicht** zur Geschäftsführung besteht.

c) Die Treuepflicht

Grundsatz

Wie bereits gezeigt, entsteht zwischen Gesellschaftern eine besonders enge persönliche Bindung. Das Verhältnis der Gesellschafter untereinander wird von den Grundsätzen besonderen Vertrauens und gegenseitiger Treue beherrscht. 65

hemmer-Methode: Zugegeben, das hört sich etwas lebensfremd an. In der Klausur - wie im richtigen Leben - werden Sie oft auf Konstellationen treffen, in denen es mit besonderem Vertrauen und gegenseitiger Treue der Gesellschafter nicht weit her ist. Dennoch ist die Treuepflicht wichtig: Als eine Art Generalklausel dient sie dazu, alle Verhaltensweisen zu unterbinden, die den Gesellschaftszweck gefährden.

Inhalt

Aus der Treuepflicht resultieren sowohl Handlungspflichten, als auch Unterlassungspflichten. So kann sich aus der Treuepflicht sogar die Pflicht eines Gesellschafters ergeben, einer bestimmten Geschäftsführungsmaßnahme zuzustimmen, wenn ohne seine Zustimmung der Gesellschaftszweck gefährdet ist. Auf der anderen Seite darf kein Gesellschafter ruf- oder kreditschädigende Mitteilungen über die Gesellschaft an Dritte weitergeben, selbst wenn diese wahr sind. 66

hemmer-Methode: Verletzt ein Gesellschafter die ihm obliegende Treuepflicht, so kommt - wie regelmäßig bei Pflichtverletzungen im Innenverhältnis - die Haftung aus § 280 I in Betracht. Dazu sogleich unter Rn. 68 ff.

Grenzen

Grenze der Treuepflicht ist die Wahrnehmung berechtigter eigener Interessen des Gesellschafters. 67

hemmer-Methode: Wie Sie sehen, sind diese Kriterien ziemlich schwammig. Hier ist in der Klausur Ihr juristisches Argumentationsvermögen gefragt! Stellen Sie das Spannungsfeld zwischen Treuepflicht und berechtigten Eigeninteressen dar, schöpfen Sie die Angaben im Sachverhalt aus und kommen Sie dann zu einer nachvollziehbaren, sachgerechten Lösung.

d) Die Haftung bei Pflichtverletzungen

§ 280 I BGB

Verletzt ein Gesellschafter schuldhaft seine Pflichten aus dem Gesellschaftsvertrag, so macht er sich aus **§ 280 I BGB** schadensersatzpflichtig. 68

hemmer-Methode: § 280 I BGB ist die Grundnorm des Schadensersatzes im Schuldrecht. Wiederholen Sie den Anwendungsbereich und die Voraussetzungen in unserem Skript Basics Zivilrecht, Band 1.

Sorgfaltsmaßstab: § 708 BGB, diligentia quam in suis

Hierbei müssen Sie eine wichtige Besonderheit beachten: Gemäß **§ 708 BGB** hat ein Gesellschafter bei **allen** Pflichten aus dem Gesellschaftsvertrag nur für „diejenige Sorgfalt einzustehen, die er in eigenen Angelegenheiten anzuwenden pflegt“. Man spricht auch von der sog. „*diligentia quam in suis*“, vgl. § 277 BGB. 69

Gründe

Für diese Haftungsmilderung werden im Wesentlichen zwei Begründungen genannt: Die eine besagt, da sich jeder seine Mitgesellschafter aussuchen kann, müsse er diese auch so nehmen, wie sie sind. Der andere Begründungsversuch stellt fest, dass die Angelegenheiten der Gesellschaft stets auch eigene Angelegenheiten jedes Gesellschafters sind.

hemmer-Methode: § 708 BGB ist nicht nur auf den ersten Blick eine seltsame Vorschrift: Wer generell unordentlich ist, haftet nicht für daraus entstehende Schäden, wer dagegen nur einmal nachlässig ist, der muss zahlen. Man könnte drastisch sagen, dass § 708 BGB eine Belohnung für gewohnheitsmäßige Schlamperei darstellt. Aus diesem Grund wird die Vorschrift rechtspolitisch auch heftig kritisiert. Zumindest eine restriktive Auslegung scheint geboten.

Ausnahmen

Die Haftungsmilderung des § 708 BGB soll nach der Rspr. jedenfalls im Straßenverkehr unanwendbar sein, da hier für individuelle Sorgfaltsmaßstäbe kein Raum sei (str.). 70

§ 678 BGB wegen Übernahmeverschuldens

Überschreitet ein Gesellschafter die Grenzen seiner Geschäftsführungsbefugnis, kommt nach h.M. auch ein Anspruch aus **§ 678 BGB** wegen Übernahmeverschuldens im Rahmen einer unberechtigten GoA in Betracht.

Da § 713 BGB für die Geschäftsführungstätigkeit auf das Auftragsrecht verweist, müsse eine Überschreitung entsprechend als GoA aufgefasst werden. Die Anwendbarkeit des § 708 BGB in diesem Zusammenhang ist umstritten, wird aber von der h.M. bejaht, da auch die (hier fehlerhafte) Prüfung des Umfangs der Geschäftsführungsbefugnis zu den gesellschaftsvertraglichen Pflichten gehört.

hemmer-Methode: Diese Konstruktion ist dogmatisch nicht unbedenklich, weil die §§ 677 ff. BGB gerade das *Fehlen* einer vertraglichen Beziehung voraussetzen und für diesen Fall ein *gesetzliches* Schuldverhältnis begründen.

Bsp.: *Maier und Huber benötigen für ihre GbR einen neuen Mähdrescher. Der Landmaschinenhändler Vogel bietet dem alleingeschäftsführungs- und vertretungsberechtigten Huber ein entsprechendes Modell an.*

Aufgrund des günstigen Kaufpreises greift Huber sofort zu. Am nächsten Tag wird der Kaufpreis aus dem Gesellschaftsvermögen bezahlt.

Erst bei der Überführung des Fahrzeugs stellt der ansonsten sehr gewissenhafte Huber fest, dass dieses für die Zwecke der Gesellschaft völlig unbrauchbar, da für den einzigen Zufahrtsweg zur gemeinsamen Scheune viel zu breit ist. Der Mähdrescher muss mit einem Verlust von 20.000 € weiterverkauft werden. Wie ist die Rechtslage?

1. Die teilrechtsfähige Maier & Huber GbR (Gesamthand, § 718 BGB) könnte einen Schadensersatzanspruch gegen Huber aus **§ 280 I BGB** haben. Unter Geschäftsführungsmaßnahmen versteht man nur solche, die geeignet sind, den Gesellschaftszweck zu fördern. Dies ist hier nicht der Fall, Huber hat seine Geschäftsführungsbefugnis überschritten. Geht man davon aus, dass er dies unter Zugrundelegung des § 708 BGB auch schuldhaft tat, besteht ein Anspruch in Höhe von 20.000 €.

2. Des Weiteren besteht mit der h.M. ein Anspruch aus **§ 678 BGB**, da auch von einem Übernahmeverschulden des Huber auszugehen ist (str., nach a.A. ist § 678 BGB nicht anwendbar s.o.).

3. Rechte der Gesellschafter

Ansprüche der Gesellschafter = Sozialverpflichtungen der Gesellschaft

Natürlich stehen den Pflichten der Gesellschafter im Innenverhältnis auch entsprechende Rechte gegenüber. So wie man die Pflichten der Gesellschafter auch als Sozialansprüche der Gesellschaft bezeichnet, spricht man bei Ansprüchen der Gesellschafter auch von **Sozialverpflichtungen** der Gesellschaft. 71

a) Das Recht auf Gewinn-/Verlustverteilung

Vermögensrechte: Gewinn und Auseinandersetzungsguthaben

Insbesondere bei Gesellschaften mit erwerbswirtschaftlichem Zweck wird die Pflicht zur Beitragsleistung i.d.R. eingegangen, um später auch einen entsprechenden Anteil am Gewinn zu bekommen. Außerdem muss das Vermögen der Gesellschaft im Falle ihrer Beendigung aufgeteilt werden. Man spricht in diesem Zusammenhang von **Vermögensrechten** der Gesellschafter. 72

hemmer-Methode: Hier soll zunächst nur das Recht auf Gewinnauszahlung interessieren. Das Recht auf Aufwendungsersatz aus §§ 713, 670 BGB wurde bereits oben i.R.d. Geschäftsführung behandelt (Rn. 25). Weitere Vermögensrechte, nämlich die Zahlung des Abfindungsanspruchs aus § 738 I 2 BGB bzw. des Auseinandersetzungsguthabens gem. § 734 BGB, werden unten im Zusammenhang mit dem Ausscheiden aus der Gesellschaft bzw. der Beendigung der Gesellschaft dargestellt (vgl. Rn. 192, 211).

i.d.R. im Gesellschaftsvertrag festgelegt

Das Recht auf Gewinnauszahlung ergibt sich aus dem Gesellschaftsvertrag. In aller Regel wird hier die Höhe des Gewinn- bzw. Verlustanteils ausdrücklich festgelegt. 73

§ 722 I BGB nur, wenn keine Auslegung möglich

Ist hingegen keine derartige Bestimmung getroffen worden und lässt sich eine solche auch nicht im Wege der (evtl. ergänzenden) Vertragsauslegung ausmachen, greift § 722 I BGB ein. 74

☑

hemmer-Methode: § 722 I BGB greift nur im absoluten Ausnahmefall, denn als Indiz für eine abweichende konkludente Regelung gilt bereits, dass die Gesellschafter unterschiedlich hohe Beiträge leisten. Die dadurch entstehende Verknüpfung von Kapitalanteil und Gewinnanteil ist gerecht und in aller Regel auch so gewollt.

Entstehungszeitpunkt

Ist nichts anderes vereinbart, so entsteht der Anspruch bei Gelegenheitsgesellschaften erst nach deren Auflösung (§ 721 I BGB), bei Dauergesellschaften am Schluss eines jeden Geschäftsjahres (§ 721 II BGB). 75

b) Das Recht auf Geschäftsführung

Geschäftsführung als „Pflichtrecht"

Wie bereits bekannt, ist die Geschäftsführung ein sog. **Pflichtrecht**, also gleichzeitig Sozialanspruch und Sozialverpflichtung. Dies wurde oben unter Rn. 21 ff. bereits dargestellt. 76

c) Informations- und Kontrollrechte

Kontrollrecht, § 716 I BGB

Auch der nicht geschäftsführungsbefugte Gesellschafter hat i.d.R. das Recht auf persönliche Unterrichtung über die Angelegenheiten der Gesellschaft, § 716 I BGB. 77

Wie sich aus dem Gesetzeswortlaut ergibt („sich unterrichten", „einsehen", „anfertigen") sind die geschäftsführenden Gesellschafter ihm gegenüber allerdings nicht zu einem positiven Tun, sondern nur zum passiven Gewährenlassen verpflichtet.

Einschränkungen

Das Informationsrecht kann im Gesellschaftsvertrag erweitert, aber auch eingeschränkt oder ganz ausgeschlossen werden. Eine beschränkende oder ausschließende Vereinbarung ist allerdings dann unbeachtlich, wenn Grund zur Annahme unredlicher Geschäftsführung besteht, § 716 II BGB. 78

☑

hemmer-Methode: Unterscheiden Sie den Informationsanspruch aus § 716 I BGB von dem aus §§ 713, 666 BGB. Während der Anspruch aus § 716 I BGB dem einzelnen Gesellschafter zusteht, also eine echte Sozialverpflichtung ist, sind die geschäftsführenden Gesellschafter gem. §§ 713, 666 BGB der Gesellschaft verpflichtet (aber: actio pro socio möglich, dazu unten (Rn. 98 ff.) mehr).

IV. Das Außenverhältnis

Nachdem wir uns soeben mit dem Innenverhältnis, also dem Rechtsverhältnis der Gesellschafter untereinander und zur Gesellschaft befasst haben, wenden wir uns nun dem besonders klausurrelevanten Verhältnis der GbR zu Dritten außerhalb der Gesellschaft zu. In diesem Außenverhältnis stellen sich drei grundlegende Fragen: 79

- Wie tritt die GbR im Rechtsverkehr auf?

hemmer-Methode: Wiederholen Sie an dieser Stelle bitte die oben dargestellte Diskussion um die Teilrechtsfähigkeit der GbR (Rn. 32 ff.).

- Wie kann die GbR rechtsgeschäftlich handeln? Da reale Handlungen nur von natürlichen Personen vorgenommen werden können, führt diese Frage direkt zur Frage nach der Vertretung der GbR.

- Was passiert mit Verbindlichkeiten, die gegenüber der GbR bestehen und auf welche Haftungsobjekte können die Gläubiger der GbR Zugriff nehmen?

1. Die Vertretung der GbR

a) Allgemeines

Stellvertretung, §§ 164 ff. BGB

Wie bereits festgestellt, müssen natürliche Personen Handlungen für die Gesellschaft vornehmen. 80

Bei rechtsgeschäftlichen Handlungen kennen Sie mit der Stellvertretung gem. § 164 ff. BGB die zentrale Möglichkeit, Willenserklärungen einem anderen Rechtssubjekt zuzurechnen. Die Vertretung betrifft - im Unterschied zur Geschäftsführung - dabei das rechtliche Können im Außenverhältnis. Es geht also um die Frage, ob durch das Handeln des Vertreters der Vertretene unmittelbar gegenüber einem Dritten berechtigt und verpflichtet wird.

hemmer-Methode: Die Frage, wer Vertretener ist, führt uns wieder zurück zu den Gesamthandstheorien. Nach der herrschenden Lehre der Teilrechtsfähigkeit wird durch wirksame Stellvertretung gem. § 164 I BGB die Gesamthand als solche berechtigt und verpflichtet.

Auch die Vertretung der GbR kann nur nach dem Grundschema der Stellvertretung verlaufen. Bei der Prüfung der §§ 164 ff. BGB sind dabei die Besonderheiten für die GbR zu beachten:

eigene Willenserklärung

Da die GbR für sich gesehen natürlich keinen Willen bilden kann, ist die Voraussetzung **„eigene Willenserklärung"** praktisch nie problematisch.

in fremdem Namen

Die Stellvertretung muss offenkundig sein, d.h. der Vertreter muss **im Namen des Vertretenen** handeln. Häufig wird dabei ein Gesellschafter oder ein Dritter nicht ausdrücklich erklären, er handele für die Gesamthand. Hier greift jedoch § 164 I 2 BGB ein, wonach sich die Offenkundigkeit auch aus den Umständen ergeben kann. Hier finden dann auch die Grundsätze des sog. **unternehmensbezogenen Geschäfts** Anwendung.

> ***Bsp.:*** *Der Angestellte Anton der Maier & Huber-GbR verkauft dem Kunden Dieter auf dem Hofgelände 5 Zentner Kartoffeln.*
>
> Hier wird - auch wenn Anton seine Vertretereigenschaft nicht ausdrücklich offen legt - die GbR Vertragspartner des Dieter. Aus den Umständen des Geschäftsabschlusses ergibt sich nämlich (§ 164 I 2 BGB), dass der Geschäftsinhaber selbst verpflichtet werden soll (sog. unternehmensbezogenes Geschäft).

mit Vertretungsmacht

Von größerer Bedeutung in der Klausur ist jedoch, ob der Vertreter **mit Vertretungsmacht** gehandelt hat. Der Gesetzgeber hat hierzu in § 714 BGB Stellung genommen.

> *Bei der GbR besteht im gesetzlichen Regelfall Gesamtvertretungsmacht. Dies ergibt sich aus §§ 714, 709 I BGB. Die einzelnen Gestaltungsmöglichkeiten werden ausführlich unter Rn. 90 f. behandelt.*

b) Rechtsgeschäftliche und organschaftliche Vertretungsmacht

rechtsgeschäftliche Vertretung

Die Möglichkeit, einem anderen **rechtsgeschäftlich** Vertretungsmacht zu erteilen, kennen Sie bereits aus dem BGB-AT (Vollmacht, § 166 II S. 1 BGB). Die Bevollmächtigung ist eine einseitige empfangsbedürftige Willenserklärung, § 167 I BGB. Doch um eine Willenserklärung abgeben zu können, muss die Gesellschaft bereits wirksam vertreten werden - scheinbar ein Zirkelschluss. 81

hemmer-Methode: Die Bevollmächtigung ist zwar einerseits Geschäftsführungsmaßnahme, aber eben auch eine im Außenverhältnis abzugebende Willenserklärung. Daher ist eine wirksame Vertretung der Gesellschaft erforderlich.

organschaftliche Vertretung

Hieraus folgt zwingend: Es muss noch eine andere, ursprünglichere Vertretungsform der GbR geben. Dies ist die sog. **organschaftliche** Vertretung. 82

aa) Wesen der organschaftlichen Vertretung

Zurechnung eigenen Handelns durch Organe

Ganz allgemein geht es bei der organschaftlichen Vertretung darum, ein rechtsgeschäftliches Handeln der Gesellschaft zurechnen zu können. Rechtsgeschäftliche Stellvertretung, also die Zurechnung **fremder** Willenserklärungen, genügt dazu jedoch nicht. Denn wer sollte die dazu erforderliche Vertretungsmacht erteilt haben? Vielmehr muss der Gesellschaft letztlich auch eigenes Handeln möglich sein. Dies geschieht durch sog. **Organe**. Das Organhandeln wird der Gesellschaft dabei als **rechtlich eigenes Handeln** zugerechnet. 83

Rechtsgedanke des § 31 BGB

Die Organe handeln für die Gesellschaft und die Gesellschaft handelt - rechtlich gesehen - durch sie. Bildlich gesprochen hauchen die Organe der Gesellschaft Leben ein. Gesetzlich verankert ist die **organschaftliche Zurechnung** in **§ 31 BGB**. Obwohl dieser zunächst nur den eingetragenen Verein betrifft, ist sein Rechtsgedanke für das Wesen der organschaftlichen Stellvertretung auch auf alle anderen Gesellschaften auszudehnen. 84

hemmer-Methode: Lange Zeit war umstritten, ob der Rechtsgedanke des § 31 BGB auch für die Zurechnung eines Verschuldens einzelner Gesellschafter auf die GbR übertragbar ist.
Der BGH hat dies zuletzt bejaht, vgl. BGH, Life&Law 2003, 385 ff. Dazu näher unten Rn. 131, 138.

bb) Träger organschaftlicher Vertretungsmacht (Prinzip der Selbstorganschaft)

grds. Vertragsfreiheit, § 311 I BGB

Wer soll nun die organschaftliche Vertretung vornehmen? Spontan würden man wohl sagen, die Gesellschafter sollen die organschaftliche Vertretung ausführen. 85

Aber können nicht auch irgendwelche Dritte durch den Gesellschaftsvertrag als organschaftliche Vertreter bestellt werden? Schließlich herrscht doch gem. § 311 I BGB Vertragsfreiheit.

Einschränkung: Prinzip der Selbstorganschaft

Hier greift nun das **Prinzip der Selbstorganschaft** ein. Dieses besagt zunächst, dass die Organschaft an die Mitgliedschaft gebunden ist (vgl. Abspaltungsverbot des § 717 S. 1). Die Organe der Gesamthand bestehen von Anfang aus den Parteien des Gesellschaftsvertrages (Gesellschafter) und müssen nicht erst besetzt werden. 86

Organmonopol der Gesellschafter

Von diesem Ausgangspunkt aus wird gefolgert, dass nur die Gesellschafter der GbR organschaftliche Vertretungsmacht besitzen können. Die Gesellschaft soll letztlich allein durch ihre Gesellschafter handlungsfähig sein. Diese Beschränkung der gesellschaftsrechtlichen Gestaltungsfreiheit bedarf jedoch einer Rechtfertigung. 87

Hierfür lassen sich vielfältige Schutzinteressen aufführen:

- **Schutz des Gesellschafters** selbst: Wer unbeschränkt haftet, soll zu seinem Schutz auch die Unternehmensleitung in den eigenen Händen halten. 88

- **Schutz der Mitgesellschafter**: Da die handelnden Gesellschafter grundsätzlich unbeschränkt haften, wird jeder darauf bedacht sein, Schaden von der Gesellschaft fernzuhalten.

- **Schutz des Rechtsverkehrs**: Da der GbR kein gesetzlich festgelegtes Haftungskapital zugrunde liegt, ist es für Vertragspartner wichtig, dass die organschaftlich Handelnden als Gesellschafter unbeschränkt haften.

hemmer-Methode: Letztlich sorgt das Prinzip der Selbstorganschaft für einen einfachen, aber effektiven Kontrollmechanismus: Wenn nur die unbeschränkt haftenden Gesellschafter die GbR organschaftlich vertreten können, wird sich jeder möglichst stark engagieren, um Schaden von der Gesellschaft und damit von sich selbst abzuwenden. Einen plastischen Vergleich bringt dazu Wiedemann: „Der mitfliegende Pilot im Cockpit flößt uns die Zuversicht einer gefahrlosen Reise ein.“

gilt nach h.M. nur im Außenverhältnis, nicht für Geschäftsführung

Wegen des Schutzinteresses des Rechtsverkehrs wird nach h.M. das Prinzip der Selbstorganschaft nur **im Außenverhältnis** als **zwingend** angesehen. Im Innenverhältnis ist es hingegen möglich, dass z.B. kein Gesellschafter geschäftsführungsbefugt ist. In diesem Fall bleibt die GbR ja handlungsfähig, da auch ohne das rechtliche Dürfen im Innenverhältnis die Gesellschaft im Außenverhältnis gebunden werden kann. 89

Nun können wir schließlich auch die anfangs gestellte Frage beantworten. Wer erteilt die Vollmacht als Grundlage rechtsgeschäftlicher Vertretung? Dies können nur Inhaber organschaftlicher Vertretungsmacht sein, da diese organschaftliche Vertretung als Eigenhandeln der Gesellschaft zuzurechnen ist. Zur Erteilung rechtsgeschäftlicher Vertretungsmacht bedarf es also immer der Zwischenschaltung organschaftlicher Vertretung.

hemmer-Methode: Vermeiden Sie hier Missverständnisse! Die Gesellschaft kann selbstverständlich durch Dritte aufgrund rechtsgeschäftlicher Vertretungsmacht vertreten werden. Die Vollmacht muss jedoch durch die Gesellschaft selbst erteilt worden sein. Eigenhandeln der Gesellschaft geschieht jedoch nur durch die organschaftlichen Vertreter. Also müssen Vertreter mit organschaftlicher Vertretungsmacht (gem. §§ 714, 709 I BGB grds. Gesamtvertretung) dem Dritten die Vollmacht erteilt haben.

cc) Art und Umfang der organschaftlichen Vertretungsmacht

Auslegungsregel des § 714 BGB

Für das Bestehen und den Umfang der organschaftlichen Vertretungsmacht gibt § 714 I BGB eine Auslegungsregel vor („im Zweifel"). § 714 BGB ist dabei so zu lesen: In dem Umfang („soweit"), in dem Geschäftsführungsbefugnis besteht, besteht auch Vertretungsmacht, wenn im Gesellschaftsvertrag nichts anderes vereinbart wurde („im Zweifel"). Vertretungsmacht und Geschäftsführungsbefugnis entsprechen einander also im Regelfall. 90

> **Bsp.:** *Aus der Alleingeschäftsführungsbefugnis jedes Gesellschafters folgt gem. § 714 BGB die Alleinvertretungsmacht jedes Gesellschafters usw.*

Regelfall : Gesamtvertretung

Besteht weder hinsichtlich der Vertretungsmacht noch hinsichtlich der Geschäftsführungsbefugnis eine Regelung, so besteht gem. §§ 714, 709 I BGB Gesamtvertretung.

In der Klausur ermitteln Sie die **Art der Vertretungsmacht** folgendermaßen: 91

(1) Liegen im Gesellschaftsvertrag ausdrückliche Vereinbarungen hinsichtlich der Vertretungsmacht vor, so sind diese vorrangig.

(2) Wurde keine ausdrückliche Vereinbarung getroffen, so ist der Umfang der Vertretungsmacht durch Auslegung - gegebenenfalls ergänzende Vertragsauslegung - des Gesellschaftsvertrages zu ermitteln.

(3) Nur wenn auch keine Auslegung gelingt, greift die Auslegungsregel des § 714 BGB ein.

hemmer-Methode: Lernen Sie problemorientiert! Die gesetzliche Auslegungsregel des § 714 BGB sorgt grundsätzlich für einen Gleichlauf von Geschäftsführungsbefugnis (rechtliches Dürfen) und Vertretungsmacht (rechtliches Können). Daher wird in einer Klausur selten ein Problem des sog. Missbrauchs der Vertretungsmacht vorkommen. Hingegen sind Probleme der Duldungs- oder Anscheinsvollmacht durchaus wahrscheinlich, da bei der GbR der Umfang der Vertretungsmacht Dritten gegenüber beschränkt werden kann.

Hierzu das folgende - nicht ganz einfache -

> **Bsp.:** *Maier und Huber betreiben eine GbR. Im Gesellschaftsvertrag vereinbaren sie, dass Huber zusammen mit dem außenstehenden Schmitt zur alleinigen Geschäftsführung und Vertretung berechtigt ist. Huber setzt sich darüber hinweg und kauft eigenmächtig bei Dietrich einen neuen Mähdrescher für 60.000 €. Huber hatte für die GbR von Dietrich schon früher alleine landwirtschaftliche Maschinen gekauft, wovon Maier wusste.*

Ist die Gesamthand wirksam verpflichtet worden?

Dietrich könnte einen Anspruch gegen die teilrechtsfähige GbR (Gesamthand, § 718 BGB) aus § 433 II BGB haben (Zur Lehre von der Teilrechtsfähigkeit vgl. Rn. 34).

Huber müsste die GbR bei Vertragsschluss wirksam vertreten haben. Die Willenserklärung des Huber ist hier im Namen der GbR erfolgt, da sich dies aus den Umständen ergibt, § 164 I 2 BGB (sog. unternehmensbezogenes Geschäft).

Problematisch ist jedoch, ob Huber auch mit Vertretungsmacht gehandelt hat. Laut Gesellschaftsvertrag war dem Huber nämlich nur gemeinsam mit Schmitt Vertretungsmacht eingeräumt worden (sog. unechte Gesamtvertretung). Dies könnte jedoch gegen den Grundsatz der Selbstorganschaft verstoßen. Danach muss eine Personengesellschaft allein durch ihre Gesellschafter handlungsfähig sein. Hier war neben der Gesamtvertretung durch Huber und Schmitt keine anderweitige Vertretungsbefugnis vorgesehen. Ohne den außenstehenden Schmitt konnte die GbR nach dieser Regelung nicht vertreten werden. Damit verstößt diese Regelung gegen das Organmonopol der Gesellschafter und ist nichtig.

Aus dem Parteiwillen folgt jedoch, dass der Gesellschaftsvertrag im Übrigen wirksam bleibt (§ 139 BGB a.E., bitte lesen!). Der Wegfall der vertraglichen Vertretungsregelung schafft jedoch keineswegs eine Alleinvertretungsbefugnis des Huber, da diesem nach dem Willen der Parteien gerade nicht unbeschränkt Alleinvertretungsmacht eingeräumt werden sollte.

Vielmehr gilt die Auslegungsregel des § 714 BGB i.V.m. § 709 I BGB, wonach Gesamtvertretung durch die Gesellschafter H und M vorliegt. H besaß somit keine Vertretungsmacht.

Der Rechtsschein ist der GbR jedoch nach den Grundsätzen der Duldungsvollmacht zuzurechnen. H handelte hier für die GbR ohne Vertretungsmacht. Das Wissen um dieses Verhalten und dessen Duldung durch Maier ist der GbR zuzurechnen. Zudem durfte Dietrich auch gutgläubig auf den Rechtsschein vertrauen. Somit ist die Willenserklärung der GbR zuzurechnen. Die GbR wurde wirksam verpflichtet.

Ergebnis: Ein Anspruch aus § 433 II BGB besteht.

c) Missbrauch der Vertretungsmacht

in der Regel Gleichlauf Geschäftsführungsbefugnis - Vertretungsmacht

Aus der gesetzlichen Vermutung der §§ 709 I, 714 BGB ist zu ersehen, dass bei der GbR im Regelfall Geschäftsführungsbefugnis und Vertretungsmacht einander entsprechen. Anders ausgedrückt: Wenn jemand die Gesellschaft nach außen vertreten kann, darf er dies in aller Regel auch. 92

Es sind allerdings im wesentlichen zwei Konstellationen denkbar, in denen Geschäftsführungsbefugnis und Vertretungsmacht voneinander abweichen:

anderweitige vertragliche Regelung

Zum einen steht es den Gesellschaftern frei, im Gesellschaftsvertrag auch nicht-geschäftsführungsbefugten Personen Vertretungsmacht einzuräumen bzw. Personen mit Vertretungsmacht von der Geschäftsführung auszuschließen, solange die Regel vom Organmonopol der Gesellschafter nicht berührt ist. 93

In diesen Fällen schadet eine fehlende Geschäftsführungsbefugnis der Wirksamkeit der Vertretung nicht, es sei denn, der Missbrauch der Vertretungsmacht ist ausnahmsweise beachtlich (Kollusion, Evidenz, dazu gleich).

hemmer-Methode: Die Trennung von Innen- und Außenverhältnis müssen Sie „blind" beherrschen. Machen Sie bei den „Big Points" der Klausur keine Fehler. Wiederholen Sie deshalb oben noch einmal die Grundsätze von Geschäftsführung und Vertretung und insbesondere das Prinzip der Selbstorganschaft, Rn. 85 ff.

Außenwirkung des Widerspruchs?

Zum anderen haben Sie oben die Möglichkeit des Widerspruchs gem. § 711 BGB kennen gelernt. Im Innenverhältnis führt dieser dazu, dass das Geschäft nicht vorgenommen werden darf, also die Geschäftsführungsbefugnis entfällt. Wie aber wirkt sich dieser Widerspruch auf die Vertretungsmacht aus? 94

Bsp.: *In der Maier & Huber GbR besteht Einzelgeschäftsführungsbefugnis. Huber sieht auf der Verkaufsmesse für Landmaschinen einen neuen Traktor zum Preis von 40.000 € und ist so begeistert, dass er ihn sofort kaufen will. Maier widerspricht dem vehement, da sich eine solche Maschine bei ihrer Ackerfläche von 2 Hektar nie rentieren könne.*

Huber, der meint, Maier hätte von Landwirtschaft noch nie viel Ahnung gehabt, setzt sich über den Widerspruch hinweg und schließt mit dem Dietrich, der von den Meinungsverschiedenheiten nicht weiß, den Kaufvertrag ab.

Dietrich verlangt von der GbR die Zahlung der 40.000 €.
Zu Recht?

Dietrich könnte einen Anspruch auf Zahlung von 40.000 € gegen die teilrechtsfähige GbR (Gesamthand, § 718 BGB) aus § 433 II BGB haben.

Dazu müsste Huber die GbR wirksam vertreten haben, § 164 I S. 1 BGB. Eine eigene Willenserklärung in fremdem Namen (unternehmensbezogenes Geschäft) liegt vor. Fraglich ist jedoch, ob Huber auch mit Vertretungsmacht handelte. Wegen der Einzelgeschäftsführungsbefugnis liegt im Zweifel (§ 714 BGB) Einzelvertretungsbefugnis der Gesellschafter vor. Huber war demnach grundsätzlich alleine vertretungsbefugt.

Etwas anderes könnte sich jedoch aber aufgrund des Widerspruchs des Maier i.S.d. § 711 BGB ergeben. Dieser bewirkt zumindest, dass die Geschäftsführungsbefugnis des H entfällt, § 711 S. 2 BGB. Umstritten sind allerdings die Auswirkungen eines Widerspruchs auf die Vertretungsmacht.

Die entscheidende Frage ist, ob der Widerspruch zusätzlich auch 95
die **Vertretungsmacht** entfallen lässt. Der Wortlaut des § 711 S. 2 BGB lässt folgende Positionen möglich erscheinen:

e.A.: Schutz des Widersprechenden

aa) Teilweise wird argumentiert, der Widerspruch müsse **auch im** Außenverhältnis Wirkung zeigen, da dieses Instrument ansonsten praktisch wertlos sei.

hemmer-Methode: Zwar hat der Widersprechende im Falle der Nichtbeachtung einen Anspruch gegen den zuwiderhandelnden Mitgesellschafter aus § 280 I BGB. Dieser Anspruch ist aber in der Praxis häufig nicht zu realisieren.

h.M.: Schutz des gutgläubigen Dritten ⇨ Außenwirkung (-)

bb) Andererseits sollen sich Dritte gerade nicht um interne Auseinandersetzungen kümmern müssen. Vielmehr soll der Vertragspartner durch Einsicht des Gesellschaftsvertrags schnell den Umfang der Vertretungsmacht ersehen können.

Zudem sind die Grundsätze des Abstraktionsprinzips zu beachten, wonach die Nichtigkeit des zugrunde liegenden Rechtsverhältnisses die Vertretungsmacht grundsätzlich unberührt lässt. Der Widerspruch soll daher nach h.M. keine Außenwirkung entfalten (Vgl. etwa BGB, Life&Law 2009, 92 ff.).

Folge: Missbrauch der Vertretungsmacht

Der handelnde Gesellschafter hat also bei einem wirksamen Wi- 96
derspruch i.S.d. § 711 S. 2 BGB nach h.M. lediglich seine Geschäftsführungsbefugnis (Innenverhältnis) überschritten, während er innerhalb der Vertretungsmacht handelt. Diese Konstellation bezeichnet man als **Missbrauch der Vertretungsmacht**. Ein solcher geht grundsätzlich zu Lasten des Vertretenen.

Die in seinem Namen abgegebene Willenserklärung ist für und gegen ihn wirksam (§ 164 I S. 1 BGB).

Da sich der Vertragspartner nicht um interne Auseinandersetzungen innerhalb der GbR kümmern muss, lässt der Widerspruch nach h.M. die Vertretungsmacht unberührt.

Huber handelte folglich mit Vertretungsmacht, allerdings bei Überschreitung seiner Befugnisse im Innenverhältnis. Grundsätzlich wird die GbR auch bei diesem sog. Missbrauch der Vertretungsmacht rechtlich gebunden. Dies gilt freilich nicht ausnahmslos.

keine Bindung nur bei Kollusion und Evidenz

Eine Ausnahme von dieser Rechtsfolge wird nur in den Fällen der sog. **Kollusion** und der **Evidenz** gemacht: Im Fall der Kollusion wirken Vertreter und Vertragspartner zum Nachteil des Vertretenen zusammen. *97*

Eine sog. Evidenz liegt hingegen vor, wenn der Vertragspartner von der Überschreitung des Innenverhältnisses Kenntnis hat, oder begründete Zweifel an der Einhaltung haben musste.

Für eine Ausnahme nach den Regeln des Missbrauchs der Vertretungsmacht liegen hier keine Anzeichen vor. Vielmehr war S gutgläubig. Der Vertrag mit der GbR ist wirksam zustande gekommen. Der Anspruch aus § 433 II BGB auf Zahlung von 75.000 € besteht.

Anmerkung: Huber hat jedoch mit Überschreitung der Geschäftsführungsbefugnis seine Pflichten aus dem Gesellschaftsvertrag verletzt. Dies kann im Innenverhältnis zur GbR zu einer Haftung aus § 280 I BGB führen (Rn. 68 ff.). Dieser Anspruch ist dann u.U. im Wege der sog. actio pro socio durchzusetzen (siehe sogleich Rn. 98 ff.)

Abwandlung: *Dietrich erfährt diesmal vor dem Vertragsschluss vom Widerspruch des Maier.*

Hier liegt erneut ein Fall des Missbrauchs der Vertretungsmacht vor. Grundsätzlich wird die GbR durch einen solchen Missbrauch gebunden. Nur in den Fällen der Kollusion und Evidenz ist eine Ausnahme zu machen.

Huber und Dietrich ist hier kein kollusives Verhalten vorzuwerfen, jedoch hatte der Dietrich positive Kenntnis von dem Widerspruch. Da an diesen Widerspruch gem. § 711 S. 2 BGB die Rechtsfolge des Wegfalls der Geschäftsführungsbefugnis geknüpft ist, musste Dietrich begründete Zweifel an der Einhaltung des Innenverhältnisses durch Huber haben. Hier liegt demnach ein evidenter Missbrauch der Vertretungsmacht vor. Die GbR wird durch das Vertreterhandeln des Huber nicht gebunden. Nach der Rechtsprechung folgt dies aus § 242 BGB. Eine andere Ansicht wendet § 177 I BGB analog an. Eine vertragliche Bindung besteht demnach in keinem Fall. Dietrich hat keinen Anspruch auf die 40.000 €.

hemmer-Methode: Die Lösung der h.M. geht auch wertungsmäßig in Ordnung: Der Vertretene nimmt die Vorteile der Stellvertretung (Arbeitsteilung) in Anspruch und muss daher auch das Risiko des Missbrauchs der Vertretungsmacht tragen. Nur im Ausnahmefall, wenn der Vertragspartner nicht schutzwürdig ist, entfällt eine rechtliche Bindung. Wiederholen Sie diese Ausnahmefälle in Hemmer/Wüst, BGB AT I, Rn. 285 ff.

d) Sonderproblem: „actio pro socio“

Problem: Durchsetzung von Sozialansprüchen

Die klare Zuständigkeitsordnung durch die Vertretungsbefugnis scheint zunächst keine Fragen offen zu lassen. Allerdings sind Fälle denkbar, in denen das starre System der organschaftlichen Vertretung Probleme bereitet. 98

Bsp.: *Im Gesellschaftsvertrag der Maier, Huber & Schulze-GbR sind keine Abreden zur Vertretung und Geschäftsführung getroffen. Alle Gesellschafter haben ihre Beiträge erbracht, bis auf Schulze, der sich fortwährend weigert. Maier und Huber wollen Schulze nun auf Beitragsleistung verklagen.*

Wegen der Gesamtvertretung aller Gesellschafter (§§ 709 I, 714 BGB) wäre zur gerichtlichen Geltendmachung auch die Mitwirkung des Schulze erforderlich. Dieser wird die Mitwirkung natürlich verweigern.

Vom Rechtsempfinden leuchtet es ein, dass der einzelne Gesellschafter sich seinen Verpflichtungen gegenüber der Gesellschaft nicht so einfach entziehen können darf.

Im Ergebnis muss es jedem Gesellschafter ohne Rücksicht auf Vertretungs- und Geschäftsführungsbefugnis möglich sein, Klage auf Leistung an die Gesellschaft zu erheben.

In unserem Beispiel muss es Maier und Huber irgendwie möglich sein, den Anspruch vor Gericht auch ohne die Mitwirkung des Schulze durchsetzen zu können.

dogmat. Herleitung

Die dogmatische Herleitung dieser Möglichkeit bereitet jedoch einige Probleme: 99

e.A.: §§ 432 I S. 1, 2039 S. 1 analog

Wenn wir uns diese beabsichtigte Rechtsfolge genauer ansehen, merken wir, dass sie dem Fall des § 432 I S. 1 BGB (Mitgläubigerschaft) stark ähnelt. Auch hier kann jeder einzelne Gläubiger die Leistung an alle fordern. Konsequent wird daher die Vertretungsmacht in diesen Fällen aus einer **Analogie zu §§ 432 I S. 1, 2039 S. 1 BGB** (bitte lesen!) heraus begründet. 100

hemmer-Methode: Hier wird also ein *fremdes* Recht in eigenem Namen geltend gemacht. Grundsätzlich darf jedoch nur derjenige einen Prozess führen, der ein eigenes Recht in eigenem Namen geltend macht. Hier liegt jedoch eine ausnahmsweise zulässige sog. Prozessstandschaft vor. Der Prüfungsort in der Klausur ist damit die Zulässigkeit, Unterpunkt Prozessführungsbefugnis.

a.A.: Gesellschaftsvertrag

Nach anderer Ansicht findet die Möglichkeit der Gesellschafterklage (sog. *actio pro socio*) ihren Grund in dem **Gesellschaftsvertrag** selbst. Wer einen solchen abschließt, verpflichtet sich danach nicht nur gegenüber der Gesellschaft, sondern auch gegenüber seinen Mitgesellschaftern. 101

hemmer-Methode: Nach dieser Ansicht (wohl h.M.) verfolgen die Mitgesellschafter also ein *eigenes* Recht, so dass keine Prozessstandschaft vorliegt. In der Klausur ist die actio pro socio danach erst i.R.d. Begründetheit, Unterpunkt Aktivlegitimation anzusprechen.

Wie immer man die *actio pro socio* auch begründet - mittlerweile ist sie jedenfalls gewohnheitsrechtlich anerkannt.

hemmer-Methode: Die actio pro socio stellt eine Durchbrechung der Zuständigkeitsordnung in der GbR dar. Einzelne Gesellschafter können ohne Vertretungsbefugnis gegen den Mitgesellschafter klagen. Eine andere Konstellation, in der es zu einer Durchbrechung der Zuständigkeitsordnung kommt, ist die Verfolgung von Drittschuldneransprüchen (sog. Gesamthänderklage). Sie ist streng von der eigentlichen actio pro socio zu unterscheiden! Lesen Sie hierzu unser Skript Gesellschaftsrecht, Rn. 252 ff.

2. Die Haftungsverfassung der GbR

Wie bereits dargestellt, kann die GbR Verträge schließen. Wer wird aber jetzt aus diesen „in Anspruch genommen"? Wer haftet für die eingegangenen Verbindlichkeiten? Aber - noch eine Frage vorweg - was heißt eigentlich „haften"? 102

hemmer-Methode: „Haften" bedeutet, dass eine Vermögensmasse dem Zugriff des Gläubigers in der Zwangsvollstreckung unterworfen ist. Der Gegenbegriff „schulden" bedeutet hingegen „leistenmüssen", z.B. die Erfüllung eines Vertrages. Selbst in der Rechtssprache werden diese Begriffe allerdings häufig durcheinander geworfen. Wenn Sie also z.B. lesen, irgendjemand „haftet auf Schadensersatz", so ist damit häufig gemeint, dass er Schadensersatz schuldet. 103

Grundsätze

Bei der GbR gibt es viele denkbare Kombinationsmöglichkeiten: Die Gesellschaft als solche kann schulden und das Gesellschaftsvermögen haften, oder die Gesellschafter können schulden und mit ihrem Privatvermögen haften usw. Denn als Grundsatz gilt: **wer schuldet, haftet auch**. Nach der Anerkennung der (Teil-)Rechtsfähigkeit der GbR stellt sich die Struktur wie folgt dar: 104

Theorie der Teilrechtsfähigkeit

Aufgrund ihrer Eigenständigkeit kann die GbR ohne weiteres selbst etwas schulden. Danach schuldet also die **Gesellschaft** und haftet auch mit dem Gesellschaftsvermögen. **Daneben** sollen aber auch - was nach der älteren individualistischen Theorie selbstverständlich war - **die Gesellschafter** regelmäßig mit ihrem Privatvermögen haften. 105

hemmer-Methode: Warum ist die persönliche Haftung der Gesellschafter mit ihrem Privatvermögen so wichtig?
Die GbR hat kein festgeschriebenes Haftungskapital, wie etwa die GmbH. Die Gläubiger wären schutzlos, wenn das Gesellschaftsvermögen nur gering wäre. Es gehört zum Wesen aller Personenaußengesellschaften, dass die Gesellschafter mit ihrem Privatvermögen einstandspflichtig sind.

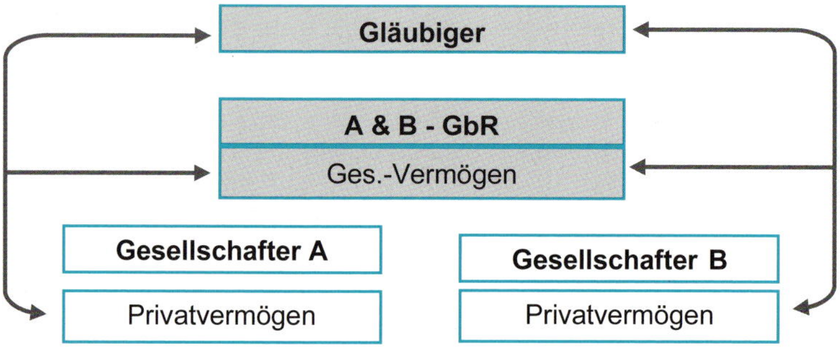

Die individualistische Theorie, welche der GbR die Teilrechtsfähigkeit absprach, ist heute nicht mehr vertretbar, da der Gesetzgeber selbst von der Existenz einer verselbständigten Gesellschaftsform ausgeht, vgl. z.B. §§ 899a, 14 II BGB (s.o.).

Zum anderen konnte die individualistische Theorie nicht erklären, wie es bei dem fließenden Übergang zwischen GbR und OHG in Abhängigkeit vom Umfang des Geschäftsbetriebes (vgl. §§ 1 II, 123 I HGB) zum Übergang des Vermögens auf die Gesellschaft kommt und umgekehrt. Ein Hauptargument der individualistischen Theorie war stets die Vorschrift des § 736 ZPO. Nach dieser Vorschrift ist für die Zwangsvollstreckung in das Gesellschaftsvermögen ein Titel gegen alle Gesellschafter erforderlich.

Das spreche dafür, dass Träger des Gesellschaftsvermögens nicht eine Gesellschaft selbst seien könne. Der BGH hat auch dieses Argument zurückgewiesen. Sinn und Zweck der Vorschrift ist lediglich, dass ein Privatgläubiger eines Gesellschafters nicht mit einem Titel gegen diesen in das Gesellschaftsvermögen vollstrecken kann. Dieser Zweck ist aber genauso erfüllt, wenn man für die Zwangsvollstreckung einen Titel gegen die Gesellschaft verlangt. BGH: „Der Titel gegen alle Gesellschafter ist nichts anderes als ein Titel gegen die Gesellschaft selbst“. Verklagt ein Gläubiger aber zunächst nur die Gesellschafter, ist er auch nicht gehindert, bei einem Unterliegen sodann gegen die Gesellschaft selbst zu klagen, vgl. BGH, Life&Law 2011, 549 ff.

Bei der Darstellung der Auswirkungen dieser Grundsätze ist es sinnvoll, nach dem Verpflichtungsgrund zu unterscheiden.

a) Rechtsgeschäftliche Ansprüche

unterscheide Sozialverpflichtungen – Drittschuldnerbeziehungen

Rechtsgeschäftliche Verbindlichkeiten der Gesellschaft können sich zum einen aus dem Gesellschaftsvertrag (sog. Sozialverpflichtungen), zum anderen aus Rechtsgeschäften mit außenstehenden Dritten (sog. Drittschuldnerbeziehungen) ergeben. *106*

Gesellschafterhaftung für Sozialverpflichtungen (-)

Für **Sozialverpflichtungen** haftet in aller Regel ausschließlich die Gesellschaft. Eine Haftung der Gesellschafter mit ihrem Privatvermögen ist ausgeschlossen, da dies entgegen § 707 BGB zu einer Nachschusspflicht führen würde. *107*

Sozialverpflichtungen sind alle sich aus dem Gesellschaftsverhältnis ergebenden Verpflichtungen der Gesellschaft gegenüber den Gesellschaftern, z.B.: Gewinnanteilsansprüche, Aufwendungsersatzansprüche, Mitverwaltungsrechte.

hemmer-Methode: Kein Grundsatz ohne Ausnahme, so auch hier! Eine Gesellschafterhaftung für Sozialverpflichtungen kommt in den Fällen des § 735 BGB sowie beim Ausgleichsanspruch eines vom Drittschuldner persönlich in Anspruch genommenen Gesellschafters gegen die Gesellschaft, wenn diese ausfällt, in Betracht.

Klärungsbedürftig ist die Haftungsfrage, wenn es um **Drittschuldnerbeziehungen** geht: *108*

aa) Vertragliche Primäransprüche

Auch wenn man der Theorie von der Teilrechtsfähigkeit der GbR folgt, ist die Begründung der Haftung für vertragliche Primäransprüche nicht unumstritten. Zur Verdeutlichung zunächst folgender Fall. *109*

Bsp.: *Der alleingeschäftsführungs- und alleinvertretungsberechtigte Huber kauft für die Maier & Huber-GbR bei Dietrich einen Mähdrescher. Später stellt sich heraus, dass das Gesellschaftsvermögen zur Leistung des Kaufpreises nicht ausreicht und dass auch beim bettelarmen Huber nichts zu holen ist. Kann sich Dietrich wegen des Kaufpreises auch an den - kürzlich durch eine Erbschaft reich gewordenen - nicht vertretungsberechtigten Gesellschafter Maier halten?* *110*

(a) Ansprüche gegen die Gesellschaft

Im Fallbeispiel hat Dietrich zunächst den Anspruch auf Zahlung des Kaufpreises aus § 433 II BGB gegen seine Vertragspartnerin. Dies ist die GbR selbst. Die GbR ist hier durch H wirksam vertreten worden. Da das Gesellschaftsvermögen aber nicht ausreicht, hilft dieser Anspruch dem Dietrich nicht viel weiter. Er will ja Zugriff auf das Privatvermögen des Maier nehmen. *111*

(b) Ansprüche gegen die Gesellschafter

Problem: Gesellschafterhaftung

Fraglich ist, wie die Haftung der Gesellschafter begründet werden kann. Problematisch ist, dass es an einer ausdrücklichen Haftungsregelung im Rahmen der §§ 705 ff. BGB fehlt. 112

(1) Die Akzessorietätstheorie

Akzessorietätstheorie, § 128 S. 1 HGB analog

Für die **OHG** besteht als Rechtsgrundlage für die Haftung der Gesellschafter die Vorschrift des **§ 128 S. 1 HGB**. Dort heißt es: „Die Gesellschafter haften für die Verbindlichkeiten der Gesellschaft den Gläubigern als Gesamtschuldner persönlich". Dieses Ergebnis wird auch für die GbR angestrebt. 113

☑ **hemmer-Methode: Der kleine Ausflug in das Recht der Offenen Handelsgesellschaft (OHG) lässt sich an dieser Stelle leider nicht vermeiden. Wir werden die OHG weiter unten noch ausführlich behandeln.**

Wie gesagt, § 128 S. 1 HGB gilt zunächst nur für die OHG. Es liegt jedoch nahe, § 128 S. 1 HGB analog auch auf die GbR anzuwenden. Dies versucht die sog. **Akzessorietätstheorie,** der auch der BGH folgt. 114

Nach der Akzessorietätstheorie würde der Maier dem Dietrich ohne weiteres analog § 128 S. 1 HGB mit seinem Privatvermögen auf die Kaufpreisforderung haften.

Grundvoraussetzung der analogen Anwendung einer Vorschrift ist neben der vergleichbaren Interessenlage eine **planwidrige Regelungslücke**. Dies wurde früher mit dem Argument verneint, der Gesetzgeber habe ganz bewusst eine dem § 128 HGB vergleichbare Regelung im BGB nicht geschaffen. 115

Durch verschiedene Gesetzesänderungen hat aber der Gesetzgeber gezeigt, dass auch er zu der Teilrechtsfähigkeit der GbR tendiert, obwohl es ebenfalls an einer dem § 124 HGB vergleichbaren Regelung im BGB fehlt.

☑ **hemmer-Methode: Deshalb wurde von der h.M. früher die sog. Doppelverpflichtungslehre bevorzugt (dazu gleich). Diese wird heute aktiv nicht mehr vertreten, weshalb die Darstellung nur knapp erfolgen soll.**

(2) Die Doppelverpflichtungslehre

Nach der **Lehre von der Doppelverpflichtung** sollte sich bei jedem Vertragsschluss im Namen der Gesellschaft folgendes abspielen: 116

- Zunächst wird die GbR selbst gem. § 164 I BGB vertreten und damit selbst verpflichtet (durch *organschaftliche* Vertretungsmacht des bzw. der handelnden Gesellschafter) 117
- Daneben verpflichtet der vertretungsberechtigte Gesellschafter **sich persönlich**
- und **die anderen Gesellschafter aufgrund *rechtsgeschäftlicher* Vertretungsmacht**, welche die Gesellschafter sich gegenseitig im Gesellschaftsvertrag konkludent einräumen. 118

In unserem Beispielsfall ergäbe sich nach der **Lehre von der Doppelverpflichtung** eine Auslegung des von Huber mit dem Dietrich geschlossenen Vertrages gem. §§ 133, 157 BGB, dass Huber darin nicht nur gem. § 164 I BGB die GbR vertrat. 119

Vielmehr wäre - jedenfalls bei erwerbswirtschaftlich tätigen Gesellschaften - die Vereinbarung dahingehend auszulegen, dass auch Huber persönlich sowie Maier, gem. § 164 I BGB vertreten durch den Huber, sich in Form eines Schuldbeitritts einseitig gegenüber Dietrich verpflichtet hätten. Entsprechende Vertretungsmacht erteilen sich die Gesellschafter nach dieser Auffassung gegenseitig konkludent im Gesellschaftsvertrag. M und H schulden dem D daher als Gesamtschuldner i.S.d. §§ 421 ff. BGB Kaufpreiszahlung und haften ihm dafür mit ihren Privatvermögen.

Da die Übergänge zwischen GbR und OHG fließend sind, ist einzig sinnvoll die Akzessorietätstheorie. Warum sollte sich die Begründung der Haftung der Gesellschafter abhängig davon ändern, ob eine gewerblich tätige Gesellschaft einen in kaufmännischer Weise eingerichteten Geschäftsbetrieb benötigt (dann OHG) oder nicht (dann GbR)? 120

(3) Der Inhalt der Gesellschafterhaftung

Inhalt der Verpflichtung: grds. Erfüllung in natura

Die Haftung aus § 128 S.1 HGB (analog) bedeutet inhaltlich, dass die Gesellschafter grundsätzlich die versprochene Leistung *in natura* zu erbringen haben. 121

Eine Ausnahme ist jedoch dann zu machen, wenn die Leistung ihrer Art nach nur von der Gesellschaft erbracht werden kann. Dann haften die Gesellschafter auf Ersatz in Geld (vgl. ausführlich die Darstellung bei der OHG, Rn. 285 ff.).

***Bsp.:** Die Maier & Huber-GbR verkauft den im Gesellschaftsvermögen befindlichen Mähdrescher an den Dietrich. Dietrich verlangt von dem Maier nun Übereignung und Übergabe gem. § 433 I S. 1 BGB.*

Da sich der Kaufgegenstand im Gesellschaftsvermögen befindet, kann Maier allein - d.h. ohne Mitwirkung des Huber – dieser Verpflichtung nicht persönlich nachkommen. Er haftet dem Dietrich jedoch persönlich auf das positive Interesse.

bb) Vertragliche Sekundäransprüche

unterscheide nach der Verschuldensabhängigkeit

Geht es um die Haftung für vertragliche Sekundäransprüche, so 122
muss zwischen verschuldensabhängigen und verschuldensunabhängigen Ansprüchen unterschieden werden:

(1) Verschuldensunabhängige Leistungsstörungen

Auch hier sollen die Probleme anhand eines kleinen Beispielsfalls 123
erarbeitet werden:

Bsp.: *Die zu einer GbR zusammengeschlossenen Maier und Huber wollen ihren alten Mähdrescher verkaufen. Als der einzelvertretungsberechtigte Huber den Dietrich trifft, sind sich die beiden schnell handelseinig. Nach Abwicklung des Kaufvertrages stellt Dietrich fest, dass der Mähdrescher einen schwer erkennbaren, aber dennoch erheblichen Motorschaden hat. Maier wusste von dem Schaden, hatte aber dem Huber - innerlich entzückt von der Möglichkeit, das Ding endlich loszuwerden - nichts davon gesagt. Welche Rechte hat Dietrich?*

Ganz offensichtlich kommen hier Ansprüche aus Mängelrecht in Betracht.

Verschuldensunabhängige Mängelrechte grds. unproblematisch

Bei **verschuldensunabhängigen** Mängelansprüche, wie z.B. 124
dem kaufvertraglichen Nacherfüllungsanspruch (§§ 437 Nr.1, 439 BGB), sind allein das Vorliegen eines Vertrages und objektive Umstände (z.B. Sachmangel i.S.d. § 434 I BGB) anspruchsbegründend.

Insofern ergeben sich keine wesentlichen Abweichungen zu den für vertragliche Primäransprüche gefundenen Ergebnissen.

aa) Ansprüche gegen die Gesellschaft

Nach der Lehre von der **Teilrechtsfähigkeit** der GbR wurde 125
diese selbst Vertragspartnerin des Dietrich.

Seine Ansprüche aus **§§ 437 Nr.1, 439 BGB** richten sich somit zunächst allein gegen die insoweit teilrechtsfähige Gesellschaft.

bb) Ansprüche gegen die Gesellschafter

Hier ergeben sich letztlich keine Abweichungen zu der Primärhaftung. Die Gesellschafter haften nach h.M. analog § 128 HGB für die Verbindlichkeiten der Gesellschaft. Die Mängelbeseitigung ist eine vertretbare Handlung. Die Gesellschafter schulden daher die Erbringung in Natur. Dass sie selbst u.U. nicht die Fähigkeit besitzen, den Mangel zu beseitigen (z.B. einen PKW zu reparieren), ändert daran nichts. 126

Ginge man hingegen von einer **Doppelverpflichtung** aus, so werden Maier und Huber selbst Vertragspartner. Sie haften daher unmittelbar aus den §§ 437 Nr.1, 439 BGB. 127

(2) Verschuldensabhängige Leistungsstörungen

Problem: Verschuldens-zurechnung

Parallel hierzu stellt sich bei **verschuldensabhängigen** Leistungsstörungen das Problem der **Verschuldenszurechnung**. 128

Auch hierzu wieder ein Beispielsfall:

Bsp.: *Der einzelvertretungsberechtigte Huber verkauft im Namen der Maier & Huber GbR dem D 3 t Futtermittel. Aufgrund eines schuldhaft begangenen Fehlers des Huber ist das Futtermittel bereits bei Übergabe verdorben. Die Tiere des D verenden an der Nahrung. D verlangt Schadensersatz.* 129

(aa) Ansprüche gegen die Gesellschaft 130

Die teilrechtsfähige GbR ist Vertragspartnerin des Dietrich geworden. Gegen sie kann grundsätzlich ein Anspruch auf Schadensersatz bestehen. Vorliegend wäre der geltend gemachte Schaden neben der Leistung zu ersetzen. Eine fiktiv gedachte Nacherfüllung in Form der Lieferung neuen Futters, würde den Schaden nicht beseitigen (sog. Mangelfolgeschaden). Daher ist die Anspruchsgrundlage §§ 437 Nr.3, 280 I BGB: 131

Im Rahmen des § 280 I BGB stellt sich aber die Frage, nach welcher Norm der Gesellschaft das Verschulden des Huber zuzurechnen sein könnte.

e.A. § 278 BGB

Zwischen Gesellschaft und den Gesellschaftern liegt **kein Gesamtschuldverhältnis** i.S.d. §§ 421 ff. BGB vor. Das ergibt sich daraus, dass im Verhältnis zwischen Gesellschaft und Gesellschaftern die Gesellschaft zwingend letztverpflichtet ist. 132

Wird ein Gesellschafter in Anspruch genommen, kann er stets Regress bei der Gesellschaft nehmen, vgl. Rn. 152. Daher ist die Anwendbarkeit des § 278 BGB auch nicht durch § 425 I BGB ausgeschlossen. Das Gesellschafterverschulden könnte der Gesellschaft daher zumindest theoretisch gem. **§ 278 BGB** zugerechnet werden.

h.M. § 31 BGB analog

Die h.M. wendet ein, dass es bei der Zurechnung von Gesellschafterverschulden wertungsmäßig gar nicht um fremdes, sondern um eigenes Verschulden der Gesellschaft gehe. Zudem wäre die GbR, würde man § 278 BGB anwenden, gegenüber Einzelpersonen im Vorteil, weil sie die Haftung für jegliches Verschulden vertraglich ausschließen könnte, § 278 S. 2 BGB. Gesellschafterverschulden ist der GbR daher gem. **§ 31 BGB analog** als eigenes Verschulden zuzurechnen (so auch der BGH, NJW 2003, 1445). 133

Zurechnung von Drittverschulden gem. § 278 BGB

Bedient sich die Gesellschaft jedoch **Dritter** („Nicht-Gesellschafter"), z.B. Angestellter, zur Erfüllung des Vertrages, so bleibt es bei der allgemeinen Zurechnung von Fremdverschulden über § 278 BGB. 134

Das Verschulden des Huber ist der Gesellschaft also über **§ 31 BGB analog** zuzurechnen. Hätte allerdings der Angestellte A den Mangel schuldhaft herbeigeführt, käme § 31 analog nicht in Betracht.

A bekleidet keine organähnliche Stellung. Er ist aber Erfüllungsgehilfe der Gesellschaft. Hier findet die Zurechnung über § 278 BGB an die Gesellschaft statt.

(bb) Ansprüche gegen die Gesellschafter

Bei der Prüfung von Ansprüchen gegen die Gesellschafter ist erneut zu differenzieren: 135

Nach der Akzessorietätstheorie haften die Gesellschafter persönlich für diesen Anspruch gegen die GbR gem. § 128 S. 1 HGB analog.

Nach der Doppelverpflichtungstheorie ist hingegen wiederum eine Verschuldenszurechnung erforderlich. Huber selbst haftet aus eigenem Vertrag und selbst begangener Pflichtverletzung aus §§ 437 Nr.3, 280 I BGB direkt. Fraglich ist, ob sich M das schuldhafte Verhalten des Huber zurechnen lassen muss. § 278 BGB passt im Verhältnis der Gesellschafter zueinander nicht. Denn die Gesellschafter erfüllen eine eigene Verbindlichkeit.

Sie sind jedoch Gesamtschuldner. Gem. § 425 I BGB hat das Verschulden jedoch grundsätzlich nur Einzelwirkung, kann also gerade nicht zugerechnet werden.

Aufgrund des von Maier und Huber gemeinsam in Anspruch genommenen Vertrauens ist jedoch § 425 II BGB (hier geht es um die Verschuldenszurechnung zwischen den Gesellschaftern = Gesamtschuldnern!) insoweit teleologisch zu reduzieren, dass eine Gesamtwirkung des Verschuldens eintreten soll. Anders gesagt: Es ergibt sich aufgrund des in Anspruch genommenen Vertrauens etwas anderes aus dem Schuldverhältnis i.S.d. § 425 I BGB. Maier haftet demnach auch mit seinem Privatvermögen für die Leistungsstörung des Huber und schuldet dem D Schadensersatz aus §§ 437 Nr.3, 280 I BGB.

b) Deliktische Ansprüche

deliktische Ansprüche

Daneben kommen im Beispielsfall auch **deliktische Ansprüche** in Betracht. Das verendete Vieh stand im Eigentum des Dietrich. Huber hat schuldhaft dieses Eigentum verletzt. Fraglich ist in diesem Fall die Haftung von Gesellschaft und Gesellschaftern. 136

(1) Ansprüche gegen die Gesellschaft

Da die Gesellschaft selbst nicht deliktsfähig ist, besteht ein Anspruch nach der **kollektivistischen Theorie** nur, soweit sich die Gesellschaft das Verhalten des Huber zurechnen lassen muss. § 278 BGB ist für die Zurechnung unerlaubter Handlungen nicht anwendbar. Auch § 831 BGB muss ausscheiden, da der Gesellschafter Huber mangels Weisungsgebundenheit nicht Verrichtungsgehilfe der Maier & Huber GbR ist. 137

Es verbleibt somit nur eine Zurechnungsmöglichkeit über **§ 31 BGB analog**, die von der modernen Ansicht auch im Deliktsrecht befürwortet wird. Dietrich hat daher einen Schadensersatzanspruch gegen die GbR aus §§ 823 I, 31 BGB analog.

Für diese Schuld haftet das Gesellschaftsvermögen, also jeder Gesellschafter gesamthänderisch gebunden mit seinem Anteil.

hemmer-Methode: Werden Verrichtungsgehilfen zwischengeschaltet, z.B. Angestellte, so kann deren deliktisches Handeln über § 831 BGB i.V.m. einem Überwachungs-/Auswahlverschulden eines Gesellschafters (§ 31 BGB) der Gesellschaft zugerechnet werden. 138

(2) Ansprüche gegen die Gesellschafter

Während der deliktisch Handelnde Huber unproblematisch nach §§ 823 ff. BGB zum Schadensersatz verpflichtet ist, stellt sich die Frage, ob selbst deliktisches Handeln den Mitgesellschaftern persönlich zugerechnet werden kann. 139

Fraglich ist, ob Maier für diesen Schadensersatzanspruch auch persönlich haftet.

Nach der Akzessorietätstheorie ist dies in analoger Anwendung des § 128 S. 1 HGB grds. der Fall. Maier würde dementsprechend mit seinem Privatvermögen haften.

Für Huber ergibt sich eine deliktische Haftung - wie bereits erwähnt - unmittelbar aus § 823 I BGB. Zudem haftet auch er aus § 128 HGB analog.

Nach der Doppelverpflichtungslehre hingegen besteht hier aufgrund mangelnden Vertretungshandelns keine Zurechnungsmöglichkeit. § 425 I BGB kann nicht heran gezogen werden. Denn hinsichtlich des gesetzlichen Schuldverhältnisses der unerlaubten Handlung besteht gerade kein Gesamtschuldverhältnis, bevor nicht die Haftung des Maier feststeht, vgl. § 840 BGB. Damit besteht keine Haftung des Maier mit seinem Privatvermögen.

hemmer-Methode: Dies ist nun der entscheidende Unterschied zwischen der Akzessorietätstheorie und der Doppelverpflichtungslehre. Nur die Akzessorietätstheorie ermöglicht die Haftung des selbst nicht handelnden Gesellschafters für unerlaubte Handlungen. Achtung: Auch einige Anhänger der Akzessorietätslehre lehnen eine persönliche Haftung für fremdes deliktisches Verhalten ab, da eine solche dem deutschen Zivilrecht wesensfremd sei.

b) Bereicherungsrechtliche Ansprüche

Rückgabe aus dem Gesellschaftsvermögen

Ist der Bereicherungsgegenstand in das Gesellschaftsvermögen gelangt, so muss, unabhängig von jedem Theorienstreit, auch die **Rückgabe aus dem Gesellschaftsvermögen** erfolgen. 140

Gesellschafterhaftung nach der Akzessorietätsth. (+)

Folgt man der Akzessorietätstheorie, so haften die Gesellschafter analog § 128 S. 1 HGB für jeden Bereicherungsanspruch, der gegen die Gesellschaft gerichtet ist. 141

c) Ansprüche aus dem Eigentum

Die GbR als Besitzerin?

Im Bereich der **dinglichen** Ansprüche stellte sich die Frage, ob die Gesellschaft als solche **Besitzerin** der im Gesellschaftsvermögen befindlichen Sachen ist. 143

Bsp.: *Dietrich hat der Maier & Huber GbR einen Mähdrescher unter Eigentumsvorbehalt verkauft und geliefert. Als die Gesellschaft mit der Kaufpreiszahlung in Rückstand gerät, tritt Dietrich wirksam vom Vertrag zurück, § 323 I BGB, und verlangt den Mähdrescher gem. § 985 BGB heraus.* 144

Gegen wen muss er Klage auf Herausgabe erheben?

Legt man die Theorie der **Teilrechtsfähigkeit** zugrunde, kann die Maier & Huber GbR ohne Weiteres Rechtsträgerin sein. Hier liegt es nahe, die Gesellschaft auch selbst als Besitzerin anzusehen. Danach wird der Besitz, den die Geschäftsführer ausüben, wie bei juristischen Personen der Gesellschaft als eigener Besitz zugerechnet (sog. **Organbesitz**).

Dietrich müsste danach gegen die GbR selbst auf Herausgabe klagen.

d) Haftungsbeschränkungen auf das Gesellschaftsvermögen

aa) Haftungsbeschränkung durch Individualvereinbarung

durch Individualvereinbarungen

Eine Haftungsbeschränkung auf das Gesellschaftsvermögen ist stets möglich, wenn sich die Vertragspartner individualvertraglich darauf einigen, dass nur das Gesellschaftsvermögen als Haftungsmasse für die Vertragsverbindlichkeiten zur Verfügung stehen soll. Dies folgt schon aus dem Grundsatz der Vertragsautonomie.

bb) Haftungsbeschränkung durch Beschränkung der Vertretungsmacht

durch Beschränkung der Vertretungsmacht

Heftig umstritten war in der Vergangenheit, ob eine Haftungsbe- 145
schränkung schon durch die Beschränkung der Vertretungsmacht in Verbindung mit der Verwendung von Namenszusätzen, wie "GbR-mbH" oder "GbR ohne persönliche Gesellschafterhaftung", erreicht werden kann. Der Namenszusatz soll bewirken, dass die interne Einschränkung der Vertretungsmacht auch gegenüber Dritten wirkt.

Dazu Folgendes

> ***Bsp.:*** *Maier und Huber sind es leid, für ihren kleinen landwirtschaftlichen Betrieb immer mit ihrem Privatvermögen einstehen zu müssen. Auf Anraten ihres Steuerberaters formulieren sie in ihrem Gesellschaftsvertrag: "Jeder Gesellschafter hat Alleinvertretungsmacht. Die Vertretungsmacht ist auf das Gesellschaftsvermögen beschränkt". So für das Geschäftsleben gerüstet, mietet Huber einen Mähdrescher von Dietrich ausdrücklich im Namen der "Maier&Huber GbR-mbH". Als Dietrich kein Geld zu sehen bekommt und erfährt, dass von der Gesellschaft nichts zu holen ist, erhebt er Klage gegen Maier auf Zahlung des Mietzinses von insgesamt 5.000 €.*
>
> *Hat Dietrich Ansprüche gegen Maier?*

persönliche Haftung kraft Gesetzes

Nach der Akzessorietätstheorie haften die Gesellschafter persön- 146
lich gem. § 128 S. 1 HGB analog für die Gesellschaftsverbindlichkeiten. Diese Haftung besteht kraft Gesetzes und kann nicht durch interne Vereinbarungen im Gesellschaftsvertrag ausgeschlossen werden, § 128 S. 2 HGB analog.

M haftet persönlich gem. § 128 S. 1 HGB analog dem D für die 147
wirksam begründete Verpflichtung der Gesellschaft zur Zahlung des Mietzinses.

Eine Haftungsbeschränkung durch eine Vereinbarung mit dem jeweiligen Gläubiger ist hingegen möglich. § 128 S. 2 HGB schließt diese Möglichkeit nicht aus. Vgl. hierzu unbedingt Rn. 271.

Fraglich ist, welche Anforderungen an eine derartige Vereinbarung zu stellen sind. Insbesondere muss geklärt werden, ob das Auftreten als GbR-mbH ausreicht. Dabei muss im Ausgangspunkt beachtet werden, dass der Rechtsverkehr von einer persönlichen Haftung der Gesellschafter ausgeht.

Wird diesem also hinreichend deutlich gemacht, dass eine Haftungsbeschränkung auf das Gesellschaftsvermögen bestehen soll?

In einer Entscheidung aus 1999 hat der BGH (NJW 1999, 3483 ff.) hervorgehoben, dass eine Beschränkung der persönlichen Haftung der Gesellschafter nur durch Individualvereinbarung mit dem Gläubiger möglich sein soll (Privatautonomie!). Eine Haftungsbeschränkung durch Beschränkung der Vertretungsmacht lehnt der BGH grundsätzlich ab. Beachtlich ist dabei, dass sich der BGH bereits damals in der Begründung der Akzessorietätstheorie angenähert hat. Eine ausführliche Diskussion der BGH - Entscheidung finden Sie in Life&Law 2000, S. 358 ff. *148*

Würde das Auftreten „GbR-mbH" genügen, um eine Beschränkung der Haftung zu erreichen, stellte dies faktisch einen Verstoß gegen den numerus clausus der Gesellschaftsformen dar.

e) Gegenrechte der Gesellschafter

eigene Gegenrechte und solche der GbR

Eigene Gegenrechte (z.B. Aufrechnung, Verjährungseinrede) kann der in Anspruch genommene Gesellschafter dem Gesellschaftsgläubiger unproblematisch entgegenhalten. *149*

Aus der Rückgriffsmöglichkeit des in Anspruch genommenen Gesellschafters bei der GbR, die wir soeben kennen gelernt haben, ergibt sich jedoch zwingend, dass der einzelne Gesellschafter seiner Inanspruchnahme auch Gegenrechte der Gesellschaft entgegenhalten können muss. Folgendes Beispiel verdeutlicht dies:

Bsp.: *Wieder kauft die Maier & Huber GbR bei Dietrich einen Mähdrescher. Nach der Lieferung stellte sich bald heraus, dass der Mähdrescher mit erheblichen Mängeln behaftet ist. Dies zeigt Huber auch sofort an. Dietrich geht jedoch nicht weiter darauf ein und verlangt den Kaufpreis. Er habe ja geliefert. Da bei der GbR nicht viel zu holen ist, wendet er sich an den reichen Maier.*

Ist die Klage gegen Maier auf Kaufpreiszahlung begründet?

Dietrich hat einen Anspruch gegen die GbR aus § 433 II BGB. Diese kann dem Anspruch jedoch die Einrede des nichterfüllten Vertrages entgegenhalten, § 320 BGB. Denn es gehört zu den Verkäuferpflichten, mangelfrei zu leisten, § 433 I S. 2 BGB.

Darüber hinaus ist dem Dietrich jedoch auch der Maier persönlich zur Kaufpreiszahlung verpflichtet, § 128 S.1 HGB analog. Fraglich ist, ob auch M die Einrede des § 320 BGB geltend machen kann. Dies ist problematisch, da er nicht selbst Vertragspartner ist. 150

§ 129 I HGB analog

Nach der Akzessorietätstheorie ergibt sich dies konsequenterweise aus § 129 I HGB analog. Hier ist § 320 BGB keine *eigene* Einrede der Gesellschafter, da sie selbst ja nicht Vertragspartner werden. Aufgrund der akzessorischen Ausgestaltung der Haftung erlaubt § 129 I HGB indes die Geltendmachung der Einreden der Gesellschaft durch die Gesellschafter selbst. 151

f) Rückgriffsansprüche der in Anspruch genommenen Gesellschafter

***Bsp.:** Der geschäftsführungsbefugte Gesellschafter Maier wurde von Dietrich, dem Vertragspartner der Maier&Huber GbR, persönlich auf Zahlung von 5.000 € für den Kauf eines gebrauchten Anhängers in Anspruch genommen. Maier fragt sich, bei wem er Rückgriff nehmen kann.*

zwei Rückgriffsrichtungen

Der von einem Gesellschaftsgläubiger wegen einer Gesellschaftsschuld in Anspruch genommene Gesellschafter kann in **zwei Richtungen** Rückgriff nehmen: 152

- Zum einen gegen die **Gesellschaft** selbst,
- zum anderen gegen seine **Mitgesellschafter**.

aa) Anspruch gegen die Gesellschaft

Rückgriff unbestr. möglich

Im Ergebnis ist unbestritten, dass der in Anspruch genommene Gesellschafter bei der Gesellschaft Rückgriff nehmen kann. 153

Probleme ergeben sich allerdings bei der Begründung. Oben haben wir bereits den Aufwendungsersatzanspruch nach **§§ 713, 670 BGB** kennen gelernt. Dieser passt dem Wortlaut nach jedoch nur auf geschäftsführende Gesellschafter.

In unserem Beispielsfall (Rn. 151) kann Maier Aufwendungsersatz i.H.v. 5.000 € von der Maier&Huber GbR gem. §§ 713, 670 BGB verlangen.

h.M.: §§ 713, 670 BGB direkt bzw. analog

Die ganz h.M. wendet dennoch die §§ 713, 670 BGB an: Direkt auf die geschäftsführenden Gesellschafter und analog auf die nicht geschäftsführenden Gesellschafter. 154

hemmer-Methode: Es erscheint zwar zweifelhaft, ob wirklich eine Aufwendung vorliegt, da der Gesellschafter dem Dritten gegenüber zur Zahlung verpflichtet war, also gerade kein *freiwilliges* Vermögensopfer erbringt. Freiwilligkeit ist hier jedoch so zu verstehen, dass ein freiwilliges Vermögensopfer immer dann vorliegt, wenn im Innenverhältnis zwischen Gesellschafter und Gesellschaft die Leistung aus der Gesellschaftskasse erfolgen soll.
Beachten Sie, dass sich die analoge Anwendung der §§ 713, 670 BGB nur auf Rückgriffsansprüche beschränkt! Für Aufwendungsersatzansprüche bleibt es bei der Regel (vgl. Rn. 59 ff.), dass nicht geschäftsführungsbefugte Gesellschafter von der Gesellschaft nur unter den Voraussetzungen der berechtigten GoA Ersatz verlangen können. Grundlage der unterschiedlichen Behandlung ist letztlich der Gesellschaftsvertrag: Der nichtgeschäftsführungsbefugte Gesellschafter soll sich aus der Geschäftsführung möglichst heraushalten. Daher steht ihm ein Aufwendungsersatzanspruch nur in den engen Grenzen der GoA zu. Wird er jedoch von einem Gläubiger der Gesellschaft persönlich in Anspruch genommen, so soll ihm der Rückgriff nicht erschwert werden.

Akzessorietätstheorie

Nach der **Akzessorietätstheorie** könnte dies auch über **§ 110 I HGB analog** begründet werden. Allerdings ist eher zweifelhaft, ob (wegen § 713 BGB) eine Regelungslücke besteht. 155

bb) Anspruch gegen die Mitgesellschafter

Rückgriff bei den Mitgesellschaftern

Noch problematischer wird es, wenn der in Anspruch genommene Gesellschafter seine Mitgesellschafter in Regress nehmen will. Da der Aufwendungsersatzanspruch gegen die Gesellschaft eine Sozialverpflichtung der Gesellschaft ist, besteht eine persönliche Haftung der Gesellschafter hierfür während des Bestehens der Gesellschaft grundsätzlich nicht. Für solche Verbindlichkeiten soll nach dem Gesellschaftsvertrag nur das Gesellschaftsvermögen aufkommen. Würde ein einzelner Gesellschafter gegenüber dem Mitgesellschafter haften, so würde er gleichsam das Gesellschaftsvermögen auffüllen. Dies würde entgegen § 707 BGB de facto eine Nachschusspflicht bedeuten. 156

§ 426 I, II BGB

Dennoch muss hier eine Ausnahme gemacht werden. Wie wir wissen, werden die einzelnen Gesellschafter als Gesamtschuldner verpflichtet, vgl. § 128 S.1 HGB (analog). Der in Anspruch genommene Gesellschafter kann daher seine Mitgesellschafter nach § 426 I, II BGB in Anspruch nehmen. 157

Rückgriff bei Mitgesellschaftern subsidiär

Infolge der gesellschaftsrechtlichen Treuepflicht ist der Rückgriffsanspruch gegenüber den Mitgesellschaftern allerdings subsidiär. Er greift erst dann, wenn der in Anspruch genommene Gesellschafter von der Gesellschaft keine Befriedigung zu erlangen vermag. Voraussetzung des Regressanspruchs ist also, dass der vom Gläubiger geltend gemachte Anspruch in Wirklichkeit bestand und eine Erstattung aus dem Gesellschaftsvermögen nicht möglich war. 158

Haftung pro rata

Außerdem haften die Rückgriffsschuldner nur pro rata, d.h. nur in Höhe ihres eigenen Verlustanteils. Ein Ausfall bei zahlungsunfähigen Gesellschaftern ist jedoch entsprechend auf alle anderen Gesellschafter umzulegen, § 426 I S. 2 BGB. 159

Seinen eigenen Verlustanteil muss der in Anspruch genommene Gesellschafter selbst tragen.

> Für unseren Fall (Rn. 153) bedeutet dies, dass M subsidiär bei seinem Mitgesellschafter H durch den gesetzlichen Forderungsübergang (cessio legis) der §§ 426 II, 433 II BGB Rückgriff nehmen kann, soweit er aus dem Gesellschaftsvermögen keinen Aufwendungsersatz erlangen kann. Nach dem gesetzlichen Regelfall, vgl. § 722 I, II BGB, hat M hier einen Anspruch i.H.v. 2.500 €.

V. Die fehlerhafte Gesellschaft

1. Die Problemlage

es gilt grds. der BGB-AT

Wie Sie wissen, erfolgt die Gründung einer GbR durch Abschluss eines Gesellschaftsvertrages, also durch Rechtsgeschäft. Wie wir oben festgestellt haben, finden auf diesen Vertrag grds. die Vorschriften des BGB-AT Anwendung. 160

Dies gilt insbesondere auch für die Vorschriften der §§ 104 ff, 119 f., 123, 134, 138 BGB, welche zur Anfechtbarkeit oder Nichtigkeit führen können.

Probleme: Gesellschaftsvermögen kann rückwirkend entfallen, immense Abwicklungsschwierigkeiten

Ist die GbR bereits als solche tätig geworden und liegt ein derartiger Anfechtungs- bzw. Nichtigkeitsgrund vor, so führt dies in der Praxis zu zwei großen Problemen: Zum einen könnte das dinglich gebundene Gesamthandsvermögen rückwirkend wegfallen, das doch nach dem Gedanken der §§ 733 BGB, 736 ZPO in erster Linie den Gesellschaftsgläubigern als Vollstreckungsmasse zur Verfügung stehen soll. Zum anderen wären die Beiträge der Gesellschafter ohne Rechtsgrund geleistet und müssten nach den §§ 812 ff. BGB rückabgewickelt werden. Da bei jedem Geschäftsvorfall das Gesellschaftsvermögen umgestaltet wird, wäre dies eine praktisch kaum lösbare Aufgabe.

Kurzum: Die Anfechtungs- bzw. Nichtigkeitsvorschriften des BGB-AT können auf Gesellschaftsverträge nicht uneingeschränkt angewandt werden. Eine sachgerechtere Lösung versucht die **Lehre von der fehlerhaften Gesellschaft (ausführlich: Tyroller/Müller, Life&Law 2014, 54 ff.)**.

2. Voraussetzungen

Obwohl die Voraussetzungen der fehlerhaften Gesellschaft im Einzelnen streitig sind, herrscht über drei grundsätzliche Bedingungen Einigkeit: 161

a) Fehlerhafter Gesellschaftsvertrag

vertragliche Bindung gewollt

Zunächst müssen die Beteiligten überhaupt eine vertragliche Bindung gewollt haben. Liegen keine (evtl. auch konkludente) Willenserklärungen vor, so entsteht auch keine fehlerhafte, sondern überhaupt keine Gesellschaft. 162

hemmer-Methode: In den Fällen rein tatsächlichen Handelns kommt der Schutz des redlichen Verkehrs nur nach Rechtsscheinsgesichtspunkten, insbesondere den Regeln der „Scheingesellschaft", in Frage. Diese müssen Sie sauber von der fehlerhaften Gesellschaft unterscheiden! Bei der fehlerhaften Gesellschaft handelt es sich um keinen Fall der Rechtsscheinshaftung, da sie auch im Innenverhältnis zwischen den Gesellschaftern wirkt. Dementsprechend kommt es nach heute allg. Meinung im Verhältnis zu Dritten auch nicht auf deren Gut- bzw. Bösgläubigkeit an. Näher zur Entstehungsgeschichte und Dogmatik Hemmer/Wüst, Gesellschaftsrecht, Rn. 31 ff.

aber rechtlich fehlerhaft

Entscheidend ist also der übereinstimmende Wille der Parteien, ihre Beziehungen dem Gesellschaftsrecht zu unterstellen. Der so geschlossene Vertrag muss natürlich zudem rechtlich fehlerhaft sein (ansonsten hätten wir ja eine fehlerfreie Gesellschaft!). 163

Bsp.: Bei Maiers und Hubers hängt der Haussegen schief. Da die Landwirtschaft nicht den gewünschten Ertrag abwirft, drängen die Ehefrauen der beiden, Vroni und Zenzi, massiv darauf, weitere Erwerbsquellen zu erschließen. Nur um vorübergehend ihre Ruhe zu haben, unterzeichnen Maier und Huber unter den zufriedenen Augen ihrer Angetrauten feierlich einen Gesellschaftsvertrag, der den gemeinsamen Betrieb einer kleinen Metzgerei vorsieht. In Wirklichkeit denken die beiden gar nicht daran, jemals den Geschäftsbetrieb aufzunehmen. Ist hier eine (evtl. fehlerhafte) GbR entstanden?

Da Maier und Huber ihre Willenserklärungen im gegenseitigen Einvernehmen nur zum Schein abgegeben haben, ist der Gesellschaftsvertrag grds. nach § 117 I BGB nichtig. Der rechtliche Erfolg der Gesellschaft war nicht gewollt.

Fraglich ist jedoch, ob sich aus der sog. Lehre der fehlerhaften Gesellschaft hier etwas anderes ergibt: Voraussetzung der fehlerhaften Gesellschaft ist zunächst der Wille der Beteiligten, eine vertragliche Bindung herbeizuführen. Bereits daran fehlt es hier: Maier und Huber wollten ihre Beziehungen gerade nicht dem Gesellschaftsrecht unterstellen, ihnen kam es ausschließlich auf den äußeren Schein an.

Damit bleibt es bei der Nichtigkeit nach § 117 I BGB. Allerdings haften Maier und Huber gutgläubigen Dritten evtl. nach den Grundsätzen der Scheingesellschaft.

hemmer-Methode: Wird die Gesellschaft in Vollzug gesetzt, so müssen Sie in Fällen wie diesem aber auch an einen möglichen konkludenten Abschluss eines neuen, wirksamen Gesellschaftsvertrages bzw. die wirksame Bestätigung des alten Vertrages (§ 141 II BGB) denken! Z.B.: Der minderjährige Gesellschafter wird volljährig und beteiligt sich weiterhin an der Gesellschaft.

b) Invollzugsetzung

Aufnahme der Geschäftstätigkeit oder Bildung eines Gesellschaftsvermögens (h.M.)

Die Lehre von der fehlerhaften Gesellschaft greift nur dann ein, wenn die oben beschriebenen Probleme überhaupt auftreten können. Dies ist nur dann der Fall, wenn die Gesellschaft bereits **in** Vollzug gesetzt wurde. In Vollzug gesetzt ist die Gesellschaft stets mit der Aufnahme der Geschäftstätigkeit im Außenverhältnis. Nach h.M. reicht es sogar, wenn im Innenverhältnis ein Gesellschaftsvermögen gebildet worden ist. 164

c) Keine vorrangigen Schutzzwecke

im Einzelfall Abwägung der Schutzzwecke nötig

Die Lehre von der fehlerhaften Gesellschaft kann allerdings nicht gegenüber allen Anfechtungs- bzw. Nichtigkeitsgründen Vorrang haben. Die entsprechenden Normen stehen schließlich nicht grundlos im Gesetz, dahinter stehen vielfältige Schutzinteressen. Es bleibt daher in jedem Einzelfall zu prüfen, ob nicht der Schutzzweck eines Anfechtungs- bzw. Nichtigkeitsgrundes so stark überwiegt, dass die Regeln der fehlerhaften Gesellschaft nicht eingreifen können. 165

hemmer-Methode: An dieser Stelle können Sie Ihr juristisches Argumentationsvermögen unter Beweis stellen. Wichtiger als das Herunterbeten auswendiggelernter Meinungen ist hier die sorgfältige Darstellung der einzelnen Schutzinteressen und eine nachvollziehbare Abwägung. Eine ausführliche Darstellung der relevantesten Fallgruppen finden Sie in unserem Skript Gesellschaftsrecht, Rn. 39 ff.

Mdj.-Schutz

An dieser Stelle soll im Detail nur die äußerst klausurrelevante Frage des **Minderjährigenschutzes** angesprochen werden: 166

Mdj.-Schutz hat Vorrang

⇨ Mdj. wird nicht Gesellschafter

Nicht voll Geschäftsfähige, insbesondere Minderjährige, bedürfen zur Eingehung eines Gesellschaftsvertrages zumindest der Zustimmung der gesetzlichen Vertreter, § 107 BGB. Bezweckt die Gesellschaft den Betrieb eines Erwerbsgeschäftes, so ist zusätzlich eine Genehmigung durch das Familiengericht erforderlich, §§ 1643 I, 1822 Nr. 3 BGB (wobei auch der Beitritt zu einer bereits bestehenden Gesellschaft von der Norm erfasst wird, vgl. Life&Law 2020, 673 ff.). Wie in den allermeisten Fällen genießt auch hier der Minderjährigenschutz den Vorrang vor anderen Schutzinteressen: Fehlen die entsprechenden Voraussetzungen, so ist die Willenserklärung des nicht voll Geschäftsfähigen schwebend unwirksam, §§ 108 I, 1829 I BGB. Den nicht voll Geschäftsfähigen trifft im Außenverhältnis keinerlei Haftung, die bereits geleisteten Beiträge kann er nach § 985 bzw. § 812 BGB zurückverlangen.

bei zweigliedriger Gesellschaft entsteht nichts

Falls außer dem nicht voll Geschäftsfähigen nur noch eine weitere Person an der Gründung beteiligt war (sog. zweigliedrige Gesellschaft), so ist **keine** Gesellschaft entstanden, da es keine Ein-Mann-Personengesellschaften gibt. 167

bei mehrgliedriger Gesellschaft entscheidet § 139 BGB

Waren hingegen noch weitere Personen am Vertragsschluss beteiligt, so entscheidet sich die Frage, ob zwischen diesen eine fehlerfreie „Rumpfgesellschaft" oder eine fehlerhafte Gesellschaft vorliegt, nach § 139 BGB. 168

hemmer-Methode: Richtiger Klausuraufbau! Ist nach Ansprüchen des Minderjährigen auf Rückgabe der Einlage gefragt, so ist i.R.d. Ansprüche aus §§ 733 II BGB zu prüfen, ob nicht eine fehlerhafte Gesellschaft besteht. Die Frage ist zu verneinen, weil der Minderjährige infolge des Vorrangs des Minderjährigenschutzes nicht Gesellschafter wird. Die dinglichen Ansprüche gem. §§ 985 bzw. 812 BGB finden Anwendung.

3. Rechtsfolgen

Die fehlerhafte Gesellschaft zieht zwei wesentliche Rechtsfolgen nach sich: 169

Gesellschaft für die Vergangenheit wirksam...

- Die fehlerhafte Gesellschaft ist im Innen- wie im Außenverhältnis von Anfang an **wirksam**. Sie wird behandelt wie eine fehlerfreie Gesellschaft.

...aber für die Zukunft vernichtbar

- Die fehlerhafte Gesellschaft ist allerdings **für die Zukunft vernichtbar**. Der jeweilige Nichtigkeitsgrund ist dabei immer als **wichtiger Grund i.S.d. § 723 BGB** anzusehen.

Fehlerhafte Vertragsbestimmung bleibt unwirksam

Von selbst sollte sich verstehen, dass jene Vertragsbestimmungen, die die Fehlerhaftigkeit des Gesellschaftsvertrages ausgelöst hatten, auch nach den Grundsätzen der fehlerhaften Gesellschaft niemals wirksam werden können. Die so entstehende Lücke ist im Wege der (evtl. ergänzenden) Vertragsauslegung unter Berücksichtigung des dispositiven Gesetzesrechts zu schließen.

Bsp.: Die Klausel, die die Sittenwidrigkeit, § 138 BGB, des ganzen Vertrages herbeiführte, bleibt unwirksam, auch wenn die Grundsätze der fehlerhaften Gesellschaft eingreifen.

VI. Die Scheingesellschaft

Scheingesellschaft

Nach Rechtsfolgen und Voraussetzungen streng von der fehlerhaften Gesellschaft zu unterscheiden ist die sog. Scheingesellschaft. 170

Bsp.: Maier und Huber sind total frustriert. Ihre ökologische Anbauweise hat ihnen nichts als Schulden eingebracht. Sie beschließen nun profitablere Geschäfte zu tätigen. Ihr landwirtschaftliches Know-how setzen sie in der Folge zum Anbau von geringen Mengen an Schlafmohn ein. Das daraus gewonnene Rauschgift vertreiben sie in Insiderkreisen als "Maier & Huber GbR".

An wen kann sich Dietrich halten, wenn er gutgläubig mit der "Maier & Huber GbR" einen Kaufvertrag über eine Saatmaschine abgeschlossen hat?

Ansprüche gegen die „Maier & Huber-GbR" (es wird von der Teilrechtsfähigkeit der GbR ausgegangen)

Fraglich ist, ob ein Anspruch gegen die „Maier & Huber-GbR" nicht schon deswegen ausscheiden muss, weil gar keine Gesellschaft besteht.

1. Wegen eines Verstoßes gegen § 29 I Nr.1 BtMG ist der Gesellschaftsvertrag gem. § 134 BGB nichtig.

2. Zwar kommt grundsätzlich die Anwendung der Grundsätze der fehlerhaften Gesellschaft in Betracht. Grundsätzlich sind die Voraussetzungen der fehlerhaften Gesellschaft auch gegeben. Allerdings sind die vorrangigen Schutzzwecke des § 134 BGB zu beachten. Das Verbot des Handels mit Rauschgiften dient gerade dem Schutz der Allgemeinheit. Dieser Schutzzweck wäre vollständig vereitelt, wollte man die GbR als wirksame (fehlerhafte) Gesellschaft behandeln. Die „Maier & Huber-GbR" besteht als solche nicht.

Zum Schutze von gutgläubigen Dritten greifen hier nun die **Grundsätze der Scheingesellschaft** ein.

1. Die Voraussetzungen der Scheingesellschaft

Die Scheingesellschaft folgt den Voraussetzungen der allgemeinen Grundsätze der Rechtsscheinhaftung: 171

hemmer-Methode: Vor den Voraussetzungen der Scheingesellschaft ist zu prüfen, ob eine fehlerhafte Gesellschaft vorliegt. Die Abgrenzung beider Rechtsinstitute ist in zwei Konstellationen besonders klausurrelevant:
1. Es fehlt an der auf eine Gesellschaft gerichteten, wenn auch fehlerhaften, Einigung. z.B. Scheingeschäft § 117 BGB (Rn. 164).
2. vorrangige Schutzzwecke überwiegen und lassen die Regeln über die fehlerhafte Gesellschaft zurücktreten (Rn. 167 ff.).
In diesen beiden Fällen sind die Grundsätze der fehlerhaften Gesellschaft nicht anwendbar. Es kommen die Grundsätze der Scheingesellschaft in Betracht.

a) Rechtsschein

Scheintatbestand

Objektive Voraussetzung der Rechtsscheinhaftung ist das Vorliegen eines Scheintatbestandes. Es wird eine Rechtslage angenommen, die in Wirklichkeit nicht besteht. 172

Maier und Huber haben hier Verträge im Namen der "Maier & Huber-GbR" abgeschlossen. Damit haben sie den Schein erweckt, zwischen ihnen bestehe eine GbR.

b) Zurechenbarkeit des Rechtsscheins

in zurechenbare Weise gesetzt

Der Rechtsschein muss von der Person, auf die sich der von der Wirklichkeit abweichende Rechtsschein bezieht, in zurechenbarer Weise gesetzt worden sein. Eine Zurechnung findet danach grundsätzlich nicht bei geschäftsunfähigen und in der Geschäftsfähigkeit beschränkten Personen statt. Ein Angestellter, der ein unternehmensbezogenes Geschäft bzgl. eines einzelkaufmännischen Unternehmens tätigt und dabei den Anschein erweckt, er sei Mitinhaber, kann nach den Grundsätzen der Haftung eines Scheingesellschafters in Anspruch genommen werden (BGH, Life&Law 2012, 867 ff.). 173

Der Rechtsschein wurde vorliegend von Maier und Huber bewusst veranlasst.

c) Kausalität

kausal

Zwischen dem zurechenbaren Rechtsschein und dem Handeln des Dritten muss ein ursächlicher Zusammenhang bestehen. 174

Dietrich wurde durch den Schein, es bestehe eine „Maier & Huber-GbR" veranlasst, die Willenserklärung zu einem Vertragsschluss abzugeben.

d) Redlichkeit des Dritten

gutgläubiger Dritter

175 Der Dritte muss schutzwürdig sein. Nur derjenige bedarf der Rechtsscheinhaftung, der auf den gesetzten Rechtsschein gutgläubig vertraut hat. Dies wird bei positiver Kenntnis und grob fahrlässiger Unkenntnis nicht der Fall sein.

Dietrich war gutgläubig und somit schutzwürdig.

Die Voraussetzungen der sog. Scheingesellschaft liegen somit vor.

hemmer-Methode: Lernen Sie themenübergreifend! Überall, wo ein Rechtsschein zu prüfen ist, können Sie auf die Rechtsscheinbedingungen zurückgreifen (zurechenbarer Rechtsschein, Kausalität, Redlichkeit des Dritten). So folgt auch die sog. Anscheinsvollmacht den Grundsätzen der allgemeinen Rechtsscheinhaftung.

2. Rechtsfolgen der Rechtsscheinhaftung

176 Als Rechtsfolge der Rechtsscheinhaftung ist der gutgläubige Dritte so zu stellen, wie er stünde, wenn der Rechtsschein der Wirklichkeit entspräche. Das bedeutet im Einzelnen Folgendes:

kein Anspruch gegen die Gesellschaft

177 ➲ Die **Scheingesellschaft entsteht nicht** in der Weise, dass gegen sie Ansprüche bestehen. Sie dient **nur** als **Zurechnungsbasis** für die Haftung der Scheingesellschafter.

hemmer-Methode: Dies ist der entscheidende Unterschied auf der Rechtsfolgenseite zur fehlerhaften Gesellschaft. Es mag zunächst etwas verwirren, dass kein Anspruch gegen die Gesellschaft bestehen soll. Aber was nutzt dem Dritten letztlich die Scheingesellschaft als Schuldner? Da sie in Wirklichkeit nicht besteht, wird sie kein Gesellschaftsvermögen gebildet haben. Von ihr wird in der Zwangsvollstreckung nicht ein Pfennig zu erlangen sein. Bei der fehlerhaften Gesellschaft, bei der der Nichtigkeitsgrund nur punktuell Wirkung entfaltet, besteht ein wirksames Innen- und Außenverhältnis. Der Bildung von Gesellschaftsvermögen steht die Nichtigkeit nicht im Wege.

Haftung nicht weiter als der Schein

178 ➲ Die **Rechtsscheinhaftung** kann **nicht weiter** reichen, **als** wenn der **Rechtsschein** tatsächlich Wirklichkeit wäre. Dies ist der wohl wichtigste Grundsatz der Vertrauenshaftung.

Für unseren Fall ergibt sich daraus folgende Lösung:

Ansprüche gegen Maier und Huber gem. § 433 II BGB i.V.m. allgemeiner Rechtsscheinhaftung

Maier und Huber müssten für die Kaufpreisschuld aus § 433 II BGB haften. Die Gesellschaftsverbindlichkeit ergibt hier aus den Grundsätzen der allgemeinen Rechtsscheinhaftung (s.o.). Der Rechtsschein, an den der redliche Dietrich glaubte, wird ihm gegenüber mit der Wirklichkeit gleichgestellt. Demnach haben Maier und Huber gemäß der Haftungsverfassung einer GbR zu haften. Nach der Theorie der Doppelverpflichtung haften die Gesellschafter einer GbR für Gesellschaftsverbindlichkeiten persönlich. Somit hat D einen Anspruch aus § 433 II BGB i.V.m. allgemeiner Rechtsscheinhaftung gegen H und M als Gesamtschuldner (§§ 421, 427 BGB). Nach der herrschenden Akzessorietätstheorie könnte dieser Anspruch wiederum auf § 128 S. 1 HGB analog gestützt werden.

Für Anwaltskanzleien hat der BGH entschieden, dass sich die Rechtsscheinshaftung aber auf solche Verbindlichkeiten beschränken, die typischerweise in einer Kanzlei begründet werden. Im entsprechenden Fall tauchte eine angestellte Anwältin auf dem Briefkopf auf, ohne Gesellschafterin geworden zu sein.

Die Kanzlei hatte eine PC-Anlage gekauft. Der Verkäufer wollte die Scheingesellschafterin in Anspruch nehmen. Dies komme nicht in Betracht, so der BGH, weil sich der Rechtsschein schutzwürdig nur auf die Haftung für anwaltstypische Pflichten beziehen könne (BGH Life&Law 2008, 658 ff.).

hemmer-Methode: Ein weiteres Problem ergibt sich, wenn die in unserem Fall (Rn. 170) gelieferte Saatmaschine mangelhaft ist. Hier können die Gesellschafter die Zahlung des Kaufpreises gem. § 320 BGB (i.V.m. § 129 I HGB) verweigern. Hier greift der allgemeine Grundsatz ein, dass die Scheingesellschafter nicht weiter haften sollen, als wenn der Rechtsschein der Wirklichkeit entspräche: Bestünde eine wirksame Gesellschaft, so könnten sich die Gesellschafter auf die Einreden der Gesellschaft berufen.

VII. Änderungen im Gesellschafterbestand

Änderungen im Gesellschafterbestand können sich auf drei Arten ergeben: Zum einen kann ein Gesellschafter ausscheiden. Zum anderen kann ein Dritter neu in die Gesellschaft eintreten. Oder ein Gesellschafter überträgt seinen Anteil auf einen Dritten. 179

Vertrauensverhältnis zwischen den Gesellschaftern

Wie bereits mehrfach festgestellt, beruht das Recht der GbR auf der Vorstellung eines besonderen persönlichen Vertrauensverhältnisses zwischen den Gesellschaftern. Mit anderen Worten: Erfolg oder Misserfolg einer GbR hängen entscheidend davon ab, ob sich die richtigen Gesellschafter zusammengefunden haben. Jeder, der vor hat, sich an der Gründung einer GbR zu beteiligen, wird sich daher seine Mitgesellschafter in spe sehr sorgfältig anschauen, bevor er sich zu diesem Schritt entschließt. Dies schon deshalb, weil u.U. erhebliche Haftungsrisiken auf ihn zukommen. 180

Grundgedanke

Daher muss sich im Grundsatz jeder Gesellschafter darauf verlassen können, dass auch nach Gründung der GbR keine ihm unerwünschten Änderungen im Gesellschafterbestand auftreten. Andererseits können gewisse Veränderungen durchaus im Interesse der Gesellschafter liegen. 181

Dieser Grundgedanke führt bei den verschiedenen Arten der Bestandsänderung zu unterschiedlichen Auswirkungen:

1. Eintritt in eine bestehende GbR

a) Voraussetzungen

> **Bsp.:** *Maier und Huber betreiben Landwirtschaft in Form einer GbR. Nach dem Gesellschaftsvertrag ist der Maier alleinvertretungsberechtigt. Max, der Sohn des Maier, hat gerade sein Jurastudium geschmissen.*
>
> *Damit sein Sprössling „nicht auf der Straße sitzt", will Maier ihn in die mit Huber bestehende GbR aufnehmen. Huber ist strikt dagegen: Der Max sei schon immer ein unzuverlässiger Schwerenöter und Faulenzer gewesen.*
>
> *Maier will nun wissen, ob er den Max auch ohne Zustimmung des Huber aufnehmen kann; schließlich könne er die GbR doch sonst auch allein vertreten.*

Aufnahme grds. möglich

Den Eintritt eines Gesellschafters in eine bestehende GbR sieht das Gesetz nicht vor. Dennoch muss er dann, wenn alle bisherigen Gesellschafter einverstanden sind, möglich sein: Denn alternativ könnten diese ja ihre bisherige GbR unproblematisch auflösen und mit dem Aufzunehmenden eine ansonsten identische, neue Gesellschaft gründen. Dieses Verfahren wäre allerdings unnötig kompliziert. 182

durch Aufnahmevertrag

Der tatsächlich beschrittene Weg ist aber mit dieser Überlegung schon vorgezeichnet: In jedem Gesellschaftsvertrag versprechen sich die Gesellschafter untereinander, den Gesellschaftszweck durch Beiträge zu fördern. 183

Um nun einen Neuen an der Gesellschaft zu beteiligen, muss sich dieser entsprechend gegenüber allen bisherigen Gesellschaftern verpflichten und umgekehrt. Der Eintritt geschieht also durch **Vertrag zwischen dem Eintretenden und allen bisherigen Gesellschaftern**, dem sog. **Aufnahmevertrag**. Dieser Vertrag ändert den bisherigen Gesellschaftsvertrag in der gerade beschriebenen Weise ab.

hemmer-Methode: Achtung! Der Eintrittswillige schließt den Aufnahmevertrag mit *allen* bisherigen *Gesellschaftern*, nicht mit der GbR selbst! Wie sollte auch die GbR einen zwischen ihren Gesellschaftern geschlossenen Vertrag abändern können?

Zustimmung aller Gesellschafter erforderlich

Wie zu jeder Änderung des Gesellschaftsvertrages (= Grundlagengeschäft) ist somit auch zur Aufnahme neuer Gesellschafter die Zustimmung aller bisherigen Gesellschafter erforderlich. Der einzelne Gesellschafter ist hier optimal vor bösen Überraschungen geschützt. 184

> Im Beispielsfall ist ein Eintritt des Max gegen den Willen des Huber also nicht möglich. Zwar kann Maier die GbR alleine vertreten, § 714 BGB; der erforderliche Aufnahmevertrag ist jedoch nicht zwischen der GbR und dem Max, sondern zwischen Maier, Huber und dem Max zu schließen. Zur diesbezüglichen Verpflichtung des Huber fehlt dem Maier aber die Vertretungsmacht (Grundlagengeschäft).

Erleichterungen im GV möglich

Den Gesellschaftern bleibt es aber unbenommen, in ihrem ursprünglichen Gesellschaftsvertrag Erleichterungen des Eintritts vorzusehen. So können sie z.B. das Mehrheitsprinzip vereinbaren oder die Aufnahme sogar in das Belieben eines einzelnen Gesellschafters stellen. Dies verstößt nicht gegen den oben entwickelten Schutzgedanken: Wer ausdrücklich nicht geschützt werden will, den muss man auch nicht schützen. 185

hemmer-Methode: Für Fortgeschrittene: Der Eintritt eines neuen Gesellschafters kann sich auch im Wege der Erbfolge ergeben. Stirbt ein Gesellschafter, so wird die GbR grds. aufgelöst, § 727 I BGB. Der Erbe bzw. die Erbengemeinschaft treten dann in die Stellung des Verstorbenen als Liquidationsgesellschafter ein. Wie § 736 I BGB ausdrücklich vorsieht, kann § 727 I BGB aber auch durch eine sog. Fortsetzungsklausel abbedungen werden, wonach die GbR unter den übrigen Gesellschaftern fortbestehen soll. In diesem Fall entsteht mit dem Tod eines Gesellschafters ein Anspruch aus § 738 I 2 BGB, der gem. § 1922 I BGB auf die Erben übergeht. Weitere Gestaltungsmöglichkeiten sind die sog. Eintrittsklausel sowie die sog. Nachfolgeklausel. Näheres im Skript GesR, Rn. 205 ff.

b) Rechtsfolgen

Mit dem Eintritt wird der Eintretende Gesellschafter mit allen dazu gehörenden Rechten und Pflichten. 186

aa) Gesellschaftsvermögen

Identität unverändert

Die Identität der Gesellschaft ändert sich nicht, lediglich die Zahl der am Gesamthandsvermögen beteiligten Personen hat sich um eine Person erhöht. 187

Bsp.: Im Gesellschaftsvermögen der aus Maier und Huber bestehenden GbR befinden sich mehrere als Äcker genutzte Grundstücke. Die entsprechende Grundbucheintragung lautete bisher gem. § 47 II GBO „M/H-GbR, bestehend aus den Gesellschaftern M und H". Tritt nun Max in die GbR ein, so ist schlicht die Grundbucheintragung unrichtig geworden und muss berichtigt werden. Sie lautet dann „M/H/M GbR, bestehend aus Maier, Huber und Max". Eine Eigentumsübertragung findet nicht statt. 188

hemmer-Methode: Da aufgrund des Eintritts keinerlei Eigentumsübertragungen erfolgen, bedarf der Aufnahmevertrag auch nicht der Form des § 311b I S. 1 BGB. In der Praxis ist die GbR deshalb ein beliebtes Mittel zur „Mobilisierung" von Grundstücken mittels formfreier Veränderungen im Gesellschafterbestand. So lassen sich Notar- und Gerichtskosten sowie v.a. Grunderwerbssteuer sparen.

nach der kollektivistischen Theorie selbstverständlich

Das Gesamthandsvermögen wird also durch den Eintritt in keiner Weise beeinflusst. Geht man von der Teilrechtsfähigkeit der GbR aus, so ist dies selbstverständlich: Wie viele Gesellschafter auch immer beteiligt sind, Rechtsträger des Gesellschaftsvermögens ist und bleibt die GbR selbst. 189

bb) Haftungsfragen

volle Haftung für Neuverbindlichkeiten

Selbstverständlich haftet der neu eingetretene Gesellschafter für solche Verbindlichkeiten der GbR, die **nach** seinem Eintritt begründet wurden. Mit dem Eintritt ist er eben Gesellschafter mit allen dazugehörigen Pflichten. 190

Altschulden?

Wie verhält es sich nun aber mit Schulden, die **vor** seinem Eintritt begründet wurden, den sog. **Altschulden**? 191

Bsp.:: Die Maier & Huber GbR hat bei Dietrich 50 Säcke Saatgut gekauft. Kurz nach Abschluss des Kaufvertrages tritt Schulze in die Gesellschaft ein. Dietrich verlangt nun von Schulze Kaufpreiszahlung. Dieser meint, mit dem Kaufvertrag habe er „nichts zu tun", da er erst später Gesellschafter geworden sei. Kann Dietrich von Schulze Kaufpreiszahlung verlangen?

I. Nach der heute herrschenden Lehre von der Teilrechtsfähigkeit der GbR wurde diese selbst Vertragspartnerin des Dietrich. Dennoch herrscht im Ergebnis Einigkeit, dass auch die Gesellschafter einer GbR für deren Schulden persönlich haften.

Doppelverpflichtungstheorie: (-)

1. Die sog. **Doppelverpflichtungstheorie** begründet eine Gesellschafterhaftung, indem sie eine konkludente vertragliche Mitverpflichtung der einzelnen Gesellschafter annimmt. Die erforderliche gegenseitige Vertretungsmacht ergebe sich aus der Auslegung des Gesellschaftsvertrages.

Da der Schulze aber zum Zeitpunkt des Vertragsschlusses mit Dietrich noch nicht Gesellschafter war, konnte er noch nicht mitverpflichtet werden. Ein Haftungsgrund ist nicht ersichtlich.

hemmer-Methode: Anders aber dann, wenn der Eintretende sich rechtsgeschäftlich zur persönlichen Haftung verpflichtet (nachträglicher Schuldbeitritt). Im Beispielsfall liegen hierfür freilich keine Anhaltspunkte vor.

Akzessorietätslehre: (+), § 130 HGB analog

2. Nach der sog. **Akzessorietätslehre** ergibt sich die Gesellschafterhaftung bei der GbR aus einer analogen Anwendung der entsprechenden Bestimmungen für die OHG, insbesondere § 128 S. 1 HGB. Insofern ist es nur konsequent, in Bezug auf Altschulden den **§ 130 HGB** entsprechend anzuwenden. Schulze haftet dem Dietrich danach gem. § 130 I HGB analog. Der BGH begründet diese Haftung unabhängig von § 130 I HGB als zwingende Konsequenz aus der Teilrechtsfähigkeit. (BGH NJW 2003, 1803).

Achtung: das gilt aber nicht für einen Scheinsozius, wenn es um Verbindlichkeiten geht, die vor Setzung des Rechtsscheins entstanden sind (OLG Saarbrücken, Life&Law 2006, 817 ff.).

hemmer-Methode: Folgt man der herrschenden Akzessorietätstheorie, muss man auch die prozessualen Besonderheiten berücksichtigen. Will der Gläubiger Zahlung von der Gesellschaft selbst, muss er diese verklagen. Aus einem Titel gegen die GbR kann dann in das Gesellschaftsvermögen vollstreckt werden. Dem steht auch § 736 ZPO nicht entgegen. Diese Vorschrift will nur verhindern, dass ein Privatgläubiger eines Gesellschafters in das Gesellschaftsvermögen vollstreckt.
Will der Gläubiger den Gesellschafter in Anspruch nehmen, muss er diesen persönlich verklagen. Dann kann er in dessen Privatvermögen vollstrecken. Dazu gehört auch der Anteil am Gesellschaftsvermögen, der gem. § 859 ZPO gepfändet werden könnte. Zu Einzelheiten später.

2. Ausscheiden aus einer GbR

Ausscheiden und Auflösung

Das „Ausscheiden“ aus einer Gesellschaft setzt begrifflich voraus, dass die Gesellschaft danach - eben ohne den betreffenden Gesellschafter - fortbestehen soll. Wäre dies nicht der Fall, müsste man von der Auflösung anstatt von einem Ausscheiden sprechen. 192

gesetzl. Regel: bei Wegfall eines Gesellschafters Auflösung

Aus **§ 727 I BGB** ist zu entnehmen, dass das Gesetz für den Todesfall eines Gesellschafters nicht einfach dessen Ausscheiden, sondern gleich die Auflösung der GbR vorsieht. Auch die **§§ 736, 737 BGB** ordnen indirekt für verschiedene Möglichkeiten des Wegfalls eines Gesellschafters die Auflösung an. Kurzum: Fällt ein Gesellschafter weg, so muss die GbR nach dem gesetzlichen Regelfall ganz aufgelöst werden. Der Grund für die Strenge des BGB liegt wiederum in der engen gegenseitigen Abhängigkeit der Gesellschafter einer Personengesellschaft. 193

Fortsetzungsklausel

Den Anforderungen der Praxis wird dieser Grundsatz jedoch häufig nicht gerecht: Zwar stünde es den fortsetzungswilligen Mitgesellschaftern frei, eine neue GbR zu gründen; es müsste zuvor jedoch das gesamte Abwicklungsverfahren der §§ 730 ff. BGB durchlaufen werden - mit einem beträchtlichen organisatorischen und finanziellen Aufwand. Insbesondere für Gesellschaften mit einer größeren Mitgliederzahl wäre eine solche Vorgehensweise höchst unpraktisch. Um dies zu vermeiden, können die Gesellschafter bereits im Gesellschaftsvertrag festlegen, dass die GbR im Falle des Ausscheidens eines Gesellschafters unter den übrigen Gesellschaftern fortgesetzt werden soll (sog. Fortsetzungsklausel). Die Zulässigkeit einer solchen Bestimmung ergibt sich schon aus den §§ 736, 737 BGB. 194

hemmer-Methode: Merken Sie sich: Voraussetzung für das „Ausscheiden“ ist, dass der Gesellschaftsvertrag eine Fortsetzungsklausel enthält. Ist dies nicht der Fall, so muss die Gesellschaft ganz aufgelöst werden.
Die Auflösung ist weiter unten unter Rn. 211 ff. beschrieben. Die jetzt folgenden Ausführungen setzen hingegen eine Fortsetzungsklausel voraus.

Übernahmerecht

In einer **zweigliedrigen** GbR ist das Ausscheiden eines Gesellschafters nicht denkbar, denn die Eigentümlichkeit eines Gesamthandsvermögens besteht ja gerade darin, dass es mehreren Personen zur gesamten Hand zusteht. Daher wäre hier eigentlich eine Auflösung der Gesellschaft zwingend, was beinahe zwangsläufig zu nicht unerheblichen Kosten führen würde. Daher erkennt die ganz h.M. ein sog. **Übernahmerecht** an, das zum Übergang des Gesellschaftsvermögens auf den letzten verbliebenen Gesellschafter führt, ohne dass eine Auseinandersetzung i.S.d. §§ 731 ff. BGB erfolgen muss. Ein solches Übernahmerecht entsteht durch Vereinbarung, nach h.M. aber im Fall des § 737 BGB auch aufgrund Gesetzes. 195

a) Voraussetzungen

Enthält der Gesellschaftervertrag eine Fortsetzungsklausel, so kann das Ausscheiden eines Gesellschafters einverständlich oder zwangsweise erfolgen: 196

aa) Einverständliches Ausscheiden

Ein Gesellschafter kann ausscheiden, wenn und soweit der Gesellschaftsvertrag ihm ein **Kündigungsrecht** einräumt oder **alle** Mitgesellschafter seinem Ausscheiden zustimmen. 197

bb) Zwangsweises Ausscheiden

§ 736 BGB

Ein zwangsweises Ausscheiden erfolgt zum einen dann, wenn in der Person des betreffenden Gesellschafters ein Auflösungsgrund i.S.d. § 736 BGB eintritt (Tod, Insolvenzeröffnung) und eine Fortsetzungsklausel besteht. Im Gesellschaftsvertrag können weitere Gründe bestimmt werden (z.B. Erreichen einer Altersgrenze etc.) *198*

Zum anderen kann ein Gesellschafter auch durch Beschluss der übrigen Gesellschafter ausgeschlossen werden, § 737 BGB. Dies setzt folgendes voraus:

- Natürlich muss der Gesellschaftsvertrag auch hierfür eine **Fortsetzungsklausel** enthalten.
- Außerdem muss in der Person des auszuschließenden Gesellschafters ein Grund vorliegen, der die übrigen Gesellschafter zur Kündigung berechtigen würde, **§ 723 S. 2 BGB**.
- Beschlossen werden muss der Ausschluss, soweit nichts anderes vereinbart ist, **einstimmig** von den übrigen Gesellschaftern, **§ 737 S. 2 BGB**
- Der Ausschluss wird mit Zugang einer entsprechenden Erklärung beim auszuschließenden Gesellschafter wirksam, **§ 737 S. 3 BGB**.

§ 737 BGB dispositiv

Da § 737 BGB dispositiver Natur ist, kann das Ausschließungsrecht im Gesellschaftsvertrag eingeschränkt oder erweitert werden. Problematisch ist hier insbesondere, wie weitgehend das Ausschließungsrecht erweitert werden kann.

Bsp.: *Maier und Huber sind sauer auf ihren Mitgesellschafter Schulze, weil dieser zu spät zur wöchentlichen Skatrunde erscheint. Da im Gesellschaftsvertrag festgelegt ist, dass „einem Gesellschafter die Mitgliedschaft ohne Hinzutreten von Gründen" gekündigt werden kann, erklären beide dem Schulze kurzerhand seinen Ausschluss aus der GbR. Ist der Ausschluss wirksam?*

aber i.d.R. kein Hinauskündigungsrecht ohne wichtigen Grund

Nach §§ 737 S. 1, 723 S. 2 BGB ist der Ausschluss eines Gesellschafters nach dem gesetzlichen Regelfall nur zulässig, wenn ein wichtiger Grund, d.h. eine schwere Pflichtverletzung des betreffenden Gesellschafters vorliegt. Es können gesellschaftsvertraglich durchaus weitergehende Ausschlussgründe vereinbart werden. *199*

Eine Vertragsklausel allerdings, die den Ausschluss ohne weitere Gründe zulässt (sog. Hinauskündigungsrecht), wird von der Rspr. regelmäßig als sittenwidrig und damit nichtig eingestuft, § 138 I BGB. Der Ausschluss des Schulze ist somit unwirksam.

hemmer-Methode: Eine solche Hinauskündigungsklausel wäre ein wirksames Druckmittel und würde letztlich der Willkürherrschaft innerhalb der Gesellschaft Tür und Tor öffnen. Ausnahmsweise wirksam ist eine solche Klausel nur, wenn im Einzelfall aufgrund außergewöhnlicher Umstände sachliche Gründe für ihre Vereinbarung bestehen (z.B. kurze „Probezeit" für neue Gesellschafter).

b) Rechtsfolgen

aa) Gesellschaftsvermögen

Anwachsungsprinzip

Der Anteil des Ausscheidenden am Gesellschaftsvermögen **wächst** den verbleibenden Gesellschaftern **zu**, **§ 738 I S. 1 BGB**. 200

hemmer-Methode: Hier läuft nun also spiegelbildlich ab, was oben bereits bei der „Abwachsung" im Fall des Gesellschaftereintritts dargestellt wurde. Auch die Anwachsung geschieht „automatisch", ohne dass es irgendwelcher Übertragungsakte bedarf.

bb) Haftung des Ausscheidenden

keine Haftung für Neuschulden

Da der Ausscheidende nicht mehr Gesellschafter ist, haftet er auch nicht für Verbindlichkeiten, die **nach** seinem Ausscheiden begründet wurden. 201

Nachhaftung für Altschulden

Anders verhält es sich mit den zum Zeitpunkt des Ausscheidens bereits bestehenden Verbindlichkeiten, also den **Altschulden**: Das Ausscheiden vermag nicht eine einmal begründete Haftung zu beseitigen, der betreffende Gesellschafter haftet weiter. Einem Gesellschaftsgläubiger kann ja nicht ohne weiteres ein Haftungsobjekt entzogen werden. Dies gilt für alle Haftungstheorien. 202

hemmer-Methode: Bei einer versehentlich doppelten Begleichung einer Forderung der Gesellschaft durch einen Schuldner der Gesellschaft haftet der vor der Doppelzahlung ausgeschiedene Gesellschafter für die bereicherungsrechtliche Forderung nicht, wenn die Doppelzahlung in dem ursprünglichen Schuldverhältnis nicht angelegt war. Es handelt sich dann um eine Neuverbindlichkeit (BGH, Life&Law 2012, 330 ff.).

Enthaftung nach 5 Jahren, Fristbeginn mit Kenntnis vom Ausscheiden

Diese Nachhaftung ist allerdings gem. **§ 736 II BGB i.V.m. § 160 HGB** zeitlich auf fünf Jahre begrenzt. Mangels Registereintragung bei der GbR ist für den Fristbeginn auf den Zeitpunkt abzustellen, in den der betreffende Gläubiger vom Ausscheiden Kenntnis erlangt hat. 203

hemmer-Methode: Achtung! Bei § 160 HGB handelt es sich keinesfalls um eine Verjährungs-, sondern vielmehr um eine Ausschlussfrist. Mit Fristablauf *erlischt* die Forderung materiell und ist nicht nur in ihrer Durchsetzbarkeit gehemmt. Man spricht deshalb auch von einer sog. Enthaftung.

cc) Ansprüche des Ausscheidenden

Abfindungsanspruch, § 738 I 2 BGB

Zunächst kann der Ausscheidende von der GbR die **Zahlung einer Abfindung** verlangen, **§ 738 I 2 BGB**. Dieser Anspruch richtet sich nach dem Gesetz auf die Summe, die der Gesellschafter im Fall der Auseinandersetzung der Gesellschaft erhalten würde. 204

hemmer-Methode: Dabei ist grds. der tatsächliche Wert des Unternehmens maßgeblich. Da die im Rahmen einer sog. Abschichtungsbilanz vorzunehmende Wertermittlung aber mit erheblichem Aufwand und Kosten verbunden sein kann, finden Sie in der Praxis häufig sog. Buchwertklauseln, wonach sich der Abfindungsanspruch nach dem Bilanzwert richten soll. Da Ertragswert und Buchwert stark auseinanderklaffen können, müssen Sie - sollte die Differenz zu groß sein - im Einzelfall auch an § 138 I BGB denken.

Rückgabe der überlassenen Gegenstände

Des Weiteren kann der Ausscheidende **Rückgabe** der Gegenstände verlangen, die er der Gesellschaft zur Benutzung (*quoad usum*) überlassen hat, **§§ 738 I 2, 732 BGB**. 205

Freistellungsanspruch, § 738 I 2 BGB

Als Ausgleich dafür, dass der ausgeschiedene Gesellschafter den Altgläubigern der Gesellschaft nachhaftet, erhält er einen **Freistellungsanspruch** gegenüber der Gesellschaft, **§ 738 I 2 BGB**. 206

3. Gesellschafterwechsel

a) Voraussetzungen

Konstruieren lässt sich ein Gesellschafterwechsel zum einen, indem man Austritt und Eintritt einfach kombiniert. Ausscheidender und eintretender Gesellschafter schließen zeitlich übereinstimmend jeweils einen Vertrag mit den übrigen Gesellschaftern (sog. **Doppelvertrag**). 207

oder Abtretung der Mitgliedschaft

Praktisch wichtiger ist die Übertragung der Gesellschafterstellung durch Abtretung der Mitgliedschaft gem. §§ 398, 413 BGB. Die §§ 717 S. 1, 719 I 1. Alt. BGB stehen einer solchen Verfügung - entgegen dem ersten Eindruck - nicht im Wege: Diese Vorschriften sollen lediglich die Abspaltung einzelner Mitgliederrechte von der Mitgliedschaft verhindern (sog. Abspaltungsverbot), nicht die Übertragung der Mitgliedschaft im Ganzen. 208

hemmer-Methode: Wiederholen Sie zum Abspaltungsverbot die Rn. 29. Einzelne Mitgliedschaftsrechte oder Anteile am Gesellschaftsvermögen können nach §§ 717 S. 1, 719 I 1.Alt. BGB nicht getrennt von der Mitgliedschaft selbst übertragen werden.

Zustimmung aller Mitgesellschafter erforderlich

209 Da durch die Verfügung der Personenbestand der Gesellschaft tangiert wird, ist auch hierfür die Zustimmung aller Mitgesellschafter erforderlich, insoweit gilt das oben zum Eintritt Festgestellte. Die Zustimmung kann auch hier bereits im Gesellschaftsvertrag antizipiert werden. Ein ohne Zustimmung geschlossener Übertragungsvertrag ist hinsichtlich seiner dinglichen Komponente schwebend unwirksam.

b) Rechtsfolgen

210 Auf der Rechtsfolgenseite ergeben sich insoweit keine Neuigkeiten, da die bereits beschriebenen Rechtsfolgen des Eintritts bzw. Ausscheidens nun eben kombiniert eintreten: Der neue Gesellschafter haftet für Altschulden (jedenfalls wirtschaftlich gesehen) mit seinem Anteil am Gesellschaftsvermögen, der ehemalige Gesellschafter haftet für Altschulden weiter mit der Einschränkung der §§ 736 II BGB, 160 HGB.

VIII. Die Beendigung der GbR

Beendigung vollzieht sich i.d.R. in 2 Phasen

211 Das wichtigste vorweg: Eine GbR wird aufgelöst, wenn ein Auflösungsgrund eintritt. Allerdings ist die Gesellschaft mit Eintritt des Auflösungsgrundes noch keineswegs „tot“! Es schließt sich vielmehr das sog. Auseinandersetzungsverfahren der §§ 730 ff. BGB an. Erst wenn diese Phase abgeschlossen ist, ist die GbR ganz beendigt.

1. Auflösungsgründe

212 Folgende Gründe führen nach dem Gesetz zur Auflösung einer GbR:

- Erreichen oder Unmöglichwerden des Gesellschaftszwecks, § 726 BGB, insbesondere bei Gelegenheitsgesellschaften des täglichen Lebens.

➲ Fristablauf oder Bedingungseintritt bei entsprechender Bestimmung im Gesellschaftsvertrag.

➲ Tod eines Gesellschafters, § 727 I BGB

➲ Kündigung durch einen Gesellschafter, §§ 723, 724 BGB. Eine auf unbestimmte Zeit oder auf Lebenszeit eines Gesellschafters geschlossene GbR kann jederzeit ohne Angabe von Gründen gekündigt werden, § 723 I S. 1 BGB. Ist die Gesellschaft auf eine bestimmte Zeit geschlossen, muss hingegen ein wichtiger Grund i.S.d. § 723 I S. 2 u. 3. BGB vorliegen. Dies ist regelmäßig der Fall, wenn dem kündigenden Gesellschafter die Fortsetzung des Gesellschaftsverhältnisses bis zum Ablauf der vorgesehenen Zeit nicht zugemutet werden kann.

➲ Kündigung durch einen Privatgläubiger eines Gesellschafters, § 725 BGB.

hemmer-Methode: Erkennen Sie die zivilprozessuale Problemlage: Hat der Gläubiger lediglich einen Vollstreckungstitel gegen einen Gesellschafter erlangt, so ist das Gesellschaftsvermögen seinem Vollstreckungszugriff entzogen, § 736 ZPO.
Er ist insoweit also auf das Privatvermögen seines Schuldners beschränkt, zu dem aber auch die Mitgliedschaft an der GbR gehört. Der Gläubiger hat dann folgende Möglichkeiten: Zum einen kann er die übertragbaren Rechte aus dem Gesellschaftsverhältnis, z.B. den Gewinnanspruch (§§ 857 I, 851 I ZPO, 717 S. 2 BGB) oder den Anspruch auf das Auseinandersetzungsguthaben, § 734 BGB, pfänden. Dies ist aber nur sinnvoll, wenn die Gesellschaft bereits aufgelöst ist oder die Auflösung bevorsteht. Ist dies nicht der Fall, muss er die Mitgliedschaft als solche pfänden (§ 859 I S. 1 ZPO), dann die Gesellschaft fristlos kündigen (§ 725 BGB) und sich dann aus dem Auseinandersetzungsguthaben befriedigen (§ 734 BGB).

➲ Insolvenz eines Gesellschafters, § 728 II BGB

➲ Einstimmiger Auflösungsbeschluss der Gesellschafter

➲ Vereinigung aller Anteile in einer Hand, da dies mit dem Charakter der GbR als Gesamthandsgemeinschaft unvereinbar wäre

häufig Fortsetzungsklausel

Wie bereits dargestellt, werden insbesondere die Auflösungsgründe der §§ 723, 724, 727 I BGB in der Praxis häufig durch eine sog. **Fortsetzungsklausel** dahingehend **abbedungen**, dass der Gesellschafter, in dessen Person der Auflösungsgrund eintritt, lediglich ausscheidet bei Fortsetzung der Gesellschaft im Übrigen.

2. Auseinandersetzung

Auseinandersetzung des Gesellschaftsvermögens

Nach **§ 730 I BGB** schließt sich an die Auflösung der GbR die Auseinandersetzung des Gesellschaftsvermögens an. § 730 II S. 1 BGB stellt klar, dass die Gesellschaft während des Auseinandersetzungsverfahrens in ihrer Identität bestehen bleibt. Es ändert sich lediglich der Gesellschaftszweck, der nunmehr allein in der Auseinandersetzung liegt. 213

Die §§ 730 II 2, 714 BGB ordnen für das Auseinandersetzungsverfahren Gesamtgeschäftsführung und Gesamtvertretung an.

hemmer-Methode: Denken Sie aber auch an die Fiktion des § 729 BGB. Außerdem steht es den Gesellschaftern frei, im Gesellschaftsvertrag auch speziell für das Auseinandersetzungsverfahren etwas anderes zu bestimmen.

abweichende Vereinbarung möglich

Zweck der Auseinandersetzung ist es, das Gesellschaftsvermögen aus der gesamthänderischen Bindung zu lösen und es den einzelnen Gesellschaftern zuzuordnen. Da die Auseinandersetzung somit allein dem Interesse der Gesellschafter dient, sind die §§ 730 ff. BGB kein zwingendes Recht. Im Gesellschaftsvertrag kann daher ein beliebiges anderes Verfahren angeordnet oder von der Durchführung der Auseinandersetzung ganz abgesehen werden. 214

hemmer-Methode: Die Gesellschaftsgläubiger haben an der Durchführung des Auseinandersetzungsverfahrens kein eigenes Interesse, denn sie sind durch die persönliche Nachhaftung der Gesellschafter voll abgesichert, vgl. oben Rn. 201 ff.

Ist gesellschaftsvertraglich nichts anderes bestimmt, so findet die Auseinandersetzung in folgenden Schritten statt: 215

- Abwicklung der schwebenden Geschäfte, § 730 II BGB
- Rückgabe der Gegenstände, die ein Gesellschafter der GbR zum Gebrauch (*quoad usum*) überlassen hat, § 732 BGB
- Das verbleibende Gesellschaftsvermögen wird in Geld umgesetzt („versilbert“)
- Aus dem Erlös sind zunächst die Gesellschaftsschulden zu berichtigen, § 733 I BGB. Reicht das Gesellschaftsvermögen hierfür nicht aus, so haben die Gesellschafter für den Fehlbetrag aufzukommen, § 735 BGB (hier Nachschusspflicht entgegen § 707 BGB!)
- Aus dem dann noch verbleibenden Vermögen sind die Einlagen der Gesellschafter zurückzuerstatten, § 733 II BGB.

- Sollte dann noch ein Überschuss verbleiben, so ist dieser nach dem Verhältnis der Gewinnanteile an die Gesellschafter zu verteilen, § 734 BGB.

B. Die offene Handelsgesellschaft (OHG)

§§ 705 ff. BGB allein passen oft nicht zum Handelsverkehr

Für die Gesellschafter hat eine GbR den Vorteil, dass sie ihre Rechtsbeziehungen in weitem Umfang frei regeln können. Insbesondere für die Geschäftspartner einer GbR, aber auch für die Gesellschafter selbst, liegt in dieser weitgehenden Gestaltungsfreiheit jedoch zugleich ein nicht zu unterschätzender Risikofaktor. 216

daher gibt es die OHG

Da die §§ 705 ff. BGB für sich genommen den Bedürfnissen des Handelsverkehrs (Einfachheit, Schnelligkeit, Rechtssicherheit) somit nur bedingt gerecht werden, stellt der Gesetzgeber in den §§ 105 ff. HGB die sog. offene Handelsgesellschaft (OHG) zur Verfügung. 217

hemmer-Methode: Vielleicht fragen Sie sich, warum man gerade von einer „offenen" Handelsgesellschaft spricht? Der Grund liegt darin, dass alle Gesellschafter nach außen hervortreten (die OHG ist immer Außengesellschaft). Damit steht sie im strengen Gegensatz zur „stillen" Gesellschaft i.S.d. §§ 230 ff. HGB.

§ 105 III HGB

Andererseits sind die Regelungen der GbR nicht schlechthin unpassend, sondern nur etwas zu unbestimmt für die Bedürfnisse des Handelsverkehrs. Der Gesetzgeber hat sich daher darauf beschränkt, in den §§ 105 ff. HGB allein zu regeln, worin sich die OHG von der „gewöhnlichen" GbR unterscheidet. Finden Sie dort zu einem bestimmten Problemkreis keine Regelung, dürfen (und müssen) Sie daher gem. **§ 105 III HGB** subsidiär auf die §§ 705 ff. BGB zurückgreifen. 218

hemmer-Methode: Der Gesetzgeber geht hier, wie z.B. auch im BGB, nach dem eleganten „Baukastenprinzip" vor. Indem er allgemeine Prinzipien „vor die Klammer zieht" - hier konkret in die §§ 705 ff. BGB -, erspart er sich (und Ihnen!) überflüssige Wiederholungen.
Für Sie als Lernenden hat das zwei Konsequenzen: Zum einen müssen Sie nicht mehr völliges Neuland betreten - die OHG ist ja lediglich eine Spezialform der GbR. Zum anderen müssen Sie, wenn Sie die OHG verstehen wollen, allerdings die Regelungen der GbR kennen. Nehmen Sie daher die folgende Darstellung bitte zum Anlass, die entsprechenden Passagen zur GbR zu wiederholen.

Mit anderen Worten: Die OHG ist eine „Gesellschaft" i.S.d. §§ 705 ff. BGB. Diese werden nur teilweise durch die leges speciales der §§ 105 ff. HGB verdrängt. Vom Speziellen zum Allgemeinen ergeben sich somit für die OHG folgende Rechtsquellen: 219

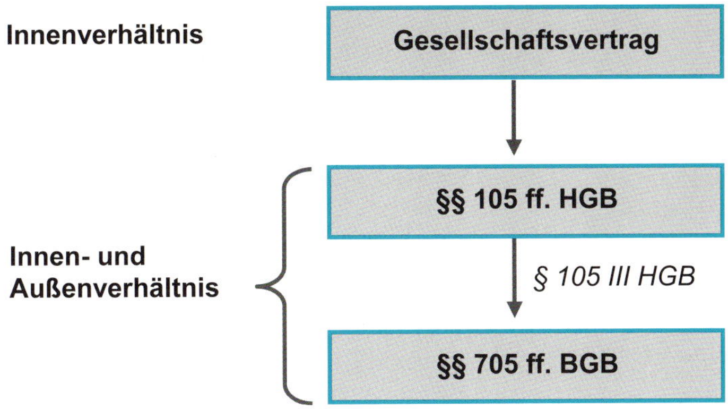

I. Entstehung der OHG

1. Gründungsvoraussetzungen

§ 105 I HGB

Die Grundvoraussetzungen einer OHG lassen sich aus § 105 I HGB entnehmen: Es handelt sich um eine Gesellschaft, deren Zweck auf den Betrieb eines Handelsgewerbes unter gemeinschaftlicher Firma gerichtet ist, und deren Gesellschafter den Gesellschaftsgläubigern unbeschränkt haften. 220

Die Voraussetzungen im Einzelnen sind also:

a) Eine „Gesellschaft"

Die Aussage, dass es sich bei einer OHG um eine Gesellschaft handelt, klingt zunächst banal. Die Bedeutung dieses Merkmals erschließt sich erst in der Zusammenschau mit § 105 III HGB. Danach ist mit „Gesellschaft" hier nichts anderes gemeint als die GbR. Es müssen also auch bei der OHG **sämtliche Gründungsvoraussetzungen der GbR gem. § 705 BGB** vorliegen. 221

hemmer-Methode: Erinnern Sie sich noch an diese? Die Voraussetzungen sind: Gesellschaftsvertrag, gemeinsamer Zweck, Zweckförderungspflicht. Wiederholen Sie die einschlägigen Problemkreise unter den Rn. 17 ff.

b) Unbeschränkte Haftung aller Gesellschafter

unbeschränkte Haftung

Auch in diesem Punkt unterscheidet sich die OHG nicht vom Grundtypus der GbR. Bedeutung gewinnt diese Voraussetzung erst bei der Abgrenzung zu einer weiteren Gesellschaftsform, der KG. 222

Bsp.: *Maier und Müller vereinbaren in ihrem Gesellschaftsvertrag, dass beide unbeschränkt im Außenverhältnis haften sollen.*

Sie wollen in ihrem Betrieb im großen Stil Landmaschinen verkaufen. Weil beide jedoch „Kommanditgesellschaft" für wohlklingender halten, nennen sie sich „Maier & Müller KG".

Welche Gesellschaftsform ist entstanden?

An der für die KG gem. § 161 I HGB konstitutiven Haftungsbeschränkung fehlt es hier. Stattdessen liegen, da von einem Handelsgewerbe i.S.d. § 1 II HGB ausgegangen werden kann, alle Voraussetzungen des § 105 I HGB vor. Daher ist unabhängig von dem Willen der Gesellschafter und der Firmierung eine **OHG** entstanden (Rechtsformzwang des Gesellschaftsrechts).

c) Qualifizierter Zweck

Oben hatten wir festgestellt, dass für die GbR grds. jeder erlaubte Zweck in Betracht kommt. Hierin unterscheidet sich die OHG nun maßgeblich: Nach § 105 I HGB **muss** Zweck der Gesellschaft grds. der „**Betrieb eines Handelsgewerbes** unter gemeinschaftlicher Firma" sein. 223

aa) Betrieb eines Handelsgewerbes

(1) Definition

Der Begriff des Handelsgewerbes ist in **§ 1 II HGB** legaldefiniert. 224

hemmer-Methode: An dieser Stelle überschneiden sich - wie so oft - Handels- und Gesellschaftsrecht. Um Wiederholungen zu vermeiden, wird das „Handelsgewerbe" in diesem Skript erst im handelsrechtlichen Teil ausführlich dargestellt. Da es sich hierbei aber um das maßgebliche Abgrenzungskriterium zwischen GbR und OHG handelt, müssen Sie es bereits jetzt kennen. Lesen Sie deshalb *jetzt* unbedingt unten die Rn. 448-458 und fahren Sie erst dann an dieser Stelle fort!

(2) Ausnahmen gem. § 105 II S. 1 HGB

Ausnahmen:
§ 105 II S. 1 HGB

Unter den Voraussetzungen des **§ 105 II S. 1 HGB** können ausnahmsweise auch Betriebe, die den Anforderungen des § 1 II HGB nicht entsprechen, als OHG organisiert werden. 225

Kleingewerbe

➲ Erfordert der Gewerbebetrieb nach Art und Umfang keine kauf- 226
männische Einrichtung (**Kleingewerbe**), so kann die betreibende Gesellschaft dennoch **nach § 105 II S. 1 Alt. 1 HGB** durch konstitutive Eintragung in das Handelsregister den Status einer OHG erwerben.

hemmer-Methode: Diese Möglichkeit korrespondiert mit der Möglichkeit eines einzelnen Kleingewerbetreibenden, durch Eintragung die Kaufmannseigenschaft zu erwerben, sog. Kannkaufmann, § 2 S. 1 HGB, dazu mehr im handelsrechtlichen Teil. Wichtig ist in diesem Zusammenhang auch § 105 II 2 i.V.m. § 2 S. 3 HGB. Danach kann die Gesellschaft auf Antrag die Löschung der Firma aus dem Handelsregister erreichen und so die OHG wieder in eine GbR „zurückverwandeln". In Anlehnung an K. Schmidt könnte man die ein Kleingewerbe betreibende OHG daher auch als „Kann-OHG mit Rückfahrschein" beschreiben. Ausgeschlossen ist die Löschung allerdings, wie das Gesetz vorschreibt, wenn inzwischen die Voraussetzungen des § 1 II HGB vorliegen.

Vermögensverwaltungsgesellschaften

➲ § 105 II S. 1, 2.Alt. HGB gibt auch Gesellschaften, die „nur eige- 227
nes Vermögen" verwalten, die Möglichkeit, durch Eintragung OHG zu werden. Bei diesen Gesellschaften ist bereits die Gewerbeeigenschaft fraglich.

hemmer-Methode: Hier begeben wir uns aber bereits in den Fortgeschrittenen-Bereich. Deshalb nur so viel: Die Regelung zielt insbesondere auf Immobiliengesellschaften, nach Betriebsaufspaltung entstehende Besitz- und Verwaltungsgesellschaften und Holdinggesellschaften (Gesellschaften zur Verwaltung von Anteilen) ab. Aufgrund der mangelnden Trennschärfe des Begriffs der „Vermögensverwaltung" zeichnen sich heftige Diskussionen um die Auslegung ab. Zur Vertiefung lesen Sie im Skript GesR die Rn. 52 a.E., wo sie auch weitere Literaturnachweise finden.

bb) Unter gemeinschaftlicher Firma

gemeinschaftliche Firma

Die Gesellschaft muss weiterhin unter einer **gemeinschaftlichen** 228
Firma betrieben werden. Eine Firma ist, wie § 17 I HGB bestimmt, nichts anderes als der Handelsname. Hierin unterscheidet sich die OHG insbesondere von der stillen Gesellschaft, vgl. § 230 HGB.

***Bsp.:** „Maier & Huber Landmaschinen OHG", „Feinbäckerei Astrid OHG", „Schuhparadies Laufgesund OHG" etc.*

Zulässigkeit der Firma nicht entscheidend

Eine ganz andere Frage ist es, ob die Firmenbezeichnung den Anforderungen der §§ 19 ff. HGB entspricht. Dies ist nicht entscheidend dafür, ob eine OHG entsteht oder nicht. Vielmehr kann die Führung einer unzulässigen Firma dazu führen, dass das Registergericht gem. §§ 37 I HGB, 392 FamFG unter Androhung eines Zwangsgeldes einschreitet.

hemmer-Methode: Im umgangssprachlichen Bereich wird der Begriff „Firma“ häufig gleichbedeutend mit dem Unternehmen an sich oder dem Unternehmensträger gebraucht. Die Firma ist aber nur der Handelsname.
Vermeiden Sie also bitte Sätze wie „Die Firma hat einen Anspruch auf Kaufpreiszahlung“, denn es ist nur der Unternehmensträger, der Rechte und Pflichten haben kann. Wie sollte ein *Name* Rechtssubjekt sein?

2. Entstehungszeitpunkt

Unterscheidung Innen- und Außenverhältnis

Gemäß § 106 I HGB ist die OHG darüber hinaus zur Eintragung in das Handelsregister anzumelden. Damit stellt sich die Frage, ob die OHG bereits mit Abschluss des Gesellschaftsvertrages oder erst mit ihrer Eintragung entsteht. Bei der Beantwortung muss zwischen Innen- und Außenverhältnis unterschieden werden. 229

a) Entstehung im Innenverhältnis

bezwecktes Handelsgewerbe

Ist der Zweck der Gesellschaft der Betrieb eines Handelsgewerbes i.S.d. § 1 II HGB, so entsteht die Gesellschaft im Innenverhältnis bereits mit dem Abschluss des Gesellschaftsvertrages. 230

Dies geht aus § 109 HGB hervor. Nach dieser Bestimmung steht es den Gesellschaftern jedoch frei, auch Abweichendes zu vereinbaren.

bezwecktes Kleingewerbe

Wird dagegen der Betrieb eines Gewerbes i.S.d. §§ 2, 3 HGB oder die bloße Vermögensverwaltung bezweckt, so kann die Gesellschaft vor ihrer Eintragung noch keine OHG sein. § 105 II S. 1 HGB bestimmt ausdrücklich, dass solche Gesellschaften erst mit Eintragung in das Handelsregister zur OHG werden; die Eintragung ist in diesen Fällen also **konstitutiv** für das Entstehen der OHG. Da aber die Voraussetzungen des § 705 BGB vorliegen, handelt es sich bei der Gesellschaft bis zur Eintragung schlicht um eine GbR.

Bsp.: *Maier und Huber wollen gemeinsam einen landwirtschaftlichen Betrieb in Rechtsform einer OHG gründen. Der Gesellschaftsvertrag ist bereits unterzeichnet, die Eintragung aber noch nicht erfolgt. Nach Aufnahme der Geschäfte stellt sich heraus, dass Huber auch bei der „Schulze & Huber Landwirtschafts-OHG“ als Gesellschafter tätig ist. Maier ist darüber erbost, dass Huber „auf zwei Hochzeiten tanzt“ und verlangt Schadensersatz.*

Ein Anspruch aus Schadensersatz könnte sich aus §§ 113 I, 112 I HGB ergeben (Wettbewerbsverbot).

Die Mitarbeit als persönlich haftender Gesellschafter einer anderen Gesellschaft in dem gleichen Handelszweig erfüllt den Tatbestand des § 112 I HGB, so dass Huber gem. § 113 I HGB grds. schadensersatzpflichtig sein könnte.

Voraussetzung wäre jedoch, dass die §§ 112, 113 HGB vorliegend überhaupt Anwendung finden. Dies wäre dann der Fall, wenn zwischen Maier und Huber eine OHG i.S.d. § 105 HGB entstanden wäre.

Da vorliegend der Betrieb einer Landwirtschaft bezweckt ist, ist aber die Eintragung konstitutive Voraussetzung für das Entstehen einer OHG, §§ 105 II, 3 HGB. Daran fehlt es hier, so dass zwischen Maier und Huber (bislang) nur eine GbR i.S.d. §§ 705 ff. BGB zustande gekommen ist. Nach dem Gesetz wären die §§ 112, 113 HGB hier eigentlich nicht einschlägig.

i.d.R. aber §§ 109 ff. HGB konkludent vereinbart

Sie wissen allerdings auch, dass den Gesellschaftern einer GbR die Gestaltung des **Innenverhältnisses** weitestgehend freisteht. Die GbR-Gesellschafter können daher im Gesellschaftsvertrag problemlos vereinbaren, dass zwischen ihnen das OHG-Innenrecht der §§ 109 ff. HGB gelten soll. Soll eine OHG gegründet werden, so kann sogar regelmäßig von einer entsprechenden konkludenten Vereinbarung ausgegangen werden.

Da Maier und Huber hier eine OHG gründen wollen, ist allerdings mangels anderer Anhaltspunkte davon auszugehen, dass **auch für die Zeit vor Eintragung** die Geltung der §§ 109 ff. HGB und damit auch der §§ 112, 113 HGB gewollt war. Ein Schadensersatzanspruch aus § 113 I HGB gegen den Huber besteht.

b) Entstehung im Außenverhältnis

§ 123 HGB

Ganz anders im Außenverhältnis: Aus Gründen des Gläubigerschut- 231
zes kann es für den Entstehungszeitpunkt hier nicht auf gesellschaftsvertragliche Vereinbarungen ankommen. Stattdessen bietet § 123 HGB eine gesetzliche Regelung. § 123 III HGB stellt noch einmal klar, dass abweichende vertragliche Bestimmungen im Außenverhältnis unwirksam sind.

hemmer-Methode: Der Entstehungszeitpunkt im Außenverhältnis ist deshalb so bedeutend, weil von ihm abhängt, ob das Haftungsregime der GbR oder der OHG gilt. Ausführliche Beispiele finden Sie unten beim Thema Haftung.

Die Absätze 1 und 2 des § 123 HGB ordnen dabei zwei unterschiedliche Entstehungszeitpunkte an:

aa) Entstehung mit Registereintragung, § 123 I HGB

§ 123 I HGB

Spätestens und in jedem Fall entsteht eine OHG mit ihrer **Eintra-** 232
gung in das Handelsregister, §§ 123 I, 106 HGB.

bb) Entstehung mit Aufnahme des Geschäftsbetriebs, § 123 II HGB

Unter den Voraussetzungen des § 123 II HGB wird der Entstehungszeitpunkt bereits auf die **Aufnahme des Geschäftsbetriebes** vorverlagert. 233

Die Voraussetzungen dafür sind:

Handelsgewerbe i.S.d. § 1 II HGB

- Die Gesellschaft bezweckt den Betrieb eines **Handelsgewerbes i.S.d. § 1 II HGB**. Richtet sich der Gesellschaftszweck dagegen auf den Betrieb eines Gewerbes i.S.d. §§ 2, 3 HGB oder die bloße Vermögensverwaltung i.S.d. § 105 II S. 1 Alt. 2 HGB, so entsteht eine OHG stets erst mit Eintragung, § 123 II HGB a.E.

hemmer-Methode: Es bleibt dabei: Für eine OHG, die kein Handelsgewerbe i.S.d. § 1 II HGB betreibt, ist die Eintragung ins Handelsregister konstitutiv. Die Tatsache, dass § 3 HGB in § 123 II HGB nicht ausdrücklich erwähnt ist, beruht lediglich auf einem Redaktionsversehen.

Geschäftsaufnahme

- Die Gesellschaft muss ihre **Geschäfte begonnen** haben. Dies ist der Fall, sobald **mit Zustimmung aller Gesellschafter** Rechtsgeschäfte im Namen der künftigen OHG geschlossen werden. 234

hemmer-Methode: Nochmals zur Wiederholung: Liegt der Gesellschaftszweck im Betrieb eines *Handels*gewerbes (§ 1 II HGB), so handelt es sich bei der Gesellschaft schon aufgrund von § 105 I HGB um eine OHG. Daher genügt gem. § 123 II HGB schon die Geschäftsaufnahme zur Entstehung im Außenverhältnis. Die gem. § 106 I HGB vorzunehmende Eintragung hat nur noch *deklaratorische* Wirkung. Anders bei Gesellschaften, deren Zweck unter die §§ 2, 3 und 105 II S. 1 Alt. 2 HGB fällt. Sie sind - und bleiben auch nach Geschäftsaufnahme - grds. BGB-Gesellschaften, *können* aber gem. § 105 II HGB durch Eintragung den Status einer OHG erlangen. Da hier die Eintragung stets *konstitutive* Wirkung hat, kann die Gesellschaft im Außenverhältnis *als OHG* auch erst zu diesem Zeitpunkt entstehen, § 123 I HGB.

II. Die Rechtsnatur der OHG

hemmer-Methode: Denken Sie an die berühmten „fünf W" des Klausuraufbaus (Wer will was von wem woraus?). Bevor die einzelnen aus dem Innen- und dem Außenverhältnis resultierenden Ansprüche erörtert werden können, muss auf der Ebene „wer" bzw. „von wem" die Frage nach der Rechtsnatur der OHG beantwortet werden.

1. Die OHG als Gesamthandsgemeinschaft

OHG als Gesamthandsgemeinschaft

Das Vermögen der OHG ist - wie das ihrer Grundform GbR - den Gesellschaftern gesamthänderisch zugeordnet. Dies ergibt sich aus **§ 105 III HGB i.V.m. §§ 718, 719 BGB**. 235

2. Teilrechtsfähigkeit der OHG, § 124 I HGB

auch Rechtsnatur der OHG str.

Daher berührt der Streit, ob die Gesamthand als solche Trägerin von Rechten und Pflichten sein kann (kollektivistische Theorie), oder ob dafür nur die Gesellschafter in Betracht kommen (individualistische Theorie), zwangsläufig auch die OHG. 236

➲

Im Gegensatz zur GbR kann der Streit um die richtige Gesamthandstheorie im Bereich der OHG jedoch mangels praktischer Relevanz weitgehend vernachlässigt werden. Der Grund dafür ist **§ 124 I HGB**. Wenn darin auch keine direkte Aussage über ihre Rechtsnatur getroffen wird, so steht doch immerhin fest, dass eine OHG unter ihrer Firma 237

- ➲ Rechte erwerben und Verbindlichkeiten eingehen,
- ➲ Eigentum und andere dingliche Rechte an Grundstücken erwerben sowie
- ➲ vor Gericht klagen und verklagt werden kann.

Damit erfährt die OHG kraft Gesetzes eine weitaus größere rechtliche Selbständigkeit als die GbR, sie ist - jedenfalls nach außen - als rechtliche Einheit zu behandeln.

☑

hemmer-Methode: In der Klausur genügt normalerweise die Feststellung: „Die OHG kann (unter ihrer Firma) gem. § 124 I HGB Trägerin von Rechten und Pflichten sein". Eine Auseinandersetzung mit den Gesamthandstheorien ist hingegen nicht erforderlich. Denn anders als bei der GbR ist der Streit darüber, wer letztlich Rechtsträger ist, rein akademischer Natur und hat aufgrund von § 124 I HGB keinerlei praktischen Auswirkungen.

III. Innenverhältnis

grds. Gesellschaftsvertrag maßgeblich

Wie auch bei der GbR sind für das Innenverhältnis der OHG zunächst die **gesellschaftsvertraglich** getroffenen Vereinbarungen maßgeblich. § 109 HGB stellt das ausdrücklich klar. Erst in Ermangelung einer vertraglichen Regelung ist auf die **§§ 110-122 HGB** zurückzugreifen. Finden sich auch hier keine einschlägigen Normen, so gelten gem. § 105 III HGB die §§ 705 ff. BGB. 238

hemmer-Methode: Denken Sie an das „Baukastenprinzip"! Wie im Gesetz werden im Folgenden nur die Unterschiede zum Recht der GbR dargestellt. Wiederholen Sie daher, am besten bevor Sie die jeweiligen Themenkomplexe bearbeiten, die entsprechenden Passagen zur GbR, damit Sie sofort die maßgeblichen Unterschiede erkennen.

1. Die Pflicht zur Beitragsleistung

§ 111 HGB

Leistet ein OHG-Gesellschafter seine vereinbarte Geldeinlage nicht rechtzeitig, so hat er gem. **§ 111 I i.V.m. § 352 II HGB** darauf **5% Zinsen** zu entrichten, ohne dass die Voraussetzungen des Schuldnerverzugs (§§ 284 f. BGB) vorliegen müssen. Ansonsten gilt das für die GbR Festgestellte. 239

2. Die Geschäftsführung

hemmer-Methode: Die Grundsätze zur Geschäftsführung haben wir in Rn. 45 ff. bereits grundlegend dargestellt. Wiederholen Sie dazu insbesondere noch einmal die Unterscheidung zwischen Geschäftsführung und Vertretung (Rn. 46)! 240

a) Einzelgeschäftsführung, §§ 114 I,115 I HGB

§§ 114, 115 HGB

Ist die Geschäftsführung im Gesellschaftsvertrag nicht anderweitig geregelt, so besteht gem. §§ 114 I, 115 I HGB grds. **Einzelgeschäftsführung**, d.h. jeder Gesellschafter ist allein zur Geschäftsführung berechtigt, aber auch verpflichtet. § 709 I BGB wird insoweit verdrängt. 241

hemmer-Methode: Erkennen Sie Sinn und Zweck der abweichenden Regelung: Oft erfordert der wirtschaftliche Erfolg im Handelsverkehr schnelle, flexible Entscheidungen. Die für die GbR in § 709 I BGB vorgesehene Gesamtgeschäftsführung wäre einfach zu schwerfällig.

b) Umfang der Geschäftsführungsbefugnis

Die eben beschriebenen Vorteile der Einzelgeschäftsführung werden freilich auch mit gewissen Nachteilen „erkauft": So muss der einzelne Gesellschafter befürchten, dass im Einzelfall auch einmal durch einen anderen Gesellschafter „über seinen Kopf hinweg" entschieden wird. Das Gesetz versucht, dieses Risiko dadurch etwas zu entschärfen, dass es für verschiedene Arten von Geschäften verschiedene Geschäftsführungsregelungen vorsieht: 242

gewöhnliche Geschäfte

➲ So erstreckt sich die gesetzlich vorgesehene Einzelgeschäftsführung gem. **§ 116 I HGB** nur auf solche Geschäfte, die der **gewöhnliche** Betrieb des Handelsgewerbes der Gesellschaft mit sich bringt. „Gewöhnlich" sind i.d.S. alle Geschäfte, die weder nach Inhalt und Zweck, noch nach Bedeutung und Risiken den aktuellen gewöhnlichen Rahmen des Geschäftsbetriebs der konkreten Gesellschaft überschreiten, die also von Zeit zu Zeit zu erwarten sind.

außergewöhnliche Geschäfte

➲ Für Geschäfte, die über diesen Umfang hinausreichen (sog. **außergewöhnliche** Geschäfte), ist dagegen nach **§ 116 II HGB** ein Beschluss **aller** Gesellschafter erforderlich. Freilich kann auch hier der Gesellschaftsvertrag etwas anderes bestimmen.

Bsp.: *Abweichen von langjähriger Geschäftspolitik, Geschäfte besonders großen Umfangs oder besonders riskante Geschäfte.*

hemmer-Methode: Die Abgrenzung zwischen gewöhnlichen und außergewöhnlichen Geschäften kann im Einzelfall schwierig sein. In der Regel werden Anhaltspunkte im Sachverhalt die Tendenz vorgeben. Legen Sie nach dem „Echo-Prinzip" den Sachverhalt aus!

Bsp.: *Die Maier & Huber OHG betreibt einen mittelgroßen Landmaschinenvertrieb. Um eine neue Lagerhalle zu finanzieren, ist die Aufnahme eines Kredits von 300.000 € notwendig. Maier fragt sich, ob er diese Maßnahme alleine durchführen darf, ohne „intern Ärger zu bekommen"?*

Da im Gesellschaftsvertrag nichts anderes bestimmt ist, gilt gem. §§ 114 I, 115 I HGB grds. Einzelgeschäftsführungsbefugnis. Allerdings sind von dieser Regel nur die Geschäfte umfasst, die für die Maier & Huber OHG „gewöhnlich" sind, § 116 I HGB. Für einen Kredit in der Höhe von 300.000 € trifft dies sicher nicht zu.

Daher fällt diese Geschäftsführungsmaßnahme als „außergewöhnliches" Geschäft unter § 116 II HGB. Maier muss daher einen Beschluss aller Gesellschafter herbeiführen. Unterlässt er dies, macht er sich der Gesellschaft u.U. schadensersatzpflichtig aus § 280 I BGB: Dies gilt hier deswegen, weil über § 125 I HGB die Rechtsgeschäfte zu Lasten der OHG (im Außenverhältnis) wirksam sind, ohne dass der andere Gesellschafter eingeschaltet wird.

c) Das Widerspruchsrecht, § 115 I Hs. 2 HGB

§ 115 I Hs. 2 HGB

Das Widerspruchsrecht ergibt sich für die OHG aus § 115 I Hs. 2 HGB. Die oben zu § 711 BGB gemachten Aussagen gelten entsprechend. 243

d) Ersatzansprüche gegen die Gesellschaft

§ 110 HGB

Für die Begründung von Ersatzansprüchen der geschäftsführungsbefugten Gesellschafter musste bei der GbR auf die §§ 713, 670 BGB zurückgegriffen werden, während sonstige Gesellschafter und Dritte auf Ansprüche aus §§ 677, 683 S. 1, 670 BGB angewiesen waren. Für die OHG finden wir eine **Spezialregelung in § 110 HGB**. 244

hemmer-Methode: Beachten Sie, dass nur der Ersatzanspruch des Gesellschafters gegen die Gesellschaft durch § 110 HGB speziell geregelt wird. Die über § 713 BGB für geschäftsführende Gesellschafter geltenden Regelungen der §§ 664-669 BGB bleiben auch für die OHG anwendbar, § 105 III HGB.

§ 110 HGB geht dabei gleich in mehrfacher Hinsicht über den Wortlaut der §§ 713, 670 BGB hinaus:

- Anspruchsberechtigt ist **jeder Gesellschafter, der befugt im Gesellschaftsinteresse handelt**, nicht nur die geschäftsführungsbefugten Gesellschafter. Bedeutung erlangt dies z.B., wenn ein nicht geschäftsführungsbefugter Gesellschafter zur Gefahrenabwehr tätig wird.

- **§ 110 I Alt. 2 HGB** umfasst unproblematisch auch **Schäden**, d.h. unfreiwillige Vermögensnachteile, sofern diese in unmittelbarer Verbindung zu der Geschäftsführung oder den damit verbundenen Gefahren stehen.

hemmer-Methode: Zum Vergleich: Von einem nicht geschäftsführungsbefugten Gesellschafter getätigte Aufwendungen waren bei der GbR nur unter den engeren Voraussetzungen der berechtigten GoA ersatzfähig. Zur Ersatzfähigkeit von Schäden kamen wir bei der GbR erst durch eine erweiternde Auslegung des § 670 BGB bzw. Analogie zu § 110 I Alt. 2 HGB, vgl. oben Rn. 59 ff.

unmittelbare Verbundenheit

Das Kriterium der **unmittelbaren Verbundenheit** in § 110 I Alt. 2 HGB erfordert mehr als nur bloße Kausalität. Vielmehr muss ein innerer Zusammenhang zwischen Geschäftsführung und dem Verlust gegeben sein.

> ***Bsp.:*** *Die Maier & Huber OHG entwickelt und vertreibt landwirtschaftliche Düngemittel. Beim Experimentieren mit einer neuen chemischen Formel explodiert der Versuchsaufbau des Huber. Er erleidet mittelschwere Verbrennungen. Kann Huber von der OHG seine Arztkosten ersetzt verlangen?*
>
> Ein Anspruch des Huber gegen die OHG könnte sich aus § 110 I Alt. 2 HGB ergeben.

Huber ist Gesellschafter der OHG und war bei den durchgeführten Experimenten befugt im Gesellschaftsinteresse tätig. Auch ein chemischer Versuch stellt als Tätigkeit im fremden Interesse eine Geschäftsführungsmaßnahme i.S.d. § 110 HGB dar. Die Schäden müssten sich zudem unmittelbar aus der Geschäftsführung ergeben haben. Chemische Experimente tragen i.d.R. eine hohe Unfallgefahr in sich. Dies zeigen z.B. die umfangreichen Arbeitsschutzbestimmungen, die dabei eingehalten werden müssen.

Zwischen den Gefahren des chemischen Versuchs und den eingetretenen Schäden besteht daher auch ein innerer Zusammenhang, wie § 110 I Alt. 2 HGB ihn erfordert. Huber kann von der OHG daher Schadensersatz verlangen.

Sollte Huber bei dem Versuch die notwendigen Schutzbestimmungen nicht eingehalten haben, so kommt allerdings eine Kürzung des Ersatzanspruchs um seinen Mitverschuldensanteil gem. § 254 I BGB in Betracht.

e) Die Entziehung der Geschäftsführung, § 117 HGB

Entzug durch Gestaltungsurteil, § 117 HGB

Die Geschäftsführungsbefugnis - auch die gesetzliche - kann einem Gesellschafter aus wichtigem Grund entzogen werden. Dies erfolgt auf Klage der übrigen Gesellschafter durch richterliches Gestaltungsurteil, § 117 HGB, soweit nicht etwas anderes vereinbart ist. 245

3. Wettbewerbsverbot, §§ 112, 113 HGB

Konkretisierung der Treuepflicht

Das Wettbewerbsverbot der §§ 112, 113 HGB stellt eine Konkretisierung der allgemeinen Treuepflicht der Gesellschafter dar. 246

a) Der Tatbestand des § 112 I HGB

zwei Verbotsalternativen

In § 112 I HGB werden den Gesellschaftern zweierlei Verbote auferlegt, die ganz unterschiedlichen Zwecken dienen: 247

Tätigwerden im Handelszweig der OHG

Zum einen darf kein Gesellschafter ohne Einwilligung (beachte die Vermutungsregel des § 112 II HGB) aller übrigen Gesellschafter in dem Handelszweig der Gesellschaft anderweitig Geschäfte machen.

Dieses Verbot dient eindeutig dem Schutz der Gesellschaft vor Konkurrenz aus dem eigenen Lager und vor der Verwendung von Geschäftsinterna zugunsten konkurrierender Unternehmen. Eine vorhersehbare Interessenkollision soll so von vornherein vermieden werden.

PhG einer gleichartigen Gesellsch.

Zum anderen darf kein Gesellschafter **an einer gleichartigen Handelsgesellschaft als persönlich haftender Gesellschafter** teilnehmen.

Sinn und Zweck dieses Wettbewerbsverbotes sind weniger offensichtlich, da § 112 I 2. Alt HGB auch die Beteiligung an Gesellschaften umfasst, die in ganz anderen Branchen tätig sind. Folglich steht hier nicht die Vermeidung eines Interessenkonflikts, sondern die Sicherung der Haftungs- und Kreditgrundlage der Gesellschaft im Vordergrund. Diese wäre stark gefährdet, müsste ein Gesellschafter in vollem Umfang persönlich für die Verbindlichkeiten mehrerer Gesellschaften haften.

b) Unterlassungsanspruch

Unterlassungsanspruch

Aus § 112 I HGB folgt ein Unterlassungsanspruch der Gesellschaft gegen den betreffenden Gesellschafter. Dieser ist bereits vorbeugend gegeben. 248

c) Die Sanktionen des § 113 HGB

Beschluss i.S.d. § 113 II HGB und Vertretenmüssen (h.M.) erforderlich

Daneben kann die Gesellschaft auch die Rechte aus § 113 HGB geltend machen. Dies setzt gem. § 113 II HGB einen entsprechenden **Beschluss** der übrigen - einschließlich der nicht geschäftsführungsbefugten - Gesellschafter voraus. Darüber hinaus fordert die h.M., dass der Verstoß gegen § 112 I HGB von dem betreffenden Gesellschafter auch **zu vertreten** ist. 249

hemmer-Methode: Beachten Sie, dass über § 105 III HGB auch hier die Haftungsmilderung des § 708 BGB gilt.

SchErs oder Eintritt

Liegen diese Voraussetzungen vor, so kann die Gesellschaft wahlweise **entweder Schadensersatz** gem. § 113 I Hs. 1 HGB fordern **oder** nach § 113 I Hs. 2 HGB ein **Eintrittsrecht** ausüben.

Zweck und Inhalt des Eintrittsrechts

Letztere Möglichkeit hat für die Gesellschaft den Vorzug, keinen ihr entstandenen Schaden nachweisen zu müssen. Die Gesellschaft wird durch Ausübung des Eintrittsrechts so gestellt, als wenn der Gesellschafter das verbotene Geschäft auf ihre Rechnung getätigt hätte.

hemmer-Methode: Achtung! Das Eintrittsrecht entfaltet keine Außenwirkung. Der Vertrag mit dem Dritten wird also nicht übernommen, sondern es wird lediglich der Gewinn aus diesen Geschäften abgeschöpft.

Bsp.: *Huber ist Gesellschafter der Maier & Huber OHG, die mit dem Schulze in dauernder Geschäftsbeziehung steht. Da die Gewinnspanne bei den Geschäften mit Schulze besonders groß ist, macht Huber sich kurzentschlossen selbständig und verkauft im eigenen Namen an Schulze.*

Maier ist über das Verhalten des Huber verärgert. Allerdings bezweifelt er, dass der OHG ein nennenswerter Schaden entstanden ist, da deren Produktionskapazitäten zur maßgeblichen Zeit ohnehin voll ausgelastet waren. Was ist dem Maier zu raten?

Die OHG könnte gegen Huber einen Anspruch aus § 113 I HGB haben.

Indem der Huber in Konkurrenz zur OHG in deren Handelszweig tätig wurde, hat er gegen das Konkurrenzverbot des § 112 I 1. Alt. HGB verstoßen. Dies tat er auch vorsätzlich und damit schuldhaft i.S.d. §§ 276, 277, 708 BGB.

Zur Geltendmachung einer Sanktion des § 113 I HGB müsste zudem ein entsprechender Beschluss gefasst werden, § 113 II HGB. Da Maier neben dem Huber einziger Gesellschafter ist und der Huber an der Beschlussfassung gem. § 113 II HGB nicht zu beteiligen ist, kommt hier ein stillschweigender Beschluss durch Klageerhebung zustande.

Dem Maier ist hier zu raten, das Eintrittsrecht des § 113 I 1. Alt. HGB für die Gesellschaft zu wählen. Wegen der vollen Kapazitätsauslastung ist nämlich fraglich, ob der OHG ein nachweisbarer Schaden i.S.d. § 113 I 1. Alt HGB entstanden ist. Als Rechtsfolge des Eintritts kann die OHG verlangen, dass H die eigenen Geschäfte als für Rechnung der OHG gelten lassen muss. Sie kann von Huber daher Zahlung des aus den verbotenen Geschäften erwirtschafteten Gewinns verlangen, ohne einen Schaden beweisen zu müssen.

4. Gewinn- und Verlustverteilung, Entnahmerecht, §§ 120-122 HGB

§§ 120-122 HGB

Die für die GbR maßgeblichen §§ 721, 722 BGB werden bei der OHG durch die §§ 120-122 HGB verdrängt. Diese tragen dem Umstand Rechnung, dass die OHG-Gesellschafter typischerweise Arbeitskraft und Kapital zur Gewinnerzielung einsetzen und die OHG zur Buchführung verpflichtet ist (§§ 6 I, 238 ff. HGB). 250

hemmer-Methode: Da von Ihnen keine Kenntnisse in Buchführung und Bilanzierung erwartet werden können, lassen sich Fragen der Gewinn- und Verlustverteilung in einer Klausur kaum jemals sinnvoll einbauen. Daher werden die entsprechenden Regelungen im Folgenden nur ganz kurz dargestellt. Dennoch sollten Sie diese Thematik nicht ganz vernachlässigen: Immerhin ist die Gewinnerzielung das maßgebliche Endziel der Gesellschafter. In der Praxis geht es hier „ums Eingemachte“.

a) Gewinn und Verlustverteilung, §§ 120 f. HGB

Ist im Gesellschaftsvertrag nichts anderes vereinbart, so findet zum Schluss eines jeden Geschäftsjahres folgender Ablauf statt: 251

Gewinn- und Verlustrechnung

Zunächst wird anhand der im Jahresabschluss enthaltenen Gewinn- und Verlustrechnung der Gewinn bzw. Verlust ermittelt, §§ 120 I, 242 II, III HGB.

Grundzüge der Gewinnverteilung

Wird dabei ein Gewinn festgestellt, gebühren jedem Gesellschafter gem. § 121 I S. 1 HGB 4% seines Kapitalanteils als sog. Vordividende. Deckt der Gewinn diese nicht in vollem Umfang ab, so mindert sie sich entsprechend, § 121 I S. 1 HGB. Der die Vordividende übersteigende Gewinn wird im Zweifel zu gleichen Anteilen nach Köpfen verteilt, § 121 III HGB.

Verlustverteilung

Ein etwaiger Verlust wird stets nach Köpfen umgelegt, § 121 III HGB.

veränderliche Kapitalanteile, § 120 II HGB

Nach § 120 II HGB wird der auf ihn entfallene Gewinn bzw. Verlust dem Kapitalkonto des betreffenden Gesellschafters zu- bzw. abgeschrieben.

b) Entnahmerecht, § 122 HGB

Einem Gesellschafter, der aus den Erträgen der OHG seinen Le- **252**
bensunterhalt zu bestreiten hat, nutzt die Erhöhung seines Kapitalkontos freilich zunächst nicht viel.

hemmer-Methode: Insbesondere hat er keinen Entgeltanspruch gegen die OHG aus § 110 HGB aufgrund seiner Geschäftsführungstätigkeit, da diese gem. § 114 I HGB nicht freiwillig erfolgt und damit keine Aufwendung darstellt.

§ 122 I HGB

Daher gibt § 122 I HGB jedem Gesellschafter das Recht, **mindestens 4%** des positiven Kapitalanteils des letzten Geschäftsjahres zu entnehmen, auch wenn kein Gewinn erzielt wurde. Das zulässige Maximum der Entnahme liegt in seinem Gewinnanteil i.S.d. § 121 III HGB, es sei denn, dass eine Entnahme in dieser Größenordnung zum offenbaren Schaden der Gesellschaft gereichen würde.

hemmer-Methode: Da die Bestimmungen der §§ 120 ff. HGB kaum je der wirklichen Lastenverteilung innerhalb der OHG entsprechen, werden in aller Regel im Gesellschaftsvertrag anderweitige Regelungen getroffen (vgl. § 109 HGB).

5. Informations- und Kontrollrechte, § 118 HGB

§ 118 HGB

Durch **§ 118 HGB** werden die Informations- und Kontrollrechte der **253**
OHG-Gesellschafter konkretisiert. Im Vergleich zum dadurch verdrängten, fast wortgleichen § 716 BGB ergeben sich aber keine praktischen Unterschiede.

IV. Außenverhältnis

1. Die Vertretung der OHG

organschaftliche / rechtsgeschäftliche Vertretung

Um rechtsgeschäftlich handeln zu können, muss die OHG vertreten werden. Dabei ist grundlegend zwischen organschaftlicher und rechtsgeschäftlicher Vertretung zu unterscheiden. 254

hemmer-Methode: Diese wichtige Differenzierung ist bereits oben bei Rn. 81 ff. besprochen worden. Wiederholen!

§§ 125, 126, 127 HGB

Die **organschaftliche** Vertretung der OHG ist in den **§§ 125, 126, 127 HGB** geregelt.

a) Art der Vertretungsmacht, § 125 HGB

unabhängig von Geschäftsführung

Vergleicht man § 125 HGB mit § 714 BGB, so fällt zunächst auf, dass die Vertretungsbefugnis bei der OHG - im Gegensatz zur GbR - in keiner Weise an die Geschäftsführungsbefugnis gekoppelt ist. 255

hemmer-Methode: Diese schärfere Trennung zwischen Innen- und Außenverhältnis dient dem Verkehrsschutz. Den Ersteller einer Klausur lädt sie geradezu ein, Probleme des „Missbrauchs der Vertretungsmacht" in den Fall einzubauen. Bei der GbR trifft man solche Konstellationen aufgrund von § 714 BGB weit seltener an.

aa) Einzelvertretungsmacht, § 125 I HGB

§ 125 I HGB

Im Grundsatz ordnet **§ 125 I HGB Einzelvertretungsmacht** jedes Gesellschafters an. 256

bb) Andere Gestaltungsmöglichkeiten

Dies bedeutet nicht, dass die Gesellschafter im Gesellschaftsvertrag nichts anderes vereinbaren können. Ihren Möglichkeiten sind aber durch § 125 II, III HGB Grenzen gesetzt. Danach sind folgende anderweitige Vertretungsregelungen zulässig: 257

Ausschluss

- Ein oder mehrere Gesellschafter (nicht aber alle!) können von der Vertretung **ausgeschlossen** werden, § 125 I HGB a.E.

echte Gesamtvertretung

- Alle oder mehrere Gesellschafter sind nur gemeinsam zur Vertretung ermächtigt, sog. **echte Gesamtvertretung**, § 125 II HGB.

unechte Gesamtvertretung

➲ Ein Gesellschafter ist, wenn nicht mehrere zusammen handeln, nur in Gemeinschaft mit einem Prokuristen der OHG vertretungsbefugt, sog. **unechte Gesamtvertretung**, § 125 III HGB.

Passivvertretung

Die Anordnung echter/unechter Gesamtvertretung berührt allerdings gem. § 125 III 2, II S. 3 HGB nicht die **Passivvertretung**, also die Entgegennahme von Willenserklärungen.

Eintragung erforderlich

Jede vom Grundsatz der Einzelvertretung abweichende Regelung muss gem. § 107 HGB zur Eintragung ins Handelsregister angemeldet werden.

hemmer-Methode: Die Eintragung ins Handelsregister ist rein deklaratorisch, also *nicht* Wirksamkeitsvoraussetzung der Vertretungsregelung. Ihre Bedeutung rührt vielmehr daher, dass sie gutgläubigen Dritten gem. § 15 I HGB ohne Eintragung nicht entgegengehalten werden kann. Ausführlich dazu unten, Rn. 481 ff.

Grenze: Grundsatz der Selbstorganschaft

Eine weitere Grenze finden die Gestaltungsmöglichkeiten der Gesellschafter im **Grundsatz der Selbstorganschaft** (vgl. oben Rn. 85 ff.). Besonders deutlich wird dies i.R.d. unechten Gesamtvertretung:

> ***Bsp.:*** *Maier und Huber sind die beiden einzigen Gesellschafter der M & H-OHG. Um die Anwaltskosten zu sparen, wurde der Gesellschaftsvertrag von Max, dem Sohn des Maier, der früher einmal ein paar Semester BWL studiert hatte, entworfen. Darin wurde Maier von der Vertretung der Gesellschaft ausgeschlossen. Huber sollte die OHG nur gemeinsam mit dem Prokuristen Schulze vertreten können. Dies wurde auch so im Handelsregister eingetragen und bekannt gemacht. Ohne Wissen von Maier und Schulze kauft Huber bei Dietrich im Namen der OHG einen Mähdrescher. Dietrich verlangt von der OHG Kaufpreiszahlung. Zu Recht?*
>
> Anspruch des Dietrich gegen die M & H-OHG aus § 433 II BGB i.V.m. § 124 I HGB
>
> Huber hat im Namen der OHG einen entsprechenden Kaufvertrag mit Dietrich geschlossen, § 164 I S. 1 BGB. Dieser wäre jedoch gem. § 177 I BGB schwebend unwirksam, wenn Huber ohne Vertretungsmacht gehandelt hätte. Nach dem Gesellschaftsvertrag sollte Huber die OHG nur gemeinsam mit Schulze vertreten können. Da Letzterer nicht am Geschäft mitwirkte, hätte Huber demnach ohne Vertretungsmacht gehandelt.
>
> Fraglich ist jedoch, ob die gesellschaftsvertraglich vereinbarte Vertretungsregelung überhaupt wirksam ist. Maier wurde darin von der Vertretung ausgeschlossen (grds. zulässig, § 125 I HGB a.E.), Huber sollte die Gesellschaft nur gemeinsam mit Schulze in unechter Gesamtvertretung vertreten können.

Damit könnte die OHG nach dem Gesellschaftsvertrag ausschließlich unter Mitwirkung des Nicht-Gesellschafters Schulze vertreten werden. Dies verstößt aber gegen das Verbot der Drittorganschaft. Die Vertretungsregelung ist insoweit unwirksam.

Zu klären ist nun, welche Regelung an die Stelle der unwirksamen tritt. Zu denken wäre hier zunächst an Einzelvertretung gem. § 125 I HGB. Dies wäre jedoch nicht interessengerecht, da die gesellschaftsvertraglichen Vereinbarungen gerade erkennen lassen, dass Huber nicht alleine vertretungsberechtigt sein sollte. Die h.M. nimmt daher bei einem Verstoß gegen das Verbot der Drittorganschaft echte Gesamtvertretung durch alle Gesellschafter an. Da auch der Maier am Vertragsschluss nicht mitwirkte, wäre Huber auch danach falsus procurator.

Allerdings braucht Dietrich sich die echte Gesamtgeschäftsführung gem. § 15 I HGB nicht entgegenhalten zu lassen, da diese entgegen § 107 HGB nicht im Handelsregister eingetragen und bekannt gemacht war. Er kann von der OHG Kaufpreiszahlung verlangen.

hemmer-Methode: An diesem verhältnismäßig anspruchsvollen Beispielsfall können Sie mustergültig das klausurtypische Regel-Ausnahme-Wechselspiel erkennen. Wahrscheinlich werden Ihnen insbesondere der Begriff „Prokurist" und die Regelung des § 15 HGB noch etwas fremd vorkommen. Aber keine Angst: Diese werden ausführlich im handelsrechtlichen Teil dieses Skripts besprochen. Wenn Sie jetzt schon mehr Interesse an § 15 I HGB haben, können Sie jetzt schon die Rn. 481 ff. lesen.

b) Umfang der Vertretungsmacht

aa) Grundsatz des § 126 HGB

unbeschränkt und unbeschränkbar, § 126 HGB

Um den erhöhten Verkehrsschutzbedürfnissen des Handelsverkehrs Rechnung zu tragen, ist der Umfang der organschaftlichen Vertretungsmacht bei der OHG **unbeschränkt (§ 126 I HGB)** und **unbeschränkbar (§ 126 II HGB)**. Insbesondere gibt es keine Beschränkung auf gewöhnliche Geschäfte oder Geschäfte des betriebenen oder überhaupt irgendeines Handelsgewerbes. 258

hemmer-Methode: Anders bei der GbR, wo die Vertretungsmacht jederzeit beschränkt sein kann. Eine Haftung der Gesellschaft bzw. der Mitgesellschafter kann sich dann nur unter dem Gesichtspunkt der Rechtsscheinshaftung (Duldungs- oder Anscheinsvollmacht) ergeben. Wer mit einer OHG Geschäfte macht, ist durch § 126 HGB also wesentlich besser geschützt.

Die weitreichenden Konsequenzen dieses Grundsatzes zeigt folgendes Beispiel.

Bsp.: *Maier und Huber sind Gesellschafter der M & H-OHG, die einen Landmaschinenhandel betreibt. Als Maier am Wochenende mit seinen Kindern ein Tierheim besucht, entdecken die „lieben Kleinen“ einen Zwinger, in dem der zahme Mischlingshund „Patch“ winselnd auf und ab läuft. Die Kinder sind entsetzt über die „nicht artgerechte“ Haltung des Hundes. Als dann auch noch Tränen fließen, weiß sich Maier zur Rettung des sonntäglichen Familienfriedens nicht anders zu helfen, als den Hund von Dietrich, dem Betreiber des Parks, „freizukaufen“. Da Dietrich aber 3.000 € für das Tier verlangt und Maier diese Summe privat kurzfristig nicht aufbringen kann, schließt er den Kaufvertrag im Namen der M & H-OHG ab. Er meint, der Hund könne das Arbeitsklima in der Gesellschaft verbessern.*

Einige Tage später liefert Dietrich den Hund auf dem Betriebsgelände der OHG an und verlangt die 3.000 €. Huber lehnt dies entrüstet ab und meint, Dietrich könne doch nicht im Ernst geglaubt haben, dass Maier befugt war, für einen Landmaschinenhandel einen Hund zu kaufen, der nicht einmal zu Bewachung des Betriebsgeländes geeignet ist.

Kann Dietrich von der M & H-OHG Kaufpreiszahlung verlangen?

Anspruch des Dietrich gegen die M & H-OHG aus § 433 II BGB i.V.m. § 124 I HGB

Voraussetzung wäre, dass Maier die OHG beim Vertragsschluss mit Dietrich wirksam vertreten hat, § 164 I S. 1 BGB. Maier gab vorliegend eine Willenserklärung im Namen der OHG ab. Gem. § 125 I HGB war er auch grds. einzeln zur Vertretung der OHG befugt.

Fraglich ist jedoch, ob diese Vertretungsmacht auch den Kauf eines Hundes umfasste, da ein solcher ersichtlich keinerlei Berührungspunkte mit dem Gesellschaftszweck der OHG (Betrieb eines Landmaschinenhandels) aufweist. Dies hat jedoch allenfalls im Innenverhältnis i.R.d. Geschäftsführungsbefugnis Bedeutung.

Für die Vertretung im Außenverhältnis gilt hingegen § 126 I, II HGB. Danach ist die Vertretungsmacht eines OHG-Gesellschafters im Interesse eines umfassenden Verkehrsschutzes unbeschränkt und unbeschränkbar.

Auch ein Missbrauch der Vertretungsmacht führt hier nicht dazu, dass die OHG nicht gebunden wird. Denn für Evidenz ist im vorliegenden Fall nichts ersichtlich. Ein Hund kann durchaus auch für eine OHG Bedeutung erlangen, wenn er als Wachhund eingesetzt wird. Insoweit musste dem Vertragspartner der Missbrauch nicht klar sein, so dass er auf die Wirksamkeit des Vertrages vertrauen durfte.

Maier hat die M & H-OHG nach allem wirksam vertreten, Dietrich kann von dieser Kaufpreiszahlung verlangen.

hemmer-Methode: Da es sich bei dem Kauf eines Hundes um ein außergewöhnliches Geschäft i.S.d. § 116 II HGB handelt, hat Maier jedoch seine Geschäftsführungsbefugnis überschritten. Es besteht daher *im Innenverhältnis* u.U. ein Anspruch der OHG gegen Maier aus § 280 I BGB wegen Pflichtverletzung des Gesellschaftsvertrages.

bb) Ausnahmen

Zweck des § 126 HGB

Halten wir uns noch einmal den Zweck des § 126 HGB vor Augen: Einem Außenstehenden, der mit der OHG Geschäfte machen will, ist es regelmäßig nicht möglich, Nachforschungen über die internen Verhältnisse der Gesellschaft anzustellen; jedenfalls würden solche die Schnelligkeit des Handelsverkehrs stark behindern. § 126 HGB erspart dem Dritten derartige Nachprüfungen: Steht erst einmal fest, dass der Verhandlungspartner organschaftliche Vertretungsmacht für die OHG hat, so umfasst diese zwingend alle gerichtlichen und außergerichtlichen Geschäfte, § 126 I HGB. 259

hemmer-Methode: Der vorsichtige Geschäftspartner muss aber sehr wohl prüfen, ob sein Verhandlungspartner *überhaupt* Vertretungsmacht hat. Zu diesem Zweck wird er Einsicht ins Handelsregister nehmen, in das nach § 107 HGB alle von der gesetzlichen Einzelvertretung abweichenden Regelungen einzutragen sind. Finden sich dort keine Eintragungen, so kann er gem. § 15 I HGB auf die Einzelvertretungsmacht aller Gesellschafter vertrauen.

Fallgruppen

Mit Rücksicht auf diesen Regelungszweck ist § 126 HGB in einigen Fallgruppen **unanwendbar**:

(1) Gesellschafter als Drittgläubiger

§ 126 II HGB (-) bei Drittschuldnerbeziehungen

Steht ein Gesellschafter der Gesellschaft wie ein außenstehender Dritter gegenüber (sog. **Drittschuldnerbeziehungen**), kauft die Gesellschaft z.B. Waren bei einem Gesellschafter, so findet nach der Rspr. § 126 HGB keine Anwendung. 260

Der weitreichende Verkehrsschutz des § 126 HGB ist hier nicht nötig, da der Geschäftspartner die internen Verhältnisse in seiner Eigenschaft als Gesellschafter („Insider") kennt, ja sogar regelmäßig selbst mitgestaltet hat.

> ***Bsp.:** Maier, Huber und Schulze betreiben eine OHG, die in ihrem Unternehmen ein Netz gut florierender Filialen aufgebaut hat. Eines Tages tritt Huber mit der Bitte an Schulze heran, ihm doch im Namen der Gesellschaft die Filiale in München zu einem angemessenen Preis zu verkaufen. Schulze kommt dieser Bitte sofort nach, da er dem Huber noch einen Gefallen schuldig war. Als Maier von dem Vorgang erfährt, meint er, das Geschäft sei nicht wirksam.*
>
> *Zu Recht?*

Der Vertrag wäre für und gegen die OHG wirksam, wenn Schulze sie wirksam vertreten hätte, § 164 I S. 1 BGB. Gem. § 125 I HGB hatte Schulze Einzelvertretungsmacht.

Schulze könnte jedoch durch den Verkauf der Filiale den Umfang der ihm zustehenden Vertretungsmacht überschritten haben. Dieser ist zwar grundsätzlich unbeschränkt, § 126 I HGB, und auch nicht beschränkbar, § 126 II HGB. Etwas anderes ergibt sich vorliegend aber aus dem Umstand, dass der Geschäftspartner der OHG, Huber, selbst Gesellschafter ist. Die gesellschaftsinterne Verteilung der Befugnisse ist ihm bekannt, so dass er des weitreichenden Schutzes des § 126 HGB nicht bedarf.

Daher richtet sich der Umfang der Vertretungsmacht hier **ausnahmsweise (!)** nach der im Innenverhältnis getroffenen Regelung. Im Innenverhältnis aber war Huber keinesfalls zum Verkauf der Filiale befugt, da es sich hierbei um ein außergewöhnliches Geschäft i.S.d. § 116 II HGB handelt. Er handelte daher als Vertreter ohne Vertretungsmacht.

Der Kaufvertrag war somit zunächst schwebend unwirksam, § 177 I BGB. Da Maier seine gem. § 116 II HGB erforderliche Zustimmung verweigert hat, ist der Vertrag endgültig unwirksam.

(2) Grundlagengeschäfte

§ 126 HGB (-) im Grundverhältnis

Des Weiteren erstreckt sich die Vertretungsmacht nicht auf die Beziehungen der Gesellschafter untereinander (sog. **Grundverhältnis**), insbesondere nicht auf Änderungen des Gesellschaftsvertrages. **261**

Bsp.: Aufnahme eines neuen Gesellschafters, Auflösung der Gesellschaft etc.

hemmer-Methode: Zusammenhänge erkennen! Hier handelt es sich streng genommen nicht um eine Ausnahme zu § 126 HGB. Änderungen des Grundverhältnisses erfolgen durch Vertrag zwischen den *Gesellschaftern*. Die §§ 125 ff. HGB regeln aber nur die Vertretung der *Gesellschaft* und sind daher auf diesen Fall von vornherein nicht anwendbar.

(3) Missbrauch der Vertretungsmacht

Missbrauch irrelevant

Ein möglicher **Missbrauch der Vertretungsmacht** geht grds. zu Lasten der vertretenen OHG. In zwei Fällen wird jedoch eine Ausnahme gemacht: **262**

Ausnahme: Kollusion

- Bei **Kollusion**, d.h. arglistigem Zusammenwirken von Vertreter und Drittem zum Nachteil der Gesellschaft, ist das Geschäft gem. § 138 I BGB nichtig.

Ausnahme: Evidenz

➲ In den Fällen der sog. **Evidenz**. Evidenz wird allgemein bei Kenntnis der Überschreitung des Innenverhältnisses oder bei begründeten Zweifeln an der Einhaltung angenommen.

hemmer-Methode: Wiederholen Sie zum Missbrauch der Vertretungsmacht oben die Rn. 92 ff. oder ausführlich Hemmer/Wüst, BGB-AT I, Rn. 285 ff.

c) Entziehung der Vertretungsmacht, § 127 HGB

§ 127 HGB

Der Entzug der Vertretungsbefugnis erfolgt - wie auch der Entzug der Geschäftsführungsbefugnis - bei Vorliegen eines wichtigen Grundes auf Klage der übrigen Gesellschafter durch richterliches Gestaltungsurteil, § 127 HGB. Im Gesellschaftsvertrag kann allerdings auch ein anderes Verfahren vereinbart werden. 263

2. Die Haftung in der OHG

unterscheide Haftung der Gesellschaft bzw. der Gesellschafter

Wie bereits dargestellt, kann die OHG als solche unter ihrer Firma Rechte erwerben und Verbindlichkeiten eingehen, § 124 I HGB. Es versteht sich von selbst, dass die OHG für Verbindlichkeiten, die sie eingeht, auch haftet. Daneben ordnet **§ 128 S. 1 HGB** aber auch eine persönliche Haftung der Gesellschafter für Gesellschaftsschulden an. 264

hemmer-Methode: Wirtschaftliche Hintergründe beachten! Im Gegensatz zu den Kapitalgesellschaften GmbH und AG steht den Gläubigern einer OHG kein garantiertes Haftkapital zur Verfügung. Daher steht und fällt die Kreditwürdigkeit einer OHG mit der Bonität ihrer Gesellschafter. Gäbe es keine persönliche Gesellschafterhaftung, würde wohl niemand mit einer OHG Geschäfte machen wollen.

Wie bei der GbR muss daher auch bei der OHG streng zwischen der Haftung der Gesellschaft und der Haftung der Gesellschafter unterschieden werden.

a) Haftung der Gesellschaft

aa) Rechtsgeschäftliche Verbindlichkeiten

Als Vertragspartnerin schuldet die OHG gem. § 124 I HGB als solche und haftet selbstverständlich auch für ihre Verbindlichkeiten. 265

bb) Vertragliche Sekundäransprüche

verschuldensunabhängige

Bei **verschuldensunabhängigen** Sekundäransprüchen können sich Probleme der Wissenszurechnung (z.B. i.R.d. § 444 BGB) ergeben. 266

Auch für die OHG wird darüber gestritten, ob eine **Wissenszurechnung** nur auf der Grundlage des **§ 166 BGB** in Betracht kommt, oder ob - wie bei den Körperschaften - organschaftliche Kenntnis darüber hinaus nach der sog. Organtheorie zugerechnet werden kann. Für die Anwendung der Organtheorie kann die weitgehende Verselbständigung der OHG im Außenverhältnis angeführt werden.

verschuldensabhängige

Bei **verschuldensabhängigen** Sekundäransprüchen besteht Streit darüber, ob die Zurechnung von Gesellschafter**verschulden** nach **§ 278 BGB** oder **§ 31 BGB analog** erfolgen soll. Hier sollten Sie sich mit dem Argument der weitreichenden Verselbständigung für die analoge Anwendung des § 31 BGB entscheiden. 267

hemmer-Methode: Im Vergleich zur Haftung einer GbR ergeben sich hier kaum Unterschiede. Wiederholen Sie daher die Beispielsfälle oben bei Rn. 122 ff. Beachten Sie auch bei der OHG wieder: Die analoge Anwendung des § 31 BGB ist nur für Gesellschafter gerechtfertigt. Für einfache Angestellte, die keine Organstellung einnehmen, bleibt es hingegen bei der Anwendung des § 278 BGB.

cc) Deliktische Ansprüche

Deliktsfähigkeit

Aufgrund ihrer weitgehenden Verselbständigung wird die OHG auch als **deliktsfähig** angesehen; sie kann also auch durch unerlaubte Handlungen verpflichtet werden. Da § 278 BGB im Deliktsrecht nicht anwendbar ist, erfolgt die Verschuldenszurechnung hier unstrittig über § 31 BGB analog. 268

> **Bsp.:** *Maier ist Gesellschafter der M & H Landmaschinen-OHG. Zu seinem Aufgabenkreis gehört insbesondere die Reparatur von Landmaschinen. Bei der Reparatur des Mähdreschers des Dietrich unterläuft ihm jedoch ein folgenschweres Missgeschick:*
>
> *Als er gerade die Muttern am Motorblock des Mähdreschers festziehen will, fällt ihm der Schraubenschlüssel aus der Hand und trifft den Dietrich, der die Reparaturarbeiten beobachtet. Glücklicherweise trägt Dietrich einen Schutzhelm, so dass er selbst unverletzt bleibt. Der Schutzhelm jedoch ist völlig zerstört. Kann Dietrich Schadensersatz für den zerstörten Helm von der M & H-OHG verlangen?*

I. Zunächst besteht ein Anspruch des D gegen die M & H-OHG aus **§ 280 I BGB wegen Pflichtverletzung aus Werkvertrag i.V.m. § 124 I HGB**. Die OHG hat hier in zurechenbarer Weise Nebenpflichten aus dem Werkvertrag verletzt, als M bei der Reparatur den Schraubenschlüssel fallen ließ. Das Verschulden des Gesellschafters M ist der OHG hier analog § 31 BGB zuzurechnen (s.o.).

II. Ein Anspruch des Dietrich gegen die M & H-OHG aus **§ 831 BGB i.V.m. § 124 I HGB** scheidet aus, da Maier nicht Verrichtungsgehilfe der OHG ist. Als Gesellschafter unterliegt er nicht deren Weisungen.

hemmer-Methode: Angestellte der OHG sind dagegen problemlos Verrichtungsgehilfen i.S.d. § 831 BGB. Bekleiden sie im Unternehmen eine leitende Funktion, so gelten sie u.U. sogar als „verfassungsmäßig berufener Vertreter“ i.S.d. § 31 BGB, ohne Gesellschafter zu sein.

III. Dietrich könnte jedoch einen Anspruch gegen die OHG aus **§ 823 I BGB i.V.m. §§ 31 BGB analog, 124 I HGB** haben. Durch sein Missgeschick hat Maier rechtswidrig und schuldhaft das Eigentum des Dietrich verletzt. Fraglich ist jedoch, ob sich die M & H-OHG das Verschulden des Maier zurechnen lassen muss. Eine Verschuldenszurechnung könnte über §§ 276, 31 BGB analog erfolgen. Aufgrund der weitgehenden rechtlichen Verselbständigung der OHG ist die Anwendbarkeit des § 31 BGB mittlerweile allgemein anerkannt. Der Gesellschafter Maier ist einem „verfassungsmäßig berufenen Vertreter“ i.S.d. § 31 BGB gleichzustellen. Außerdem war er „in Ausführung der ihm zustehenden Verrichtung“, nämlich im Rahmen seiner Geschäftsführungsbefugnis tätig.

Damit liegen auch die tatbestandlichen Voraussetzungen des § 31 BGB vor. Ein Anspruch aus § 823 I BGB i.V.m. §§ 31 BGB analog, 124 I HGB besteht somit dem Grunde nach.

hemmer-Methode: § 278 BGB scheidet i.R.v. § 823 BGB aus zwei Gründen aus: Zum einen ist der Gesellschafter entsprechend § 31 BGB wie ein Organ zu behandeln. Damit liegt eigenes Verschulden der Gesellschaft vor. Zum anderen setzt § 278 BGB tatbestandlich ein bereits bestehendes Schuldverhältnis voraus.

dd) Zwangsvollstreckung

§ 124 II HGB

Um in das Gesellschaftsvermögen vollstrecken zu können, braucht der Gläubiger einen Vollstreckungstitel **gegen die OHG**, § 124 II HGB. Ein Titel gegen alle Gesellschafter ist im Gegensatz zur GbR (vgl. § 736 ZPO) weder erforderlich, noch ausreichend. 269

b) Haftung der Gesellschafter

§ 128 S. 1 HGB

Nach **§ 128 S. 1 HGB** haften den Gesellschaftsgläubigern neben der OHG auch deren Gesellschafter mit ihrem Privatvermögen. 270

nicht abdingbar, § 128 S. 2 HGB

Als bestimmendes Merkmal der OHG ist die unbeschränkte und unbeschränkbare Gesellschafterhaftung **zwingender** Natur und kann weder durch den Gesellschaftsvertrag, noch durch andere Vereinbarungen **zwischen den Gesellschaftern** beschränkt werden, § 128 S. 2 HGB. 271

durch Individualvereinbarung möglich

Eine Haftungsbeschränkung durch Individualvereinbarung mit dem jeweiligen Gläubiger oder eine Haftungsfreistellung einzelner Gesellschafter im Innenverhältnis (!) wird durch § 128 S. 2 HGB nicht ausgeschlossen.

hemmer-Methode: Letztlich geht es in § 128 S. 2 HGB darum, einen unzulässigen Vertrag zu Lasten Dritter auszuschließen. Bei Individualvereinbarungen mit dem Gläubiger besteht diese Gefahr nicht (er ist dann ja nicht „Dritter“ i.S.d. § 128 S. 2 HGB). Vielmehr gilt dort der Grundsatz der Privatautonomie, § 311 I BGB.

Während durch Individualvereinbarungen ohne Weiteres die Haftung z.B. aller Gesellschafter ausgeschlossen werden kann, stellen sich Probleme, wenn durch Individualvereinbarungen die **Haftung der Gesellschaft** (im Außenverhältnis) ausgeschlossen werden soll, ein Gesellschafter aber weiter haften soll.

> **Bsp.:** *Gläubiger G will der M & H-OHG eine bestehende Verbindlichkeit unter dem Vorbehalt erlassen, dass er den Gesellschafter Maier weiter in Anspruch nehmen kann. Ist der Erlassvertrag wirksam?*
>
> Zwar hat der Erlass gem. § 423 BGB Einzelwirkung. Der Erlassvertrag gem. § 397 BGB ist hier aber wegen **Perplexität** nichtig. Die Vereinbarung, die Gesellschaft solle nicht mehr haften, der persönlich haftende Gesellschafter aber weiter in Anspruch genommen werden können, ist in sich widersprüchlich. Denn Voraussetzung der Haftung des persönlich haftenden Gesellschafters ist stets, dass eine Verbindlichkeit der Gesellschaft besteht, § 128 S. 1 HGB. Zudem würde die Stellung des weiterhaftenden Gesellschafters verschlechtert, da er sich nicht mehr gem. § 129 HGB auf Einwendungen, die der Gesellschaft zustehen, berufen könnte.

aa) Voraussetzungen des § 128 S. 1 HGB

Aus dem Gesetzeswortlaut ergeben sich folgende drei Voraussetzungen für die persönliche Inanspruchnahme eines Gesellschafters: 272

wirksame OHG

➲ Es muss eine **nach außen wirksame OHG** bestehen, vgl. § 123 HGB. 273

Gesellschaftsverbindlichkeit

➲ Es muss eine entsprechende **Verbindlichkeit der Gesellschaft** vorliegen, § 124 I HGB. 274

Gesellschafterstellung

➲ Der In-Anspruch-Genommene muss **Gesellschafter** der OHG sein. 275

➲ Nicht unmittelbar aus § 128 S. 1 HGB ergibt sich eine vierte Voraussetzung für die Gesellschafterhaftung:

keine Sozialverpflichtung

➲ Die betreffende Verbindlichkeit der Gesellschaft darf **keine Sozialverpflichtung** sein. 276

hemmer-Methode: Wiederholen Sie den Begriff der Sozialverpflichtung oben bei Rn. 37, 71. Unterscheiden Sie diese Fälle sorgfältig von Konstellationen, in denen der Gesellschafter der Gesellschaft wie ein Dritter gegenübersteht (sog. Drittgläubiger- bzw. Drittschuldnerbeziehungen).

Grund: keine Nachschusspflicht, §§ 105 III HGB, 707 BGB

Für Sozialverpflichtungen, d.h. Ansprüche eines Gesellschafters gegen die OHG aus dem Gesellschaftsvertrag, haften die übrigen Gesellschafter grds. nicht mit ihrem Privatvermögen. Alles andere liefe nämlich auf eine gem. **§ 105 III HGB i.V.m. § 707 BGB** ausgeschlossene Nachschusspflicht hinaus.

hemmer-Methode: Eine persönliche Gesellschafterhaftung für Sozialansprüche kommt aber im Liquidationsstadium in Betracht, vgl. Rn. 328 ff.

Ausnahme bei Deckung v. Gesellschaftsschulden?

Ob von diesem Grundsatz eine Ausnahme zu machen ist, wenn ein Gesellschafter einen Gesellschaftsgläubiger befriedigt hat und nun Rückgriff nehmen will, ist umstritten.

> *Bsp.: Maier, Huber und Schulze sind Gesellschafter der MHS-Landmaschinen-OHG. Die OHG befindet sich, ebenso wie Huber privat, in erheblichen finanziellen Schwierigkeiten. Maier und Schulze sind hingegen recht wohlhabend. Dietrich nimmt daher den Maier wegen einer Kaufpreisforderung gegen die OHG in Höhe von 15.000 € persönlich in Anspruch. Maier zahlt, sieht aber nicht ein, allein „für die OHG geradestehen zu müssen“. Da von der OHG und von Huber nichts zu holen ist, verlangt er zum Ausgleich von Schulze 7.500 €.*

Zu Recht?

I. Anspruch des Maier gegen Schulze aus § 110 I i.V.m. § 128 S. 1 HGB

Es liegt eine nach außen wirksame OHG vor. Schulze ist auch deren Gesellschafter. Die erforderliche Gesellschaftsverbindlichkeit liegt im Anspruch des Maier aus § 110 I Alt. 1 HGB. Die Zahlung auf Gesellschaftsschulden ist eine Aufwendung i.S.d. § 110 I Alt. 1 HGB. Nach dem Wortlaut des § 128 S. 1 HGB liegen die Voraussetzungen für eine persönliche Inanspruchnahme des Schulze vor.

hemmer-Methode: Lernen Sie die Arbeitsweise eines Klausurerstellers (Ihres „imaginären Gegners") kennen: Im Sachverhalt des Beispielsfalls war das Bestehen der Forderung des Dietrich gegen die OHG aus Vereinfachungsgründen vorausgesetzt. Anders in der realen Klausur: Hier kann der Ersteller nahezu jedes beliebige schuldrechtliche Problem einbauen und so eine „normale" Schuldrechtsklausur gesellschaftsrechtlich „aufpeppen".

Etwas anderes könnte sich jedoch daraus ergeben, dass es sich bei dem Anspruch aus § 110 HGB um einen **Sozialanspruch** handelt. Für diesen hat regelmäßig nur das Gesellschaftsvermögen aufzukommen. Eine Gesellschafterhaftung ist hingegen grds. ausgeschlossen, da dies zu einer gem. §§ 707 BGB, 105 III HGB unzulässigen Nachschusspflicht führen würde. Eine Inanspruchnahme des Schulze käme demnach grds. nicht in Betracht.

Vorliegend ist jedoch auch zu berücksichtigen, dass Maier **von der Gesellschaft** aufgrund der Finanzprobleme **derzeit keinen Ersatz zu erlangen vermag**. Bessert sich die finanzielle Lage der OHG nicht, so hätte er erst in der Liquidationsphase die Möglichkeit, einen teilweisen Ausgleich mit seinen Mitgesellschaftern vorzunehmen. Da es aber weitgehend vom Zufall abhängt, welchen Gesellschafter der Gesellschaftsgläubiger in Anspruch nimmt, erscheint dieses Ergebnis grob unbillig.

Diese Überlegung und die Tatsache, dass der Aufwendungsersatzanspruch des § 110 I HGB nur formal im Innenverhältnis wurzelt, legen es nahe, hier ausnahmsweise einen Rückgriff bei den Mitgesellschaftern gem. § 128 S. 1 HGB zuzulassen.

hemmer-Methode: Der Gläubiger einer Gesamtschuld (§ 128 S. 1 HGB) befindet sich aufgrund seiner weitgehenden Wahlfreiheit in einer für ihn günstigen „Pascha" - Stellung. Sollte die OHG zahlungsunfähig werden, kann man sich lebhaft die Bittprozession der Gesellschafter zum Gläubiger vorstellen, mit dem Ziel, es möge doch der jeweils andere Gesellschafter in Anspruch genommen werden. Dieses „St.-Florians-Prinzip" soll vermieden werden, indem man ausnahmsweise den Regress bei den Mitgesellschaftern ermöglicht.

Eine derartige „Ausnahme von der Ausnahme“ wäre jedoch nur erforderlich, wenn sich ein Ausgleichsanspruch des Maier nicht schon aus einer anderen Anspruchsgrundlage ergäbe.

II. Anspruch des Maier gegen Schulze aus § 426 I BGB

Eine solche könnte § 426 I BGB darstellen. Gem. § 128 S. 1 HGB hafteten Maier, Huber und Schulze für die Forderung des Dietrich gegen die OHG kraft Gesetzes gesamtschuldnerisch. Daher sind sie im Verhältnis zueinander nach gleichen Anteilen verpflichtet, soweit nicht etwas anderes bestimmt ist, § 426 I S. 1 BGB. Aus den §§ 707 BGB, 105 III HGB wird man aus o.g. Gründen nichts anderes ableiten können. Das gleiche gilt für § 110 HGB. Ein Ausgleichsanspruch aus § 426 I BGB ist daher dem Grunde nach gegeben.

In Bezug auf die Höhe des Anteils greift die h.M. auf die Vorschriften zur Verlustverteilung zurück. Da hier im Gesellschaftsvertrag nichts anderes bestimmt ist, erfolgt diese nach Köpfen, § 121 III HGB. Demnach wären Huber und Schulze zur Zahlung von je 5.000 € an Maier verpflichtet.

Da Huber jedoch zahlungsunfähig ist, muss Schulze gem. § 426 I 2 BGB auch dessen Anteil zur Hälfte mittragen. Der Anspruch des Maier gegen Schulze aus § 426 I S. 1 BGB erhöht sich damit auf 7.500 €.

Fraglich ist weiterhin, ob Schulze dem Maier entgegenhalten kann, die Geltendmachung des Ausgleichsanspruchs verstoße gegen seine Treuepflicht als Gesellschafter. Dies wäre jedoch nur der Fall, wenn Maier seinen Anspruch gegen die OHG aus § 110 HGB in zumutbarer Weise realisieren könnte. Dies ist hier nicht der Fall. Maier kann von Schulze die Zahlung von 7.500 € verlangen, § 426 I BGB.

III. Anspruch des Maier gegen Schulze aus § 433 II i.V.m. § 426 II BGB. Eine zusätzliche Anspruchsgrundlage ergibt sich aus der durch § 426 II BGB angeordneten Legalzession.

hemmer-Methode: Kein einfacher, aber ein sehr klausurrelevanter Fall! Natürlich können Sie sich ebenso gut dafür entscheiden, hier § 128 S. 1 HGB durchgreifen zu lassen. Entscheidend ist allein, dass Sie die Probleme erkennen und Ihren Lösungsweg nachvollziehbar begründen.

bb) Rechtsfolgen des § 128 S. 1 HGB

Rechtsfolgen

Die gem. § 128 S. 1 HGB in Anspruch genommenen Gesellschafter 278
haften den Gesellschaftsgläubigern persönlich, unmittelbar, primär, unbeschränkt, unbeschränkbar und gesamtschuldnerisch. Im Einzelnen bedeutet dies:

(1) Persönliche Haftung

persönlich

Unter den Voraussetzungen des § 128 S. 1 HGB haftet der OHG-Gesellschafter einem Gesellschaftsgläubiger **persönlich**, d.h. mit seinem Privatvermögen. 279

(2) Unmittelbare Haftung

unmittelbar

Unmittelbare Haftung bedeutet, dass der Gläubiger den Gesellschafter direkt in Anspruch nehmen kann, der Gesellschafter also nicht lediglich einen Nachschuss in die Gesellschaftskasse zu leisten hat. 280

(3) Primäre Haftung

primär

Da die Gesellschafterhaftung des § 128 S. 1 HGB keinesfalls die Haftung der Gesellschaft selbst entfallen lässt, sondern neben diese tritt, stellt sich die Frage, in welchem Verhältnis sie zu einander stehen. 281

***Bsp.:** Dietrich hat einen Anspruch gegen die zahlungskräftige MHS-Landmaschinen-OHG in Höhe von 10.000 €. Ohne sich diesbezüglich an die OHG gewandt zu haben, verlangt er direkt vom Gesellschafter Maier Zahlung. Dieser sieht das Vorgehen des Maier als „reine Schikane“ an und meint, Dietrich müsse sich zuerst einmal an die OHG halten, die problemlos zahlen werde. Hat Maier Recht?*

Da Dietrich einen Anspruch gegen die nach außen wirksame MHS-OHG hat, der Maier Gesellschafter dieser OHG ist und es sich bei dem Anspruch nicht um eine Sozialverbindlichkeit handelt, liegen die Voraussetzungen des § 128 S. 1 HGB vor.

Fraglich ist jedoch, ob Dietrich zunächst versuchen muss, Befriedigung von der OHG zu erlangen, bevor er den Gesellschafter Maier persönlich in Anspruch nimmt. Eine solche Konstellation wird bei der Bürgschaft durch § 771 BGB (Einrede der Vorausklage) hergestellt: Der Bürge kann die Befriedigung des Gläubigers verweigern, solange dieser nicht eine Zwangsvollstreckung gegen den Hauptschuldner mit Erfolg versucht hat.

hemmer-Methode: Näher zu Einreden bei der Bürgschaft Hemmer/Wüst, Kreditsicherungsrecht, Rn. 219 ff.

Eine vergleichbare Norm findet sich im HGB jedoch nicht. Die Gesellschafter haften dem Gesellschaftsgläubiger nach § 128 S. 1 HGB vielmehr **primär**, d.h. der Gläubiger hat freie Wahl, ob er gegen die OHG oder einzelne Gesellschafter vorgehen will. Maier kann den Dietrich daher nicht an die OHG verweisen.

Ausnahme

Eine klausurrelevante Abweichung vom Grundsatz der primären Gesellschafterhaftung besteht bei sog. **Drittgläubigerbeziehungen**: 282

> **Bsp.:** *Maier und Huber sind Gesellschafter der MH-Landmaschinenvertriebs-OHG. Kurz vor Weihnachten fällt der Bürocomputer der OHG irreparabel aus. Für ein - dringend benötigtes - Ersatzgerät werden aufgrund des Weihnachtsgeschäfts im Fachhandel weit überhöhte Preise verlangt. Daher erklärt sich Maier bereit, der OHG seinen erst kürzlich erworbenen PC zum Preis von 3.000 € zu verkaufen. Um die für ihn jetzt computer(spiel)lose Zeit zu überbrücken, beschließt Maier, den Huber ein wenig zu ärgern und von ihm persönlich Kaufpreiszahlung zu verlangen. Huber verweigert die Zahlung und verweist den Maier an die OHG. Zu Recht?*
>
> Eine Haftung des Huber gem. § 128 S. 1 HGB besteht grundsätzlich. Insbesondere handelt es sich bei dem Anspruch des Maier aus § 433 II BGB nicht um eine Sozialverpflichtung der Gesellschaft. Maier steht der OHG hier vielmehr wie ein beliebiger Dritter gegenüber (sog. Drittgläubigerbeziehung). Da die Gesellschafter einer OHG den Gesellschaftsgläubigern grds. primär haften, brauchen diese sich auch nicht an die Gesellschaft selbst verweisen zu lassen.
>
> Eine Besonderheit ergibt sich hier aber zum einen daraus, dass Huber nach seiner Inanspruchnahme seinerseits bei Maier Rückgriff nehmen könnte, §§ 426 I, II BGB. Da Maier seinen Verlustanteil daher sofort wieder zurückzahlen müsste, muss dieser Anteil gem. § 242 BGB bereits bei der Inanspruchnahme des Huber abgezogen werden. Eine Haftung des Huber kommt daher allenfalls i.H.v. 1.500 € in Betracht.

hemmer-Methode: Richtige Einordnung! Es handelt sich hier lediglich um einen Anwendungsfall des allgemeinen Arglisteinwandes „dolo facit, qui petit, quod statim redditurus est".

> Darüber hinaus ist zu berücksichtigen, dass Maier auch in seiner Eigenschaft als Drittgläubiger der gesellschaftsrechtlichen Treuepflicht unterliegt. Diese führt dazu, dass der Gesellschafter sich primär an die Gesellschaft zu halten hat und nur subsidiär, d.h. wenn und soweit er Befriedigung von dieser nicht erlangen kann, seine Mitgesellschafter in Anspruch nehmen kann. Da hier keine Anhaltspunkte für Zahlungsschwierigkeiten der OHG vorliegen, kann Huber die Zahlung vollständig verweigern.

(4) Unbeschränkte und unbeschränkbare Haftung

unbeschränkt und unbeschränkbar

Unbeschränkte Haftung bedeutet, dass jeder Gesellschafter mit seinem **gesamten** Privatvermögen haftet, nicht lediglich mit seinem Anteil am Gesellschaftsvermögen und nicht lediglich summenmäßig beschränkt. Die Haftung ist gem. § 128 S. 2 HGB **unbeschränkbar**. 283

(5) Gesamtschuldnerische Haftung

gesamtschuldnerisch

§ 128 S. 1 HGB ordnet weiterhin an, dass die Gesellschafter untereinander als **Gesamtschuldner** i.S.d. § 421 ff. BGB haften. 284

hemmer-Methode: Keine (echte) Gesamtschuld besteht hingegen zwischen der Gesellschaft und den Gesellschaftern, vgl. oben Rn. 120.

cc) Inhalt der Haftung

(1) Grundsatz: Erfüllung in Natur

Erfüllungstheorie und Haftungstheorie

Weiterhin stellt sich die Frage, ob der einzelne Gesellschafter die gleiche Leistung wie die OHG, also Erfüllung der Gesellschaftsschuld in Natur schuldet (sog. **Erfüllungstheorie**), oder ob ihn nur eine Einstandspflicht für das Interesse trifft, er also nur Leistung von Geldersatz schuldet (sog. **Haftungstheorie**). 285

Bsp.: *Die M & H-Landmaschinen-OHG betreibt auch eine Reparaturwerkstatt. Als Technik-Freak übernimmt Maier die Arbeit in der Werkstatt, während Huber, der „zwei linke Hände" hat, die Büroarbeiten verrichtet. Dietrich hatte die OHG mit der Reparatur seines Traktors beauftragt. Unmittelbar nach Abschluss der Reparatur fährt Maier in den wohlverdienten Urlaub. Als Dietrich sein Fahrzeug abholen will, streikt der Motor während der Probefahrt erneut. Dietrich verlangt entrüstet von Huber persönlich Nachbesserung. Huber meint, ihm als Diplom-Betriebswirt sei es unzumutbar, sich selbst „die Finger schmutzig zu machen". Dietrich könne jedoch gern eine andere Werkstatt mit der Reparatur beauftragen und ihm dann die Rechnung schicken. Muss Dietrich sich auf diesen Vorschlag einlassen?*

Ein Nachbesserungsanspruch des Dietrich gegen Huber könnte sich aus §**§ 634 Nr. 1, 635 BGB i.V.m. § 128 S. 1 HGB** ergeben. Die Voraussetzungen der §§ 634 Nr. 1, 635 BGB gegenüber der OHG sind gegeben. Für diesen Nachbesserungsanspruch haftet der Huber gem. § 128 S. 1 HGB auch persönlich.

Umstritten ist jedoch, ob Dietrich von Huber **Erfüllung in Natur (sog. Erfüllungstheorie)** oder nur **Geldersatz (sog. Haftungstheorie)** verlangen kann.

hemmer-Methode: Effizientes Lernen! Der Streit hat überhaupt keine Bedeutung, wenn die OHG nur Geld schuldet, was sowohl bei Primär- (z.B. § 433 II BGB), als auch bei Sekundäransprüchen (z.B. § 280 I BGB) der Fall sein kann. Geldschulden kann und muss der Gesellschafter immer in Natur erfüllen.

aber vertragl. Beschränkung möglich

Bevor man diese Frage allgemein erörtert, ist zunächst zu prüfen, ob sich nicht aus dem geschlossenen Vertrag selbst die Antwort ergibt. Nach dem Grundsatz der Privatautonomie steht es den Parteien (also der OHG und ihrem Vertragspartner) nämlich frei, von vornherein zu vereinbaren, dass sich die **Erfüllungspflicht in Natur auf die Gesellschaft beschränken** soll. § 128 S. 2 HGB steht dem nicht entgegen, da diese Norm nur interne Vereinbarungen zwischen den Gesellschaftern umfasst. 286

Auslegung

Eine solche Beschränkung kann sich auch im Wege der Auslegung, §§ 133, 157 BGB, ergeben. Davon wird insbesondere auszugehen sein, wenn die Leistung **für den Gläubiger erkennbar** nur von der Gesellschaft erbracht werden kann.

> Im Beispielsfall ergibt eine Auslegung des Werkvertrages gem. §§ 133, 157 BGB **keine** derartige Haftungsbeschränkung. Insbesondere kann die versprochene Werkleistung, nämlich die Reparatur des Traktors, nicht nur von der M & H-OHG, sondern von jeder beliebigen Werkstatt erbracht werden (vertretbare Leistung). Daher muss die Streitfrage nach dem Inhalt der Gesellschafterhaftung hier grundsätzlich entschieden werden.

Haftungstheorie

Nach der sog. **Haftungstheorie** schuldet der einzelne Gesellschafter nicht Erfüllung, sondern hat nur für die Erfüllung der Verbindlichkeit durch die Gesellschaft einzustehen. Er selbst schuldet daher generell nur Geldersatz. Zur Begründung wird angeführt, dass die Gesellschaftsschuld aus der Sphäre der Gesellschaftsorganisation stamme und auch nur mit deren Mitteln erfüllt werden müsse. Eine andere Regelung würde den Gesellschafter zu stark in seiner Privatsphäre beeinträchtigen. 287

Erfüllungstheorie

Folgt man hingegen der sog. **Erfüllungstheorie**, so kann der Gläubiger vom Gesellschafter dieselbe Leistung wie von der Gesellschaft verlangen (inhaltliche Akzessorietät). 288

Eine interessengerechte Lösung der Streitfrage muss sich am **Zweck des § 128 S. 1 HGB** orientieren. Unstreitig dient diese Norm allein dem Sicherheitsinteresse der Gesellschaftsgläubiger. Nur die Annahme einer Erfüllungspflicht bietet aber ein Höchstmaß an Sicherheit dafür, dass die von der Gesellschaft geschuldete Leistung auch tatsächlich erbracht wird. Würde man den Gesellschaftsgläubiger auf das Interesse verweisen, wäre der Gläubiger faktisch daran gehindert, sich primär an die Gesellschafter zu halten. Sein oben beschriebenes Wahlrecht wäre nicht viel wert. Für den gleichen Inhalt der Gesellschafts- und der Gesellschafterschuld sprechen auch die parallelen Verteidigungsmöglichkeiten der Gesellschafter, § 129 I HGB.

Grundsatz: Erfüllung in Natur

Es ist also mit der h.M. grds. davon auszugehen, dass die Gesellschafter persönlich auf **Erfüllung in Natur** und nicht nur auf Leistung des Interesses in Geld haften. 289

Nach der herrschenden Erfüllungstheorie kann Dietrich von Huber also grds. Leistung in Natur verlangen.

(2) Ausnahme: Unzumutbarkeit

Ausnahme bei Unzumutbarkeit

Allerdings wird der Grundsatz der Erfüllung in Natur von der h.M. dann durchbrochen, wenn eine solche dem Gesellschafter nicht zumutbar ist. Dies soll dann der Fall sein, wenn die Naturalerfüllungspflicht den Gesellschafter in seiner Privatsphäre wesentlich einschneidender als eine bloße Geldleistung beeinträchtigt. *290*

hemmer-Methode: Diese Interessenabwägung wird insbes. vom BGH vorgenommen. Ein Teil der Literatur kritisiert daran, dass sich eine solche Auslegung nicht aus dem Gesetz ergibt. Allerdings rechtfertigt sich die Abwägung aus der ratio legis des § 128 S. 1 HGB und spiegelt letztlich die oben angeführten Argumente für und gegen die Erfüllungstheorie wider.

Fallgruppen

Da dieses Kriterium unbestimmt ist, empfiehlt es sich, bestimmte Fallgruppen zu bilden: *291*

Gesellschaft schuldet vertretbare Leistung

Schuldet die Gesellschaft eine vertretbare Leistung, so wird die Abwägung zwischen Gläubiger- und Gesellschafterinteresse regelmäßig den Vorrang des Gläubigerinteresses ergeben. *292*

So auch im Beispielsfall: Ausnahmsweise müsste Huber dem Dietrich dann nur auf dessen Interesse haften, wenn ihm die naturale Erfüllung unmöglich oder unzumutbar wäre. Unmöglichkeit ist hier nicht gegeben: Selbst wenn Huber als Dipl.-Betriebswirt die Reparatur nicht selbst vornehmen kann, so ist es ihm doch möglich, den Nachbesserungsanspruch dadurch zu erfüllen, dass er eine andere Werkstatt damit beauftragt. Diese Belastung ist ihm auch durchaus zumutbar: Da er die Nachbesserung nicht in Person vornehmen muss, ist er nicht stärker belastet, als durch eine bloße Geldleistung.

Dietrich kann somit von Huber Nachbesserung gem. §§ 634 Nr. 1, 635 BGB i.V.m. § 128 S. 1 HGB verlangen.

Gesellschaft schuldet unvertretbare Leistung

Von einer Haftung des Gesellschafters nur auf das Interesse ist hingegen grds. dann auszugehen, wenn die Gesellschaft eine **unvertretbare Leistung** schuldet. Ist die Leistung für den Gläubiger erkennbar allein der OHG möglich, so wird sich diese Haftungsbeschränkung i.d.R. bereits aus der Vertragsauslegung ergeben, vgl. oben Rn. 286. *293*

hemmer-Methode: In diesem Zusammenhang hatte der BGH eine Konstellation bei der GbR zu beurteilen, bezogen auf die es hinsichtlich der Begründung der Haftung mit 128 HGB analog aber keinen Unterschied gibt:

Schuldet die Gesellschaft die Abgabe einer Willenserklärung (hier: Bestellung einer Grunddienstbarkeit), haften die Gesellschafter dafür nicht persönlich. Denn die Rechtskraft eines Urteils könnte nicht die Willenserklärung ersetzen, § 894 ZPO, welche für den Erfolg erforderlich wäre, BGH NJW 2008, 1378 ff.

Fraglich ist jedoch, wie es sich verhält, wenn der geschuldete Ge- 294
genstand sich im Privatvermögen eines Gesellschafters befindet.

Bsp.: Maier und Huber sind Gesellschafter der M & H-OHG, die ihren Geschäftsbereich auf den Verkauf von Immobilien erweitert hat. Als Maier eines Tages im Lotto gewinnt, ersteht er für sich und seine Familie eine Luxusvilla im Grünen. Huber, der mit seiner Familie eine kleine Sozialwohnung bewohnt, gönnt seinem Kompagnon den neuen Reichtum nicht und verkauft das Villengrundstück des Maier im Namen der OHG formgültig an den Dietrich.

Dieser verlangt nun von dem entsetzten Maier Übereignung.
Zu Recht?

Ein solcher Anspruch des Dietrich gegen Maier könnte sich aus **§ 433 I S. 1 BGB i.V.m. § 128 S. 1 HGB** ergeben. Voraussetzung ist demnach zunächst, dass die M & H-OHG dem Dietrich Übereignung des Grundstücks schuldet. Ein den Formerfordernissen des § 311b I S. 1 BGB genügender Kaufvertrag wurde laut Sachverhalt geschlossen. Da aber der Gesellschafter Maier weder verpflichtet, noch bereit war und ist, sein Grundstück in die Gesellschaft einzubringen, war der OHG die Erfüllung des Kaufvertrages von Anfang an subjektiv unmöglich. Dietrich kann von der M & H-OHG daher **nur Schadensersatz gem. § 311a II BGB** verlangen.

Nur für diese Verbindlichkeit der OHG haftet der Maier gem. § 128 S. 1 HGB persönlich. Ein Anspruch des Dietrich auf Übereignung besteht dagegen nicht.

anders bei Einlageverpflichtung

Anders liegt der Fall nur, wenn der betreffende Gesellschafter ge- 295
genüber der Gesellschaft zur Einbringung des Gegenstandes verpflichtet ist.

Abwandlung: Wie Ausgangsfall, nur hat sich Maier im Gesellschaftsvertrag formgültig verpflichtet, das Grundstück zu Eigentum der OHG einzubringen.

Hier ist der OHG die Erfüllung ihrer Verbindlichkeit aus § 433 I S. 1 BGB nicht (dauerhaft) unmöglich, da sie gegen den Maier einen Anspruch auf Übereignung des Grundstücks hat. Für diese Verbindlichkeit haftet der Maier gem. § 128 S. 1 HGB persönlich und nach der sog. Erfüllungstheorie auch in natura.

Die Übereignung ist ihm sowohl möglich, als auch zumutbar, da er sich gesellschaftsvertraglich zur Einbringung des Grundstücks verpflichtet hatte und somit seine gesellschaftsfreie Privatsphäre vorliegend überhaupt nicht berührt ist. Dietrich kann von Maier Übereignung gem. § 433 I S. 1 BGB i.V.m. § 128 S. 1 HGB verlangen.

hemmer-Methode: Bei diesem „Villengrundstücks-Fall" handelt es sich um ein klassisches Schulbeispiel. In manchen „Musterlösungen" wird hier lang und breit über die Zumutbarkeit debattiert und dabei übersehen, dass sich die richtige Lösung bereits aus der korrekten Anwendung des allgemeinen Schuldrechts ergibt. Machen Sie es in der Klausur besser!

296

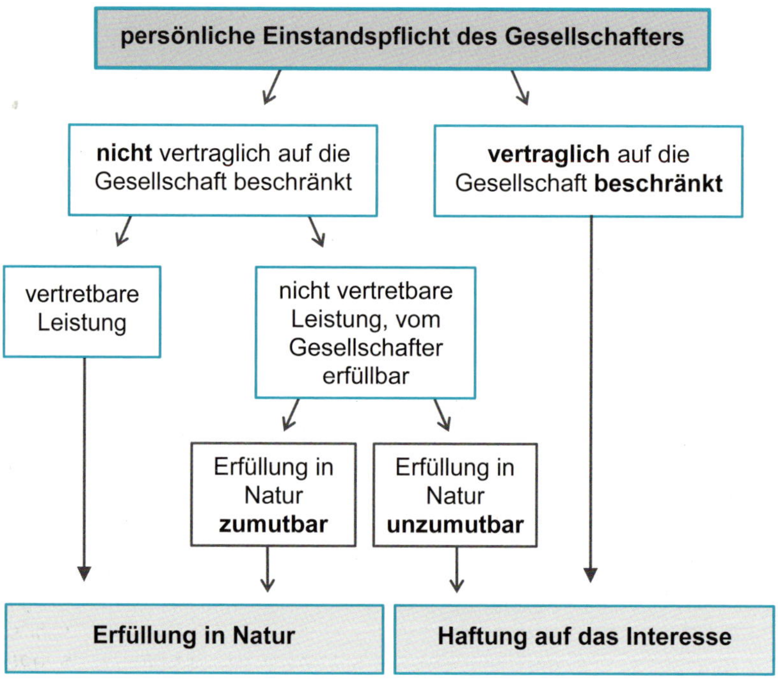

dd) Verteidigungsmöglichkeiten der Gesellschafter

§ 129 HGB

Die Verteidigungsmöglichkeiten des in Anspruch genommenen Gesellschafters sind in **§ 129 HGB** aufgeführt. 297

(1) Eigene Gegenrechte

eigene Gegenrechte

Zunächst kann der Gesellschafter dem Gesellschaftsgläubiger unproblematisch diejenigen Einwendungen und Einreden entgegenhalten, die sich aus seiner persönlichen Rechtsbeziehung zum Gläubiger ergeben. 298

Zudem kann er auch alle **in seiner Person begründeten** Gestaltungsrechte ausüben. Dies ergibt sich bereits aus dem allgemeinen Schuldrecht; § 129 I HGB hat insoweit nur klarstellende Funktion.

Bsp.: Dietrich hat einen Kaufpreisanspruch gegen die M & H-OHG in Höhe von 100 €. Da er privat Tennisunterricht bei dem Gesellschafter Huber nimmt, schuldet er diesem noch 100 €.

Sollte Dietrich den Huber nun gem. §§ 433 II BGB, 128 S. 1 HGB persönlich in Anspruch nehmen, so könnte dieser sich dadurch verteidigen, dass er mit seiner Lohnforderung aus § 611 I BGB aufrechnet, §§ 387 ff. BGB.

hemmer-Methode: Wie Sie sehen, können sich die Ansprüche gegen die OHG bzw. die einzelnen Gesellschafter durchaus unterschiedlich entwickeln. Das Gesetz trägt diesem Umstand in § 129 IV HGB dadurch Rechnung, dass zur Zwangsvollstreckung in das Privatvermögen eines Gesellschafters ein Titel gegen die Gesellschaft nicht ausreicht.

(2) Gegenrechte der Gesellschaft

Inhalts-akzessorietät, § 129 I HGB

Darüber hinaus kann der Gesellschafter auch alle Einwendungen erheben, welche die Gesellschaft selbst (noch) erheben könnte, § 129 I HGB. Der Begriff der Einwendungen ist hier untechnisch gebraucht und umfasst auch alle Einreden. 299

Ausübung eines GestaltungsR setzt Vertretungsmacht voraus

Ein wenig komplizierter ist die Lage, falls der Gesellschaft Gestaltungsrechte (z.B. Anfechtung, Aufrechnung, Kündigung, Rücktritt, Minderung) zustehen, die **noch nicht ausgeübt** wurden. Solche können für die OHG nämlich nur durch vertretungsberechtigte Gesellschafter wirksam abgegeben werden. 300

Bsp.: Maier und Huber sind Gesellschafter der M & H-Landmaschinenvertriebs-OHG, wobei Maier von der Geschäftsführung und Vertretung ausgeschlossen ist. Die OHG sucht seit längerer Zeit für einen Kunden eine gebrauchte Zuckerrübenzerkleinerungsmaschine.

Das bringt den Dietrich auf die Idee, der OHG seine alte Häckselmaschine zum Preis von 5.000 € „anzudrehen“, wobei er wider besseres Wissen behauptet, diese sei auch hervorragend für Zuckerrüben geeignet. Nach Abschluss des Kaufvertrages mit der M & H-OHG verlangt Dietrich - da Huber sich im Urlaub befindet - nun von Maier persönlich Zahlung der 5.000 €. Dieser weigert zu zahlen. Das Geschäft könne nicht gelten, weil Dietrich die Gesellschaft betrogen habe. Wie ist die Rechtslage?

Anspruch des Dietrich gegen Maier aus § 433 II BGB i.V.m. § 128 S. 1 HGB.

Mit Abschluss des Kaufvertrages ist ein Anspruch des Dietrich gegen die M & H-OHG auf Zahlung von 5.000 € entstanden, § 433 II BGB. Für diesen Anspruch haftet der Gesellschafter Maier gem. § 128 S. 1 HGB persönlich.

Fraglich ist allein, ob Maier seiner Inanspruchnahme Gegenrechte entgegenhalten kann.

Wie § 129 I HGB klarstellt, kann der in Anspruch genommene Gesellschafter zunächst solche Einwendungen und Einreden entgegenhalten, die sich aus seiner persönlichen Rechtsbeziehung zum Gläubiger ergeben. Dafür liegen aber hier keine Anhaltspunkte vor.

Des Weiteren kann der Gesellschafter gem. § 129 I HGB auch alle Einwendungen und Einreden erheben, welche die Gesellschaft selbst erheben könnte. In Betracht kommt hier die rechtsvernichtende Einwendung der Anfechtung, § 142 I BGB. Der Anfechtungsgrund des § 123 I BGB ist gegeben. Die Anfechtung müsste jedoch darüber hinaus dem Dietrich auch erklärt worden sein, § 143 I BGB. Zwar erfüllt die Entgegnung des Maier grds. die Anforderungen an eine Anfechtungserklärung; sie entfaltet aber mangels Vertretungsbefugnis des Maier keine Wirkung für die OHG.

Einrede der Gestaltbarkeit, § 129 II, III HGB

In dieser Situation muss aber auch der nicht vertretungsberechtigte Gesellschafter vor seiner Inanspruchnahme geschützt werden, da er ansonsten, sollte die Gesellschaft ihr Gestaltungsrecht doch noch ausüben, seine Leistung an den Gläubiger nur mit Hilfe des schwachen Bereicherungsrechts (vgl. § 818 III BGB) zurückfordern könnte. Daher kann jeder Gesellschafter gem. **§ 129 II, III HGB** Gestaltungsrechte und -möglichkeiten der Gesellschaft wenigstens einredeweise geltend machen (sog. **Einrede der Gestaltbarkeit**). 301

Maier kann daher gem. § 129 II HGB die Zahlung an Dietrich verweigern, solange der Kaufvertrag durch die OHG anfechtbar ist.

Zusätzlich besteht für Maier die Möglichkeit den Arglisteinwand, § 853 BGB, über § 129 I HGB geltend zu machen: Das betrügerische Vorspiegeln, die Häckselmaschine sei für die Verarbeitung von Zuckerrüben geeignet, stellt eine deliktische Handlung i.S.d. §§ 823 II BGB, 263 StGB und 826 BGB dar.

Damit steht der Gesellschaft gegen die Kaufpreisforderung der Arglisteinwand des § 853 BGB zu. Das kann bedeutsam sein, weil die Anfechtung innerhalb eines Jahres erfolgen muss, (Ausschlussfrist des § 124), die Verjährung aber gem. § 195, 199 BGB drei Jahre beträgt - jeweils ab Kenntniserlangung.

hemmer-Methode: Kein isoliertes Lernen! Haben Sie die Parallelen zur Bürgschaft bemerkt? Auch hier geben Gestaltungsrechte des Hauptschuldners dem Bürgen nur die Einrede der Gestaltbarkeit, § 770 BGB.

Lesen Sie Life&Law 1998, 759 ff. (762), wenn Sie die Unterschiede zwischen Bürgschaft und Gesellschafterhaftung vertiefen wollen. Dort werden auch die komplexen Probleme um die Verjährungsunterbrechung im Vergleich dargestellt.

§ 129 II, III HGB analog

Aufgrund der identischen Interessenlage ist die **analoge Anwendbarkeit des § 129 II, III HGB** über Anfechtung und Aufrechnung hinaus auch für andere Gestaltungsrechte und Gestaltungsmöglichkeiten allgemein anerkannt. 302

(a) Problem: Auslegung des § 129 III HGB

Problem: § 129 III HGB

Probleme bereitet jedoch der Wortlaut des § 129 III HGB, wonach es entscheidend auf die Aufrechnungsbefugnis des Gläubigers ankommen soll. 303

Bsp.: *Dietrich hat einen Kaufpreisanspruch i.H.v. 10.000 € gegen die M & H-OHG. Als die OHG trotz mehrfacher Aufforderung nicht zahlt, greift der aufgebrachte Dietrich zur „Selbsthilfe" und demoliert eines Nachts einen auf dem Werksgelände der OHG abgestellten Mähdrescher. Dabei entsteht ein Schaden von 12.000 €. Als Dietrich einige Tage später mitbekommt, dass der nicht vertretungsbefugte Gesellschafter Maier der M & H-OHG recht vermögend ist, verlangt er von diesem persönlich Kaufpreiszahlung. Zu Recht?*

Fraglich ist hier allein, ob Maier gegen den Anspruch des Dietrich aus §§ 433 II BGB, 128 S. 1 HGB die Einrede der Aufrechenbarkeit gem. § 129 III HGB erheben kann. Nach dem Wortlaut des § 129 III HGB wäre dies dann der Fall, wenn Dietrich sich durch Aufrechnung gegen eine Gesellschaftsforderung befriedigen könnte. Die Aufrechnung gegen die Schadensersatzforderung der OHG aus § 823 I BGB ist dem Dietrich hier jedoch durch § 393 BGB versagt. Nach dem Wortlaut des § 129 III HGB liegen die Voraussetzungen der Einrede der Aufrechenbarkeit somit **nicht** vor.

Dieses - rein formal korrekte - Ergebnis kann jedoch materiell nicht überzeugen: Der Zweck des § 393 BGB liegt hauptsächlich darin, zu verhindern, dass ein Gläubiger „Privatrache" an einem Schuldner nehmen kann, ohne zivilrechtliche Sanktionen befürchten zu müssen. Geschützt werden soll also der deliktisch Geschädigte.

Die Formulierung des § 129 III HGB führte nun jedoch dazu, dass ausgerechnet dem vorsätzlichen deliktischen Schädiger die Einrede der Aufrechenbarkeit nicht entgegengehalten werden könnte. Geschützt würde also im Ergebnis der Schädiger. Das kann nicht richtig sein.

Gestaltungsbefugnis der Gesellschaft entscheidet

Der Wortlaut des § 129 III HGB ist offensichtlich missglückt. Abzustellen ist richtigerweise **allein auf die Gestaltungsbefugnis der Gesellschaft**, nicht auf die des Gläubigers. 304

Nach dem Grundsatz der Durchsetzungsakzessorietät muss es daher vielmehr auf die Aufrechnungsbefugnis der Gesellschaft ankommen. Da die M & H-OHG vorliegend ohne weiteres mit ihrem Schadensersatzanspruch gegen den Kaufpreisanspruch aufrechnen könnte (vgl. Wortlaut des § 393 BGB: „*Gegen* eine Forderung..."), kann Maier gem. § 129 III HGB die Zahlung verweigern.

hemmer-Methode: Beachten Sie auch hier die Parallelproblematik bei der Bürgschaft aufgrund der ähnlichen Formulierung des § 770 II BGB.

(b) Problem: Wirkung der Verjährungseinrede

Einrede der Verjährung

Besonders klausur- und praxisrelevant ist im Zusammenhang mit § 129 I HGB die Einrede der Verjährung, § 214 I BGB. 305

Hier stellt sich häufig die Frage, ob eine Hemmungsmaßnahme gem. § 204 BGB gegenüber der Gesellschaft auch gegenüber dem Gesellschafter hemmende Wirkung hat.

Bsp.: *Dietrich hat gegen die M & H-OHG einen Kaufpreisanspruch i.H.v. 150.000 €, der mit Ablauf des 31.12.2015 verjährt. Zur Vermeidung erhebt Dietrich noch am 27.12.2015 Klage gegen die Gesellschaft. Im Jahr 2016 wird die OHG zur Zahlung verurteilt. Ein Vollstreckungsversuch des Dietrich in das Gesellschaftsvermögen scheitert jedoch, da die OHG über kein nennenswertes Vermögen mehr verfügt. Als Dietrich sich deshalb an den Gesellschafter Maier persönlich halten will, erhebt dieser die Einrede der Verjährung. Wie ist die Rechtslage?*

Klage gegen Gesellschaft. Folge: Verjährung gehemmt. Kann sich der Gesellschafter trotzdem auf die Verjährung berufen? oder ist auch seine Verjährung gehemmt? ↳ vgl. Fall 1

Klage gegen Gesellschafter persönlich. Folge: Verjährung gehemmt. Kann sich der Gesellschafter auf die Verjährung des Anspruchs gegen die Gesellschaft berufen? ↳ vgl. Fall 3 (S. 114 links oben)

Anspruch des Dietrich gegen Maier auf Zahlung von 150.000 € aus § 433 II BGB i.V.m. § 128 S. 1 HGB

Allein fraglich ist hier, ob Maier die Einrede der Verjährung (§ 214 I BGB) erheben kann, § 129 I HGB.

Der OHG steht die Verjährungseinrede nicht zu, da der Lauf der Verjährung durch die Klageerhebung gehemmt wurde, §§ 204 I, 209 BGB. Mangels einer Einrede **der Gesellschaft** kann sich Maier auch nicht gem. § 129 I HGB auf eine solche berufen.

Fraglich ist jedoch, ob ihm dadurch auch die **persönliche** Einrede der Verjährung abgeschnitten ist.

M.M.: Hemmung gegen OHG wirkt nicht gegen Gesellschafter

Grundsätzlich ist davon auszugehen, dass die Ansprüche gegen die 306
Gesellschaft und gegen die Gesellschafter einer eigenständigen Verjährung unterliegen, vgl. auch § 159 I HGB. Gegen eine Auswirkung der Verjährungshemmung gegenüber der Gesellschaft auf die Gesellschafterverpflichtung spricht zudem, dass der Gesellschafter aufgrund von § 124 I HGB u.U. von der Unterbrechung gar nicht erfährt und somit die Befriedungsfunktion der Verjährungseinrede ausgehebelt werden könnte.

Nach dieser Ansicht wurde die Verjährung des Anspruchs des Dietrich gegen Maier persönlich aus §§ 433 II BGB, 128 S. 1 HGB durch die Klageerhebung gegenüber der OHG nicht gehemmt. Maier kann daher die Zahlung verweigern, § 214 I BGB.

dagegen h.M.: wirkt auch gegen Gesellschafter

Eine Differenzierung danach, ob der betreffende Gesellschafter von 307
dem Prozess gegen die Gesellschaft wusste, würde jedoch große Rechtsunsicherheit hervorrufen. Außerdem muss sich nach dem Prinzip der Inhaltsakzessorietät der Inhalt der Gesellschafterverpflichtung stets nach dem der Gesellschaftsverbindlichkeit richten. Hätte eine Hemmungsmaßnahme gegenüber der OHG keine Wirkung gegenüber dem einzelnen Gesellschafter, wäre das Wahlrecht des Gläubigers, wen er in Anspruch nehmen will, stark eingeschränkt.

Nach h.M. wirkt eine gegenüber der Gesellschaft vorgenommene Verjährungshemmung auch gegenüber den einzelnen Gesellschaftern. Auch Maier persönlich ist daher die Einrede der Verjährung abgeschnitten.

hemmer-Methode: Entscheiden Sie sich im Zweifel klausurtaktisch für die h.M., um nicht die sich regelmäßig anschließende Rückgriffsproblematik des in Anspruch genommenen Gesellschafters vorzeitig abzuschneiden. In der Klausur gilt bekanntlich „Probleme schaffen, nicht wegschaffen!“

Natürlich ist auch der umgekehrte Fall denkbar:

Abwandlung: *Diesmal verklagt Dietrich nur den Gesellschafter Maier. Als er merkt, dass bei diesem nichts zu holen ist, will er die M & H-OHG selbst in Anspruch nehmen. Diese beruft sich nun auf Verjährung.*

Hemmung gegen Gesellschafter wirkt nicht gegen OHG

Hier stellt sich die Frage, ob eine Klage gegen den Gesellschafter 308
auch die Verjährung der Gesellschaftsschuld hemmt. Dies wird jedoch weithin abgelehnt: Die Gesellschafterschuld sei der Gesellschaftsschuld akzessorisch, nicht umgekehrt.

Die M & H-OHG kann danach die Zahlung verweigern, § 214 I BGB.

Folgeproblem

Dieses Ergebnis kann freilich weitere Probleme nach sich ziehen: 309

Abwandlung: *Als Maier von der erfolgreichen Verteidigung der OHG hört, beruft er sich im noch laufenden Prozess des Dietrich gegen ihn umgehend gem. § 129 I HGB auf die Verjährung der Gesellschaftsschuld.*

vgl Fall 3

Der **BGH** hat die Möglichkeit des Gesellschafters abgelehnt, sich auf die Verjährung der Gesellschaftsschuld zu berufen, wenn ihm persönlich gegenüber die Verjährung rechtzeitig gehemmt wurde. Ansonsten müsste der Gläubiger mit vollem Kostenrisiko auch dann gegen die Gesellschaft klagen, wenn der Rechtsstreit wegen Vermögenslosigkeit der Gesellschaft praktisch sinnlos ist.

Nach **a.A.** muss der Gesellschafter hingegen die Möglichkeit haben, sich auf die Verjährung der Gesellschaftsverbindlichkeit zu berufen, da andernfalls die Gefahr des Rückgriffs des in Anspruch genommenen Gesellschafters gegenüber der Gesellschaft bestünde und Letzterer im Ergebnis so die Verjährungseinrede abgeschnitten würde.

hemmer-Methode: Die Wechselwirkung der Verjährungshemmung zwischen Gesellschafts- und Gesellschafterschuld wurde hier etwas ausführlicher dargestellt, weil es sich dabei um einen „Klassiker“ handelt, den Sie sicher beherrschen sollten.
Da es gute Argumente für beide Seiten gibt, sollten Sie an mögliche Folgeprobleme denken (Gesellschafterregress!) und sich auch hier im Zweifel klausurtaktisch sinnvoll entscheiden.

ee) Rückgriffsansprüche des in Anspruch genommenen Gesellschafters

§ 110 I 1. Alt. HGB

Ein Gesellschafter, der wegen einer Gesellschaftsschuld in Anspruch genommen wird, kann bei der OHG gem. **§ 110 I 1. Alt. HGB** Rückgriff nehmen. Die für das Tatbestandsmerkmal „Aufwendungen“ erforderliche Freiwilligkeit des Vermögensopfers ist zu bejahen, da im Innenverhältnis allein die Gesellschaft verpflichtet sein soll. 310

V. Änderungen im Gesellschafterbestand

1. Eintritt in eine bestehende OHG

a) Voraussetzungen

Auch zum Eintritt in eine OHG ist ein sog. Aufnahmevertrag notwendig. Dieser bedarf als Grundlagengeschäft der Zustimmung aller Gesellschafter, soweit im Gesellschaftsvertrag nicht etwas anderes vereinbart ist. 311

b) Haftung des Eintretenden

Diff.: Zeitpunkt der Entstehung der Forderung

Bei der Haftung eines eintretenden Gesellschafters muss stets zwischen den nach seinem Eintritt entstehenden Verbindlichkeiten und der Haftung für solche unterschieden werden, die bereits vor seinem Eintritt entstanden waren. 312

Bsp.: *Maier und Huber betreiben eine OHG. Schulze wird durch Aufnahmevertrag mit Maier und Huber zum 09.09.2015 in die OHG aufgenommen. Am 10.10.2015 kauft die OHG bei Dietrich Ersatzteile für 5.000 €. Schon am 01.10.2014 hatte die Profit-Bank der Gesellschaft 100.000 € als Darlehen überlassen. Weil sie wissen, dass Schulze der einzige ist, von dem „etwas zu holen ist", wollen die Bank und Dietrich den Schulze für ihre Forderungen gegen die OHG persönlich in Anspruch nehmen. Schulze verweigert jegliche Zahlung. Er habe mit Maier und Huber vereinbart, dass die Gesellschafterstellung im ersten Jahr nur „probeweise" bestehe und er nicht für Gesellschaftsschulden haften müsse. Der von der Profit-Bank behauptete Anspruch sei zudem schon deshalb völlig abwegig, weil er, Schulze, zum Zeitpunkt des Abschlusses des Darlehensvertrags noch gar nicht Gesellschafter gewesen sei.*

Wie ist die Rechtslage?

Neuschulden: § 128 S. 1 HGB

Dass ein Gesellschafter für Schulden haftet, die nach seinem Eintritt begründet werden (sog. Neuschulden) ergibt sich unproblematisch aus § 128 S. 1 HGB. 313

Dietrich hat einen Anspruch gegen Schulze aus **§ 433 II BGB i.V.m. § 128 S. 1 HGB** auf Zahlung von 5.000 €. Es bestand eine entsprechende Verbindlichkeit der Gesellschaft und Schulze war zum Zeitpunkt ihrer Begründung bereits Gesellschafter. Wegen § 128 S. 2 HGB entfaltet der vereinbarte Haftungsausschluss keine Wirkung gegenüber Dietrich.

Ein Anspruch der Profit-Bank gegen Schulze hingegen ergibt sich jedenfalls nicht aus **§ 488 I BGB i.V.m. § 128 S. 1 HGB,** da Schulze zum Zeitpunkt der Begründung der Verbindlichkeit noch nicht Gesellschafter war.

Altschulden: § 130 HGB

Aber auch für Verbindlichkeiten die vor seinem Eintritt begründet wurden, sog. Altschulden, muss ein OHG-Gesellschafter haften. Dies bestimmt § 130 I HGB. Wie im Fall des § 128 S. 2 HGB ist diese Haftung unbeschränkt und im Außenverhältnis auch unbeschränkbar, § 130 II HGB. 314

Regelungsgrund

Diese weitreichende Haftung ergibt sich aus der konsequenten Weiterführung des Akzessorietätsgedankens: Für die Gesellschaftsverbindlichkeiten sollen stets alle derzeitigen OHG-Gesellschafter haften. Auf dieser weitreichenden persönlichen Haftung stützt sich letztlich die besondere Kreditwürdigkeit der OHG. 315

hemmer-Methode: Richtige Einordnung! Bei § 130 HGB geht es um den Eintritt in eine *bestehende* OHG. Davon ist die Vorschrift des § 28 HGB abzugrenzen. Dort entsteht eine OHG erst dadurch, dass jemand dem Geschäft eines Einzelkaufmanns beitritt. Auch hier kann sich eine Haftung des Beitretenden für Altschulden (nach §§ 28 I S. 1, 128 S. 1 HGB) ergeben. Im Gegensatz zu § 130 II HGB besteht aber die Möglichkeit eines Haftungsausschlusses nach § 28 II HGB. Unterstreichen Sie sich am besten das Wort „bestehende" Gesellschaft in § 130 I HGB.

Danach haftet Schulze auch der Profit-Bank gem. **§§ 488 I BGB, 130 I, 128 S. 1 HGB** auf Rückzahlung der Darlehensvaluta i.H.v. 100.000 €. Der vereinbarte Haftungsausschluss wirkt auch hier nicht gegenüber dem Gläubiger, § 130 II HGB.

2. Ausscheiden aus einer OHG

GbR: Fortsetzungsklausel erforderlich

Bei der GbR hatten wir noch festgestellt, dass Grundvoraussetzung für das Ausscheiden eines Gesellschafters eine Fortsetzungsklausel ist. Grund dafür war, dass das BGB für die verschiedenen Möglichkeiten des Wegfalls eines Gesellschafters ausnahmslos die Auflösung der GbR anordnet. 316

hemmer-Methode: Wiederholen Sie dazu oben die Rn. 193 ff.

§ 131 III HGB

Bei der OHG verhält es sich nun anders: **§ 131 III HGB** zählt verschiedene Gründe auf, bei deren Vorliegen der betreffende Gesellschafter aus der OHG ausscheidet, soweit nicht etwas anderes vereinbart ist. Der gesetzliche Regelfall ist also insoweit die Fortsetzung der OHG unter den übrigen Gesellschaftern. 317

hemmer-Methode: Vor Inkrafttreten des Handelsrechtsreformgesetzes zum 22.06.1998 galt auch für die OHG die Auflösung als gesetzliche Rechtsfolge des Wegfalls eines Gesellschafters. Die Neuregelung spiegelt hingegen die gängige Vertragspraxis wieder, wonach in aller Regel eine Fortsetzungsklausel vereinbart wurde. Zudem basiert sie auf dem sich wandelnden Verständnis: Der Grundsatz „Personenkontinuität vor Unternehmenskontinuität" gilt nicht mehr uneingeschränkt. Vielmehr soll nun die Gesellschaft als Unternehmen erhalten bleiben.

a) Voraussetzungen

Das Ausscheiden eines Gesellschafters kann einverständlich oder zwangsweise erfolgen. 318

aa) Einverständliches Ausscheiden

Kündigung oder einstimmiger Beschluss

Zunächst scheidet ein Gesellschafter aus, wenn er wirksam kündigt, § 131 III S. 1 Nr. 3 HGB. Ist nichts anderes vereinbart, so richtet sich das Kündigungsrecht nach den §§ 132, 134 HGB. Darüber hinaus kann ein Gesellschafter die OHG verlassen, wenn dem alle Gesellschafter (also auch er selbst!) zustimmen, § 131 III S. 1 Nr. 6 HGB. 319

bb) Zwangsweises Ausscheiden

§ 131 III S. 1 Nr. 1, 2, 4, 5 HGB

Weiterhin scheidet ein Gesellschafter nach der gesetzlichen Regel aus, wenn einer der folgenden Gründe vorliegt: 320

- **Tod** des Gesellschafters, § 131 III S. 1 Nr. 1 HGB
- Eröffnung des **Insolvenzverfahrens** über sein Vermögen, § 131 III S. 1 Nr. 2 HGB
- **Kündigung** durch einen seiner **Privatgläubiger**, §§ 131 III S. 1 Nr. 4, 135 HGB
- Eintritt eines **sonstigen** gesellschaftsvertraglich vereinbarten Grundes, § 131 III S. 1 Nr. 5 HGB

hemmer-Methode: Die Ausscheidensgründe des § 131 III S. 1 HGB sind nur insoweit abdingbar, als die Interessen Dritter nicht gefährdet werden.
Konkret heißt das beispielsweise: Abreden, denen zufolge die Eröffnung des Insolvenzverfahrens die Position des betreffenden Gesellschafters unberührt lässt, sind unwirksam. Zulässig ist hingegen die Vereinbarung der Auflösung für diesen Fall. Ähnliches gilt für Abreden, die in die Rechte des Privatgläubigers aus §§ 135, 131 III S. 1 Nr. 4 HGB eingreifen.

Ausschluss eines Gesellschafters, § 140 HGB

Der **Ausschluss eines Gesellschafters** erfolgt, soweit nichts anderes vereinbart ist, bei der OHG gem. **§ 140 HGB** durch ein richterliches Gestaltungsurteil (Ausschlussurteil). § 140 I S. 1 HGB stellt hierfür folgende Voraussetzungen auf: 321

- Die Klage muss von **allen übrigen Gesellschaftern** erhoben werden. Nur in besonderen Fällen werden dabei Mitgesellschafter aus der gesellschaftlichen Treuepflicht zur Zustimmung verpflichtet sein.
- In der Person des Auszuschließenden muss ein **wichtiger Grund** i.S.d. § 133 I, II HGB vorliegen. Diesbezüglich sind strenge Anforderungen zu stellen, da der Ausschluss als ultima ratio gilt. Soweit weniger einschneidende Maßnahmen zur Verfügung stehen und ausreichen (z.B. Entziehung von Geschäftsführungsbefugnis und Vertretungsmacht), darf ein Ausschlussurteil nicht ergehen.

hemmer-Methode: Mit dieser besonderen Form des Ausschlussverfahrens trägt das Gesetz zwei wesentlichen Unterschieden zur typischen GbR Rechnung: Zum einen dient die Notwendigkeit gerichtlicher Geltendmachung der im Handelsverkehr besonders erwünschten Rechtssicherheit. Zum anderen hat die Ausschließung für einen OHG-Gesellschafter regelmäßig weitreichendere wirtschaftliche Konsequenzen. Daher soll die Ausschließung nur als letztes Mittel eingesetzt werden können.

b) Rechtsfolgen des Ausscheidens

Anwachsungsprinzip

Auch bei der OHG wächst der Anteil des Ausscheidenden am Gesellschaftsvermögen den übrigen Gesellschaftern zu, § 738 I S. 1 BGB i.V.m. § 105 III HGB. 322

Keine Haftung für Neuschulden

Den Ausscheidenden trifft keine Haftung für Gesellschaftsschulden, die nach seinem Ausscheiden begründet wurden. 323

Nachhaftung für Altschulden

Für die bestehenden Verbindlichkeiten haftet der Ausscheidende gem. § 128 S. 1 HGB weiter. Diese Nachhaftung wird allerdings durch § 160 I HGB zeitlich auf fünf Jahre begrenzt (Präklusion). 324

Abfindungsanspruch

Der Ausscheidende kann von der OHG die Zahlung einer Abfindung gem. § 738 I 2 BGB i.V.m. § 105 III HGB verlangen. 325

hemmer-Methode: Beachten Sie, dass das Ausscheiden des Gesellschafters gem. § 143 II HGB zur Eintragung ins Handelsregister anzumelden ist.
Zwar ändert das Fehlen der Eintragung nichts an dem Ausscheiden des Gesellschafters. Aber hinsichtlich der Haftung kann der Ausgeschiedene Gesellschafter einem Gläubiger, der ihn in Anspruch nehmen will nicht entgegenhalten, dass er nicht mehr OHG-Gesellschafter ist. Das besagt § 15 I HGB, den wir unten (Rn. 481 ff.) noch genau erörtern werden.

3. Übertragung der Mitgliedschaft

Abtretung der Mitgliedschaft

Auch bei der OHG ist die Übertragung der Mitgliedschaft durch Abtretung gem. §§ 398, 413 BGB möglich und in der Praxis vorherrschend. Als Grundlagengeschäft setzt sie die Zustimmung aller Mitgesellschafter voraus. 326

Rechtsfolgen

Als Rechtsfolge der Übertragung der Mitgliedschaft geht die Mitgliedschaft als solche von dem Zedenten auf Zessionar über. Der Erwerber haftet gem. §§ 130 I, 128 S. 1 HGB für bestehende Verbindlichkeiten. Der Zedent haftet gem. § 160 HGB zeitlich begrenzt nach. Dabei ist zu berücksichtigen, dass das Ausscheiden zwar eine eintragungspflichtige Tatsache ist, § 143 II HGB. Allerdings ist diese Eintragung nicht konstitutiv für die 5-Jahresfrist des § 160 I S. 1 HGB. 327

Vielmehr genügt – wie bei der GbR, § 736 II BGB – die Kenntnis des Gesellschaftsgläubigers vom Ausscheiden (BGH Life&Law 2008, 6 ff.). Das läuft auf den ersten Blick zwar der Vorschrift des § 160 I S. 2 HGB zuwider. Allerdings will diese Vorschrift die Gesellschaft nur davon entbinden, jeden Gläubiger persönlich vom Ausscheiden in Kenntnis setzen zu müssen, indem das Ausscheiden eingetragen wird. Dann kann eine individuelle Inkenntnissetzung aber nicht anders beurteilt werden.

VI. Die Beendigung der OHG

3 Phasen

Die Beendigung der OHG vollzieht sich, ebenso wie bei der GbR, in drei Phasen: 328

1. Auflösung

Die **Auflösung** tritt mit dem Vorliegen eines Auflösungsgrundes ein. Die gesetzlichen Auflösungsgründe werden in § 131 ff. HGB genannt: 329

Auflösungsgründe

- Zeitablauf § 131 I Nr. 1 HGB
- Auflösungsbeschluss aller Gesellschafter, § 131 I Nr. 2 HGB
- Insolvenzeröffnung über das Gesellschaftsvermögen, § 131 I Nr. 3 HGB
- Gerichtsentscheidung, §§ 133 I, 131 I Nr. 4 HGB
- Kündigung der Gesellschaft gem. §§ 132, 134, 135 HGB

Zusätzlich zu den gesetzlichen Auflösungsgründen findet eine Auflösung dann statt, wenn sich alle Gesellschaftsanteile in einer Hand vereinen, da dies mit dem Charakter der Gesamthandsgemeinschaft unvereinbar ist.

2. Liquidation

Liquidation

An die Auflösung schließt sich im Regelfall die **Liquidation** nach Maßgabe der §§ 145-158 HGB an. 330

3. Erlöschen

Erlöschen

Nach Abschluss der Liquidation erlischt schließlich die OHG. Das Erlöschen der Firma ist im Handelsregister einzutragen, § 157 I HGB. 331

C. Die Kommanditgesellschaft (KG)

Charakter der KG

Wie die OHG ist auch die Kommanditgesellschaft (KG) eine **Personengesellschaft**, deren Zweck auf den Betrieb eines **Handelsgewerbes** gerichtet ist. Während jedoch bei der OHG **alle** Gesellschafter den Gläubigern der Gesellschaft persönlich **mit ihrem gesamten Vermögen** haften, muss dies bei der KG nur ein einziger Gesellschafter. Bei mindestens einem anderen Gesellschafter ist dagegen die **Haftung** auf einen bestimmten Betrag, die sog. Kommanditeinlage, nach oben **beschränkt**. 332

hemmer-Methode: Die Vorhersehbarkeit des unternehmerischen Haftungsrisikos für die Kommanditisten ist der Grund für die weitaus größere Beliebtheit der KG gegenüber der OHG bei der Neugründung von Personenhandelsgesellschaften.

Rechtsquellen der KG

Normiert ist die KG in den **§§ 161 ff. HGB**. Finden sich weder dort, noch im Gesellschaftsvertrag Regelungen, so ist gem. **§ 161 II HGB** auf das Recht der OHG und dann gegebenenfalls über § 105 III HGB auf die Vorschriften der GbR zurückzugreifen. Die KG ist damit Sonderform der OHG. 333

Für die KG ergeben sich - vom speziellen zum allgemeinen - folgende **Rechtsquellen**:

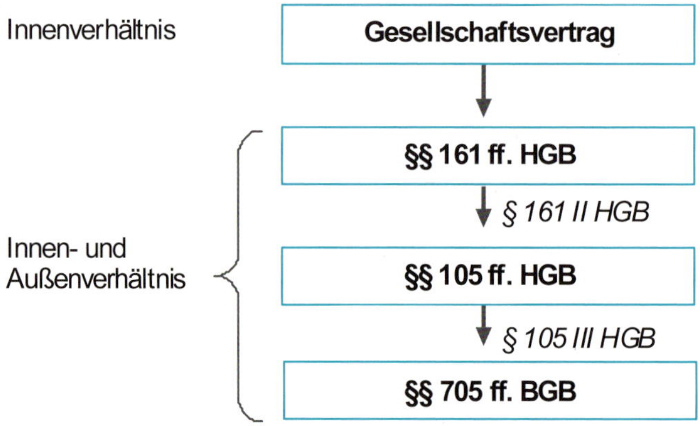

hemmer-Methode: So, wie das Gesetz in den §§ 161 ff. HGB nur das regelt, was die KG von der OHG unterscheidet, werden im Folgenden getreu unserem „Baukastenprinzip“ auch nur diese Unterschiede erläutert. Wenn Sie die KG verstehen wollen, müssen Sie die OHG und - um diese zu verstehen - die GbR kennen!

I. Entstehung der KG

Damit eine KG entsteht, müssen zunächst die **Grundvoraussetzungen der OHG** vorliegen: 334

- Nach **§§ 161 II, 105 III HGB, 705 BGB** muss ein **Gesellschaftsvertrag** mit **gemeinsamem Zweck** und **Zweckförderungspflicht** geschlossen werden.
- Nach **§ 161 I HGB** muss der Gesellschaftszweck auf den **Betrieb eines Handelsgewerbes** unter gemeinschaftlicher Firma gerichtet sein.

hemmer-Methode: Wiederholen Sie bitte diese Voraussetzungen oben bei Rn. 220 ff.

§ 161 I HGB

Der einzige und damit maßgebliche Unterschied zur OHG liegt nun darin, dass bei einem oder mehreren Gesellschaftern (nicht aber bei allen!) die Haftung gegenüber Gesellschaftsgläubigern **betragsmäßig beschränkt** ist, § 161 I HGB. 335

zwei Arten

Es gibt damit bei jeder KG zwei Arten von Gesellschaftern:

Komplementäre

- Mindestens ein Gesellschafter haftet den Gesellschaftsgläubigern persönlich und unbeschränkt. Man nennt einen solchen Gesellschafter auch **Komplementär**. 337

Kommanditisten

- Mindestens ein Gesellschafter haftet den Gesellschaftsgläubigern persönlich nur bis zu einem bestimmten Betrag. Einen solchen Gesellschafter nennt man auch **Kommanditist**. 338

hemmer-Methode: Außer im Fall der Neugründung entsteht aufgrund des gesellschaftsrechtlichen Rechtsformzwangs eine KG z.B. auch dann, wenn ein beschränkt haftender Gesellschafter einer OHG beitritt oder wenn die Haftung eines OHG-Gesellschafters durch Änderung des Gesellschaftsvertrages beschränkt wird.

Entstehungszeitpunkt: §§ 161 II, 123 HGB

Im Innenverhältnis entsteht auch die KG mit Abschluss des Gesellschaftsvertrages, §§ 161 II, 109 HGB. Hinsichtlich des Entstehungszeitpunktes im Außenverhältnis gelten die §§ 161 II, 123 HGB. 339

hemmer-Methode: Im Zusammenhang mit der Entstehung im Außenverhältnis ist auch § 176 I HGB zu sehen. Hierzu ausführlich bei der Haftung Rn. 369 ff.

II. Innenverhältnis

grds. Gesellschaftsvertrag maßgeblich

Wie auch bei der OHG und der GbR sind für das Innenverhältnis zunächst die **gesellschaftsvertraglich** getroffenen Vereinbarungen maßgeblich, § 163 HGB. Erst in Ermangelung einer vertraglichen Regelung ist zunächst auf die **§§ 164-169 HGB**, dann auf § 161 II i.V.m. §§ 110-122 HGB und zuletzt auf die §§ 161 II, 105 III HGB i.V.m. §§ 705 ff. BGB zurückzugreifen. 340

☑

hemmer-Methode: Die weitgehende Gestaltungsfreiheit im Innenverhältnis der Personengesellschaften entspricht dem allgemeinen zivilrechtlichen Grundsatz der Vertragsfreiheit. Wo die Vertragsfreiheit durch zwingendes Recht eingeschränkt wird, bedarf diese Beschränkung einer Rechtfertigung. So ist die weitgehend zwingende gesetzliche Regelung des Außenverhältnisses durch das Interesse des Handelsverkehrs an größtmöglicher Schnelligkeit und Rechtssicherheit gerechtfertigt.

Unterschiede zur OHG nur für Kommanditisten

Im Folgenden sollen allein die aus den §§ 164 ff. HGB resultierenden **Unterschiede zum Recht der OHG** dargestellt werden. Dabei werden Sie feststellen, dass die §§ 164 ff. HGB **Sonderregelungen allein für die Kommanditisten** aufstellen. Ein Komplementär hat, soweit nicht etwas anderes vereinbart ist, infolge des § 161 II HGB exakt die Rechtsstellung eines OHG-Gesellschafters. 341

1. Geschäftsführung, § 164 HGB

Wie Sie bereits von der OHG her wissen, ist bei der Geschäftsführung zwischen gewöhnlichen und außergewöhnlichen Geschäften zu unterscheiden. 342

gewöhnliche Geschäfte

Von der **gewöhnlichen** Geschäftsführung sind die **Kommanditisten** gem. **§ 164 S. 1 HGB** ausgeschlossen. Auch ein Widerspruchsrecht steht ihnen nicht zu, § 164 S. 1 Hs. 2 HGB. Nach dem gesetzlichen Regelfall gilt mithin **Einzelgeschäftsführung durch die Komplementäre, §§ 164 S. 1, 161 II, 114 I HGB.** 343

hemmer-Methode: Das Gesetz geht davon aus, dass der Kommanditist als bloßer Kapitalgeber fungiert und sich daher aus den laufenden Angelegenheiten der Gesellschaft weitgehend herauszuhalten hat.

außergewöhnliche Geschäfte

Im Bereich **außergewöhnlicher** Geschäfte kommt den Kommanditisten nach dem Gesetz immerhin ein **Widerspruchsrecht** zu, § 164 S. 1 Hs. 2 HGB. 344

Nach ganz h.M. ist darüber hinaus sogar ihre positive **Zustimmung** erforderlich, da das Widerspruchsrecht ansonsten leicht ausgehebelt werden könnte.

Grundlagengeschäfte

Für **Grundlagengeschäfte** ist selbstverständlich die Zustimmung aller Gesellschafter - Komplementäre wie Kommanditisten - erforderlich. Streng genommen handelt es sich hierbei ja auch nicht um Geschäftsführungsmaßnahmen. 345

andere Gestaltung möglich

Andere gesellschaftsvertragliche Gestaltungen sind ohne weiteres möglich. So kann z.B. dem Kommanditisten die Geschäftsführungsbefugnis verliehen werden, während sie dem Komplementär entzogen wird. Für einen geschäftsführungsbefugten Kommanditisten gelten, soweit nichts anderes bestimmt ist, im Innenverhältnis die §§ 110 ff. HGB. 346

Durch diese Gestaltung wird das Verbot der Drittorganschaft nach h.M. nicht tangiert, da dieses Prinzip nur im Außenverhältnis zwingend ist. Der Komplementär kann die KG ja weiterhin wirksam vertreten. Die KG wird gerade nicht handlungsunfähig.

2. Kein Wettbewerbsverbot, § 165 HGB

kein Wettbewerbsverbot, § 165 HGB

Aufgrund seiner hauptsächlich kapitalistischen Beteiligung unterliegt der Kommanditist gem. § 165 HGB **nicht** dem Wettbewerbsverbot der §§ 112 f. HGB. 347

3. Gewinn- und Verlustbeteiligung, §§ 167-169 HGB

Gewinnbeteiligung

Auch der Kommanditist ist gem. §§ 167 I, 120 HGB an Gewinn und Verlust der Gesellschaft beteiligt. Der auf ihn entfallende Gewinnanteil wird dem Kapitalkonto des Kommanditisten gem. § 167 II HGB jedoch nur so lange gutgeschrieben, bis der Betrag der vereinbarten Einlage erreicht ist. 348

hemmer-Methode: Im Gegensatz zum Komplementär, für den uneingeschränkt § 120 II HGB gilt, kann der Kommanditist also seinen Kapitalanteil durch das Stehenlassen von Gewinnen nicht beliebig vergrößern. Dies ist der vom Gesetzgeber vorgesehene Ausgleich dafür, dass er ja auch nur bis zu einem bestimmten Betrag haftet.

kein Entnahmerecht

Nach § 169 I S. 1 HGB hat der Kommanditist kein Entnahmerecht i.S.d. § 122 HGB. 349

Gewinnauszahlungsanspruch, § 169 I 2 HGB

Dagegen hat der Kommanditist Anspruch auf Gewinnauszahlung, § 169 I 2 Hs. 1 HGB. Dies gilt freilich dann nicht, wenn sein Kapitalanteil durch abgeschriebene Verluste unter dem Betrag seiner **geleisteten** Einlage liegt oder durch die Zahlung darunter sinken würde. 350

Verlustbeteiligung

Am Verlust nimmt der Kommanditist gem. § 167 III HGB nur bis zur Höhe seines Kapitalanteils und seiner noch rückständigen Einlage teil. Auch bei der Auseinandersetzung der KG ist er darüber hinaus nicht zum Verlustausgleich verpflichtet. 351

4. Informations- und Kontrollrechte

§ 166 HGB

Die Informations- und Kontrollrechte des Kommanditisten sind nach Maßgabe des § 166 HGB beschränkt. Zu rechtfertigen ist dies mit seinem geringeren Haftungsrisiko. 352

III. Außenverhältnis

für Komplementär gelten §§ 124 ff., 161 II HGB

Auch im Außenverhältnis hat der Komplementär die gleiche Rechtsstellung wie ein OHG-Gesellschafter. Die §§ 124 ff. HGB gelten für ihn über § 161 II HGB. Für die Kommanditisten gelten wiederum verschiedene Ausnahmevorschriften: 353

1. Vertretung, § 170 HGB

§ 170 HGB

Gemäß § 170 HGB ist der Kommanditist von der **organschaftlichen** Vertretung der KG ausgeschlossen. Im Gegensatz zum dispositiven § 164 S. 1 HGB ist dieser Ausschluss nach h.M. zwingend: Ein nur beschränkt haftender Gesellschafter soll nicht die Möglichkeit haben, einen unbeschränkt haftenden Gesellschafter zu verpflichten. Entgegenstehende Vereinbarungen verstoßen gegen das Verbot der Drittorganschaft und sind daher gem. § 134 BGB nichtig. 354

rechtsgeschäftliche Vertretungsmacht möglich

§ 170 HGB schließt es hingegen **nicht** aus, einem Kommanditisten **rechtsgeschäftlich** Vertretungsmacht, z.B. Prokura oder Handlungsvollmacht, zu erteilen. Dies ist - wie bei jeder anderen Person - ohne weiteres möglich und kann auch bereits im Gesellschaftsvertrag erfolgen. 355

hemmer-Methode: Die Erteilung rechtsgeschäftlicher Vertretungsmacht an einen Kommanditisten ist ein beliebtes Klausurthema. Ein kleiner Hinweis noch zu dieser Klausurvariante: Ein Kommanditist, dem im Gesellschaftsvertrag rechtsgeschäftliche Vertretungsmacht eingeräumt wurde, ist „verfassungsmäßig berufener Vertreter". Die KG muss sich ein Verschulden des Kommanditisten im Rahmen seiner Vertretungsmacht daher nach § 31 BGB analog zurechnen lassen.

evtl. Umdeutung möglich

Im Einzelfall ist zu prüfen, ob eine dem Kommanditisten im Gesellschaftsvertrag erteilte organschaftliche Vertretungsmacht gem. § 140 BGB in die Erteilung einer rechtsgeschäftlichen Vertretungsmacht (z.B. Handlungsvollmacht i.S.d. § 54 HGB) umgedeutet werden kann. 356

2. Die Haftung des Kommanditisten für Gesellschaftsschulden, §§ 171 ff. HGB

Komplementäre: §§ 161 II, 128 HGB

Über den Verweis des § 161 II HGB gilt § 128 HGB auch für die KG. 357
Die Komplementäre haften den Gesellschaftsgläubigern daher persönlich, unmittelbar, primär, unbeschränkt, unbeschränkbar und gesamtschuldnerisch, eben wie OHG-Gesellschafter.

Kommanditisten

Im Hinblick auf die Haftung des Kommanditisten ist zwischen der 358
Rechtslage vor und nach Eintragung der KG in das Handelsregister zu unterscheiden. Zunächst soll der „Normalfall“ dargestellt werden, nämlich der Haftung nach Eintragung.

a) Haftung nach Eintragung der Gesellschaft

§§ 171 ff. HGB

Für Verbindlichkeiten der KG, die nach ihrer Eintragung in das Han- 359
delsregister begründet wurden, haftet der Kommanditist nach Maßgabe der §§ 171 ff. HGB.

Bsp.: *Huber ist als Kommanditist der Maier & Huber Landbau-KG mit einer Haftsumme von 30.000 € in das Handelsregister eingetragen. Im Gesellschaftsvertrag ist vereinbart, dass er seine Einlageverpflichtung durch Einbringung seines alten Traktors erfüllen soll, was auch so geschieht. Dieser wird im Gesellschaftsvertrag mit 40.000 € bewertet, obwohl der objektive Wert nur 20.000 € beträgt. Dietrich hat einen Anspruch auf Kaufpreiszahlung gegen die KG in Höhe von 50.000 €. Da sowohl das Gesellschaftsvermögen, als auch das Privatvermögen des Maier zur Deckung nicht ausreichen, verlangt er nun Zahlung von Huber persönlich. Zu Recht?*

I. Laut Sachverhalt hat Dietrich einen Anspruch gegen die KG auf Zahlung von 50.000 € aus §§ 433 II BGB, 161 II, 124 I HGB.

II. Fraglich ist nun, ob der Huber verpflichtet ist, für diese Verbindlichkeit einzustehen. Eine solche Haftung könnte sich aus § 171 I Hs. 1 HGB ergeben.

aa) Haftung vor Erbringung der Hafteinlage

§ 171 I HGB

Gemäß § 171 I, Hs. 1 HGB haftet der Kommanditist den Gesell- 360
schaftsgläubigern - nur - „bis zur Höhe seiner Einlage unmittelbar“. Die vom Gesetz gewählte Bezeichnung „Einlage“ ist in diesem Zusammenhang äußerst missverständlich, denn es geht hier keinesfalls um die gesellschaftsvertraglich vereinbarte Pflichteinlage. § 172 I HGB stellt klar, dass mit „Einlage“ hier der im Handelsregister eingetragene Haftungshöchstbetrag, die sog. Hafteinlage oder Haftsumme gemeint ist.

Im Beispielsfall beträgt die „Einlage“ i.S.d. § 171 I HGB also weder 20.000 € (objektiver Wert der eingebrachten Einlage) noch 40.000 € (angesetzter Wert der Einlage), sondern 30.000 € (die im Handelsregister eingetragene Haftsumme).

hemmer-Methode: Den Unterschied zwischen Pflichteinlage (= Einlage, zu deren Einbringung der Gesellschafter gesellschaftsvertraglich verpflichtet ist) und Haftsumme (= ins Handelsregister eingetragener Haftungshöchstbetrag) müssen Sie kennen! Er ist deshalb so wichtig, weil Erbringung und Bewertung der Einlage als Teil des Innenverhältnisses der freien Vereinbarung der Gesellschafter unterliegen, während die Haftsumme als Teil des Außenverhältnisses der zwingenden Regelung der §§ 171, 172 HGB untersteht.
Die Haftsumme ist immer ein bestimmter Geldbetrag, während die Pflichteinlage je nach Vereinbarung auch in anderen vermögenswerten Leistungen (z.B. Sachen, Dienstleistungen etc.) bestehen kann.

Da Huber mit einer Haftsumme von 30.000 € in das Handelsregister eingetragen ist, steht bereits jetzt fest, dass eine persönliche Haftung allenfalls bis zu diesem Betrag gegeben ist, §§ 171 I, Hs. 1, 172 I HGB.

bb) Erlöschen der Haftung mit Erbringung der Hafteinlage

Auch die insoweit eingeschränkte Haftung könnte aufgrund von § 171 I Hs. 2 HGB erloschen sein.

§ 171 I Hs. 2 HGB

Nach § 171 I Hs. 2 HGB ist die Haftung des Kommanditisten ausgeschlossen, soweit die „Einlage“ - gemeint ist auch hier die Haftsumme - geleistet ist. Im einfachsten Fall erfolgt die Leistung der Haftsumme durch Zahlung des entsprechenden Betrages an die KG. Andere Möglichkeiten der Leistung sind: **361**

- Stehenlassen von Gewinnen, § 167 II HGB.
- Aufrechnung durch den Kommanditisten mit einer gegen die KG gerichteten Forderung (§§ 387 ff. BGB), jedoch nur in Höhe des objektiven wirtschaftlichen Wertes der Forderung.

hemmer-Methode: Anders im Recht der GmbH, wo einem Gesellschafter die Aufrechnung gegen die Einlageforderung nur unter bestimmten Voraussetzungen möglich ist, § 19 II 2 GmbHG. Weil die GmbH keine persönlich haftenden Gesellschafter kennt, muss im Interesse der Gläubiger sichergestellt sein, dass ihr das eingetragene Stammkapital auch tatsächlich zur Verfügung steht.

➲ Befriedigung von Gesellschaftsgläubigern durch den Kommanditisten (entweder bei Zustimmung der KG gem. §§ 362 II, 185 BGB oder im Wege der Aufrechnung mit dem Ersatzanspruch gegen die KG aus §§ 161 II, 110 I 1. Alt. HGB)

Bewertung der Einlage

Problematischer sind die Fälle, in denen Haftsumme und Pflichteinlage auseinander fallen. Dies ist z.B. immer dann der Fall, wenn die Pflichteinlage nicht in Geld besteht, da die Haftsumme ja zwingend in einem Geldbetrag auszudrücken ist. Hier stellt sich die Frage nach der Bewertung der geleisteten Pflichteinlage. 362

Keine Rolle darf dabei eine im Gesellschaftsvertrag vorgenommene Bewertung spielen, da sich jede Überbewertung ansonsten als Vertrag zu Lasten Dritter (nämlich der Gesellschaftsgläubiger) darstellen würde. Solche Bewertungen haben allein im Innenverhältnis Bedeutung (z.B. für die Höhe des Gewinnauszahlungsanspruchs).

Grds. der realen Kapitalaufbringung

Es gilt vielmehr der **sog. Grundsatz der realen Kapitalaufbringung**. Danach ist die in das Gesellschaftsvermögen eingebrachte Pflichteinlage nur in Höhe ihres objektiven Wertes auf die Haftsumme anzurechnen. 363

Die Haftung des Huber ist nach § 171 I Hs. 2 HGB ausgeschlossen, soweit er seine Haftsumme i.H.v. 30.000 € geleistet hat. Einen entsprechenden Geldbetrag hat er dem Gesellschaftsvermögen zwar nicht zugeführt; er hat jedoch seinen Traktor in Erfüllung seiner Beitragspflicht in das Gesellschaftsvermögen eingebracht.

Nunmehr ist zu klären, in welcher Höhe diese Sachleistung auf die Haftsumme anzurechnen ist. Die im Gesellschaftsvertrag frei vorgenommene Bewertung i.H.v. 40.000 € kann im Außenverhältnis nicht maßgeblich sein; nach dem Grundsatz der realen Kapitalaufbringung ist die eingebrachte Einlage vielmehr nur ihrem objektiven Wert entsprechend - hier also i.H.v. 20.000 € - auf die Haftsumme anzurechnen. Von seiner persönlichen Haftung ist er auch nur insoweit gem. § 171 I Hs. 2 HGB befreit.

III. Im Ergebnis besteht ein Anspruch des Dietrich gegen den Huber aus § 433 II BGB i.V.m. § 171 I HGB, jedoch nur in Höhe von 10.000 €.

☑

hemmer-Methode: Nochmals zur Berechnung der Anspruchshöhe: Der ursprüngliche Anspruch gegen die KG aus § 433 II BGB ging auf Zahlung von 50.000 €. Huber haftete hierfür persönlich maximal mit der für ihn eingetragenen Haftsumme von 30.000 €, § 171 I Hs. 1 HGB („bis zur Höhe seiner Einlage"). Durch die Einbringung des Traktors in das Gesellschaftsvermögen verringerte sich seine persönliche Haftung nochmals um dessen objektiven Wert, also 20.000 €, § 171 I Hs. 2 HGB. Es verbleibt eine persönliche Haftung i.H.v. 10.000 €, denn in dieser Höhe ist die Hafteinlage noch nicht in das Gesellschaftsvermögen geleistet.

§ 172 III HGB

Da die Haftung durch Vereinbarungen im Innenverhältnis nicht abgeschwächt oder gar beseitigt werden kann, sind eine Stundung oder ein Erlass der Einlageleistung den Gläubigern gegenüber wirkungslos, § 172 III HGB. 364

cc) Wiederaufleben der Haftung bei Einlagenrückgewähr, § 172 IV HGB

§ 172 IV I HGB

Die Haftung eines Kommanditisten, der seine Hafteinlage erbracht 365 hat, lebt gem. § 172 IV S. 1 HGB wieder auf, wenn er sie ganz oder teilweise zurückerhält. Sie gilt den Gläubigern gegenüber dann als nicht geleistet.

Zweck: Kapitalerhaltung

Sinn und Zweck dieser Regelung ist es, den Gläubigern der Gesellschaft das Gesellschaftsvermögen als Haftungsmasse zu erhalten (Kapitalerhaltung).

Dementsprechend kann es nicht darauf ankommen, dass die Rückzahlung von den Beteiligten subjektiv auch als solche qualifiziert wird. Rückzahlung in diesem Sinne ist vielmehr **jede Zuwendung eines Vermögenswertes an den Kommanditisten** (oder für seine Rechnung an einen Dritten), **die erfolgt, ohne dass der Gesellschaft ein gleicher Vermögenswert zufließt**.

hemmer-Methode: Maßgebliches Kriterium für eine Rückzahlung i.S.d. § 172 IV S. 1 HGB ist, dass der Kommanditist aufgrund seiner Gesellschafterstellung auf Kosten der Gesellschaft einen Vermögensvorteil erhält, den ein Nichtgesellschafter nicht erhalten hätte, der also einem Drittvergleich nicht standhält.

Bsp.: *Huber ist als Kommanditist der Maier & Huber-KG mit einer Haftsumme von 50.000 € im Handelsregister eingetragen. Diese wurde von ihm bei Gründung der Gesellschaft im Jahre 2010 vollständig erbracht. Im Frühjahr 2015 verkauft die KG dem Huber den gebrauchten Firmenwagen für 25.000 €, obwohl das Kfz laut Liste noch 50.000 € wert ist. Da Huber sich für einen eher „sportlichen“ Fahrer hält, lässt er den Wagen von einer Kfz-Werkstatt „tunen“, was nochmals mit 10.000 € zu Buche schlägt. Er veranlasst, dass dieser Betrag aus der Gesellschaftskasse bezahlt wird. Im Jahr 2015 erwirtschaftet die KG einen Gewinn, von dem 30.000 € auf den Huber entfallen, der sich jedoch nichts auszahlen lässt. Anfang 2016 verlangt Dietrich von Huber die Zahlung von 10.000 € für an die KG geliefertes Viehfutter. Zu Recht?*

I. Laut Sachverhalt besteht ein Anspruch des Dietrich gegen die KG auf Zahlung von 10.000 € aus §§ 433 II BGB, 161 II, 124 I HGB.

II. Hierfür könnte ihm Huber unter den Voraussetzungen des § 171 I Hs. 1 HGB - bis zur Höhe seiner Haftsumme von 50.000 € - persönlich haften.

1. Durch die Leistung von 50.000 € an die Gesellschaft war seine persönliche Haftung zunächst erloschen, § 171 I HGB a.E.

2. Im Zuge des Kaufs des Firmenwagens könnte die persönliche Haftung des Huber allerdings wieder aufgelebt sein, wenn darin eine Einlagenrückzahlung i.S.d. § 172 IV S. 1 HGB lag. Eine solche liegt immer dann vor, wenn eine Vermögensverschiebung zwischen Gesellschaft und Gesellschafter erfolgt, die zwischen Dritten so nicht stattgefunden hätte. Davon ist hier auszugehen, da gegenüber einem gesellschaftsfremden Dritten ein Kaufpreis von 50.000 € hätte erzielt werden können. Es liegt daher eine Einlagenrückzahlung i.H.v. 25.000 € vor, die die persönliche Haftung des Huber in eben diesem Umfang wieder aufleben lässt, § 172 IV S. 1 HGB.

3. Eine weitere Einlagenrückzahlung liegt in der von der KG vorgenommenen Zahlung von 10.000 € an die Kfz-Werkstatt, da es sich hierbei um die Begleichung einer persönlichen Verbindlichkeit des Huber handelte.

4. Dadurch, dass Huber den auf ihn entfallenen Teil des Jahresgewinns 2015 stehen ließ, erhöhte sich die geleistete Hafteinlage wieder um 30.000 €.

5. Ergebnis: Dietrich hat einen Anspruch gegen Huber aus §§ 433 II BGB, 171 I Hs. 1 HGB. Dieser ist allerdings gem. § 171 I Hs. 2 HGB auf 5.000 € beschränkt (= 50.000 € Haftsumme - 50.000 € Einlage + 25.000 € Rückzahlung + 10.000 € Rückzahlung - 30.000 € Einlage).

§ 172 IV S. 2 HGB

Nach § 172 IV S. 2 HGB lebt die persönliche Haftung des Kommanditisten auch dann wieder auf, wenn er sich Gewinn auszahlen lässt, obwohl seine Einlage durch Verlust unter die Haftsumme gemindert war. Hier gilt eine rein objektive Betrachtung. Ob der Gesellschafter gutgläubig etwas anderes annimmt, ist – anders als bei Absatz 5 – irrelevant. Nicht als Rückzahlung gilt jedoch, was der Kommanditist aufgrund einer zwar tatsächlich unrichtigen (BGH, Life&Law 2009, 666 ff.), aber gutgläubig errichteten Bilanz als Gewinn bezogen hat, § 172 V HGB. 366

dd) Herabsetzung/Erhöhung der Haftsumme

Änderungen der Haftsumme erst mit Eintragung wirksam

Die Haftsumme kann durch Änderung des Gesellschaftsvertrages erhöht oder herabgesetzt werden. Gesellschaftsgläubigern gegenüber werden solche Änderungen allerdings i.d.R. erst mit Eintragung in das Handelsregister wirksam, §§ 174 Hs. 1, 172 II HGB. 367

ee) Zusammenfassung

Für die Haftung des Kommanditisten nach Eintragung der KG ergibt sich somit folgendes Prüfungsschema: 368

Prüfungsschema für die §§ 171 f. HGB

1. Anspruchsgrundlage i.V.m. § 171 I HGB

2. Anspruchsbegründung

a) Verbindlichkeit der Gesellschaft

aa) KG nach außen wirksam entstanden (vgl. § 176 I HGB)

bb) wirksame Verpflichtung der KG

b) Anspruchsgegner ist Kommanditist

3. Gegenrechte

a) aus eigenem Recht des Kommanditisten insbes. § 171 I Hs. 2 HGB und kein Wiederaufleben der Haftung gem. § 172 IV HGB

b) Gegenrechte der KG, §§ 161 II, 129 HGB

b) Haftung vor Eintragung der Gesellschaft

aa) Istkaufmännische Gesellschaft

Ganz anders stellt sich die Rechtslage vor Eintragung der Gesellschaft in das Handelsregister dar. 369

Bsp.: *Maier und Huber beschließen die Gründung einer gemeinsamen KG, um in dieser Rechtsform einen Landmaschinenhandel größeren Umfangs zu betreiben. Nach dem Gesellschaftsvertrag kommt dem Maier die Rolle des Komplementärs zu, während der Huber für Gesellschaftsschulden mit maximal 30.000 € haften soll. Sofort nach Vertragsschluss zahlt Huber seine Einlage von 30.000 € in das Gesellschaftsvermögen ein. Allein die Eintragung in das Handelsregister steht noch aus. Maier will diese Zeit jedoch nicht ungenutzt verstreichen lassen. Deshalb kauft er - mit Zustimmung des Huber -bei Dietrich einen neuen Mähdrescher zum Preis von 150.000 €. Auf der Fahrt zu einem Kaufinteressenten unterschätzt Maier jedoch die Ausmaße des Gefährts und schiebt den nagelneuen Pkw des Schmitt an eine Mauer.*

1. Dietrich verlangt von Huber persönlich Kaufpreiszahlung;

2. Schmitt will von Huber den tatsächlich entstandenen Schaden von 40.000 € ersetzt bekommen.

Huber weigert sich zu zahlen mit dem Hinweis, er habe „seine 30.000 € doch schon erbracht“. Wie ist die Rechtslage?

I. Anspruch des Dietrich gegen den Huber auf Zahlung von 150.000 € aus §§ 176 I, 161 II, 128, 124 I HGB i.V.m. § 433 II BGB?

1. Es müsste zunächst eine entsprechende Verbindlichkeit der Gesellschaft gegenüber dem Dietrich bestehen. Maier hat mit ihm im Namen der Gesellschaft einen Kaufvertrag abgeschlossen. Die erforderliche Vertretungsmacht könnte sich aus §§ 161 II, 125 I HGB ergeben. Voraussetzung hierfür ist allerdings, dass die Gesellschaft zum Zeitpunkt des Vertragsschlusses überhaupt schon bestand. Ob dies der Fall war, richtet sich nach den §§ 161 II, 123 HGB. Da eine Handelsregistereintragung i.S.d. § 123 I HGB noch nicht erfolgt war, müsste die Gesellschaft bereits ihre Geschäfte aufgenommen haben, § 123 II HGB. Dies geschah hier mit Zustimmung des Huber. Maier konnte daher die Gesellschaft gegenüber dem Dietrich wirksam vertreten, ein Anspruch des Dietrich gegen sie aus § 433 II BGB besteht.

2. Es fragt sich jedoch, ob der Huber auch verpflichtet ist, dem Dietrich für diese Kaufpreisforderung persönlich einzustehen. Grundsätzlich haftet ein Kommanditist für Gesellschaftsschulden nur im Rahmen des § 171 HGB, wobei vorliegend durch die Zahlung des Huber an die KG seine Haftung nach § 171 I Hs. 2 BGB erloschen sein könnte.

3. Huber könnte sich allerdings dann nicht auf die Haftungsbeschränkung nach § 171 I HGB berufen, wenn vorliegend die Voraussetzungen des § 176 I HGB gegeben wären. Denn dann müsste er gleich einem persönlich haftenden Gesellschafter, also unbeschränkt, für Gesellschaftsschulden einstehen.

§ 176 I S. 1 HGB bestimmt, dass ein „Kommanditist" unter bestimmten Voraussetzungen „gleich einem persönlich haftenden Gesellschafter" für Gesellschaftsschulden einzustehen hat, also gem. § 128 HGB betragsmäßig unbeschränkt. Die Voraussetzungen des § 176 I HGB sind im Einzelnen: 370

- Die Gesellschaft muss ein Handelsgewerbe i.S.d. § 1 II HGB betreiben, § 176 I 2 HGB. Die Nichterwähnung des § 3 HGB ist - wie bei § 123 II HGB - ein Redaktionsversehen.

- Die Gesellschaft muss die Geschäfte mit Zustimmung des betreffenden „Kommanditisten" begonnen haben, § 176 I S. 1 HGB. Der Begriff des Geschäftsbeginns entspricht dem des § 123 II HGB.

- Die Gesellschaft darf (noch) nicht in das Handelsregister eingetragen worden sein. Entsprechendes gilt, wenn zwar die Gesellschaft, nicht aber der betreffende Kommanditist eingetragen ist.

- Dem Gläubiger darf die Stellung des betreffenden Gesellschafters als „Kommanditist" nicht bekannt sein, § 176 I S. 1 HGB a.E. Fahrlässige Unkenntnis schadet hingegen nicht. Nach überzeugender Ansicht wird dabei das Auftreten als GmbH & Co KG der Kenntnis von der Kommanditistenstellung gleichgestellt. Denn es ist klassischerweise so, dass eine GmbH & Co KG über keine natürlichen Personen verfügt, die voll haften (OLG Frankfurt, Life&Law 2007, 797 ff.).

Im Beispielsfall sind die Voraussetzungen des § 176 I HGB gegeben. Huber haftet wie ein persönlich haftender Gesellschafter unbeschränkt.

Dietrich kann von Huber die Zahlung von 150.000 € verlangen, §§ 176 I, 161 II, 128, 124 I HGB i.V.m. § 433 II BGB.

II. Anspruch des Schmitt gegen den Huber auf Schadensersatz i.H.v. 40.000 €?

1. Ein Anspruch aus § 831 BGB entfällt, da Gesellschafter untereinander nicht weisungsgebunden und daher keine Verrichtungsgehilfen sind.

2. In Betracht kommt aber ein Anspruch aus §§ 823 I BGB, 823 II BGB i.V.m. § 1 StVO, 18 I StVG, 31 BGB analog i.V.m. §§ 176 I, 161 II, 128, 124 I HGB.

Die Voraussetzungen für einen Schadensersatzanspruch des Schmitt gegen die Gesellschaft liegen vor: Insbesondere hat Maier in Ausführung der ihm zustehenden Verrichtungen schuldhaft das Eigentum des Schmitt verletzt.

Auch haftet Huber gem. § 176 I HGB für Gesellschaftsschulden grds. unbeschränkt, s.o. Fraglich ist jedoch, ob dies auch für deliktische Schulden gelten soll.

§ 176 HGB (-) im reinen Unrechtsverkehr

Nach h.M. hat § 176 HGB den Charakter einer Vertrauensschutznorm. Vertrauensschutz erfordert aber auch eine Vertrauensdisposition; daran fehlt es im reinen Unrechtsverkehr. 371

hemmer-Methode: Die gleiche Problemstellung wird uns im Handelsrecht bei § 15 I HGB begegnen (Rn. 487). Grundsatz: „Niemand lässt sich gerade im Vertrauen auf das Handelsregister anfahren“. Aber Vorsicht: Das gilt nicht, wenn die unerlaubte Handlung im Zusammenhang mit dem Rechtsgeschäftsverkehr steht.

Nach h.M. gilt § 176 HGB im reinen Unrechtsverkehr nicht. Eine persönliche Haftung des Huber für den dem Schmitt entstandenen Schaden entfällt.

Für die persönliche Inanspruchnahme eines Kommanditisten gem. § 176 I S. 1 HGB ergibt sich somit folgendes Prüfungsschema:

Prüfungsschema für die § 176 I S. 1 HGB

1. Anspruchsgrundlage i.V.m. §§ 176 I S. 1, 128 S. 1 HGB
2. Anspruch entstanden
   a) Verbindlichkeit der Gesellschaft
      aa) Personenhandelsgesellschaft nach außen wirksam entstanden, sonst § 176 I 2 HGB
      bb) wirksame Verpflichtung der Gesellschaft
   b) Persönliche Haftung des Gesellschafters
      aa) „Kommanditist" noch nicht eingetragen
      bb) Geschäftsbeginn mit Zustimmung des „Kommanditisten"
      cc) Kommanditistenstellung dem Gläubiger nicht bekannt, sonst §§ 171 f. HGB analog
3. Anspruch erloschen
4. Anspruch durchsetzbar / Gegenrechte
   a) aus eigenem Recht des „Kommanditisten"
   b) Gegenrechte der Gesellschaft, §§ 161 II, 129 HGB

bb) Kannkaufmännische Gesellschaft

§ 176 I 2 HGB

Für Gesellschaften, die unter die §§ 2, 3 oder 105 II HGB fallen, ist § 176 HGB nicht anwendbar, § 176 I 2 HGB. 372

Abwandlung: *Wie Ausgangsfall, nur erfordern Art und Umfang des Geschäftsbetriebs keine kaufmännische Einrichtung. Kann Dietrich von Huber Kaufpreiszahlung verlangen?*

I. In Betracht kommt ein Anspruch aus **§§ 176 I, 161 II, 128, 124 I HGB i.V.m. § 433 II BGB**. Da Art und Umfang des Geschäftsbetriebs keine kaufmännische Einrichtung erfordern, ist für die Gesellschaft § 2 HGB einschlägig. Durch Aufnahme des Geschäftsbetriebs konnte daher keine Personenhandelsgesellschaft entstehen, § 123 II HGB a.E. Entstanden ist vielmehr eine GbR. § 176 I S. 1 HGB ist schon deshalb nicht anwendbar, § 176 I 2 HGB.

II. Da es sich bei der gegründeten Gesellschaft um eine GbR handelt, könnte Huber dem Dietrich jedoch nach der **Akzessorietätstheorie** auf Kaufpreiszahlung haften, § 128 HGB analog.

Dies würde dann aber im Widerspruch zu der gesetzlichen Anordnung in § 176 I S. 2 BGB stehen, der gerade den zukünftigen Kommanditisten einer kleingewerblichen KG vor Eintragung schützen will.

Fraglich ist daher, wie man die Haftungsbegrenzung rechtfertigen kann. Legt man die Rechtsprechung des BGH zur „GbRmbH“ zugrunde (vgl. oben Rn. 145 ff.), ist nur ein individualvertraglicher Ausschluss der Haftung mit dem Privatvermögen möglich. An einem solchen Ausschluss wird es in aller Regel aber gerade – so wie vorliegend – fehlen.

Nach überwiegender Ansicht besteht aber ein entscheidender Unterschied zur GbRmbH. Die Gesellschaft tritt vorliegend ja bereits als KG im Rechtsverkehr auf. Die Bezeichnung KG deutet dabei – für den Rechtsverkehr bekannt – darauf hin, dass einzelne Gesellschafter nicht voll haften wollen. Der Rechtsverkehr ist daher nicht schutzwürdig im Vertrauen darauf, alle Gesellschafter voll in Anspruch nehmen zu können.

III. Ergebnis: Dietrich kann von Huber nicht Kaufpreiszahlung verlangen.

hemmer-Methode: Wiederholen Sie zur Beschränkung der Vertretungsmacht auf das Gesellschaftsvermögen bei der GbR oben die Rn. 146 ff. Die Lösung der Abwandlung beruht auf dem Gedanken, dass eine Rechtsscheinshaftung nicht weiter gehen darf als die Haftung, die eintreten würde, wenn der Schein der Wirklichkeit entspräche.

c) Zusammenfassung

Wir wissen nun, dass der Umfang der Kommanditistenhaftung je nach den Umständen des Falls völlig verschieden sein kann. 373

Hier noch einmal die verschiedenen Möglichkeiten im Überblick:

Kommanditist haftet

voll	beschränkt	nicht
§ 176 I S. 1, II HCB	**§§ 171 I Hs. 1, 172 IV HGB**	**§ 171 I Hs. 2 HGB**

IV. Änderungen im Gesellschafterbestand

1. Eintritt in eine bestehende Personenhandelsgesellschaft

a) Eintritt als Komplementär

§§ 161 II, 130 I, 128 HGB

Wer als Komplementär in eine bestehende KG eintritt, haftet für Altschulden gem. §§ 161 II, 130 I, 128 HGB. 374

hemmer-Methode: Es gelten also die für den Eintritt in eine OHG getroffenen Feststellungen. Wiederholen Sie dazu oben die Rn. 311 ff.

b) Eintritt als Kommanditist

Tritt jemand als Kommanditist in eine Personenhandelsgesellschaft ein, so muss in Bezug auf seine Haftung danach unterschieden werden, zu welchem Zeitpunkt die Gesellschaftsschuld begründet wurde. 375

hemmer-Methode: Vielleicht fragen Sie sich, warum hier allgemein vom Eintritt in eine Personenhandelsgesellschaft die Rede ist? Der Grund: Sobald jemand als Kommanditist in eine bestehende OHG eintritt, wandelt sich diese kraft des gesellschaftsrechtlichen Formzwangs automatisch in eine KG um (sog. formwechselnde Umwandlung).

aa) Haftung für Altschulden der Gesellschaft

§ 173 I HGB

Für Verbindlichkeiten der Gesellschaft, die vor dem Eintritt des Kommanditisten begründet wurden, haftet dieser immer nur nach Maßgabe der §§ 173 I, 172 f. HGB. Dabei spielt keine Rolle, ob der Kommanditist bereits in das Handelsregister eingetragen ist. 376

bb) Haftung für zwischen Eintritt und Eintragung begründete Gesellschaftsschulden

§ 176 II HGB

Dennoch ist der Zeitpunkt seiner Eintragung auch für den eintretenden Kommanditisten wichtig: Für solche Gesellschaftsschulden nämlich, die in der Zeit zwischen seinem Eintritt und der Eintragung begründet wurden, haftet er gem. § 176 II i.V.m. § 176 I S. 1 HGB unbeschränkt persönlich. Im Gegensatz zur Neugründung muss er nach h.M. nicht einmal der Fortführung der Geschäfte zustimmen. 377

hemmer-Methode: Dabei ist es völlig gleichgültig, ob der Gesellschaftsgläubiger zur Zeit der Anspruchsbegründung weiß, dass der in Anspruch Genommene Gesellschafter ist. § 176 HGB schützt nämlich nicht das konkrete, sondern das abstrakte Vertrauen in das Handelsregister.

2. Ausscheiden aus einer KG

a) Ausscheiden eines Komplementärs

Nachhaftung, §§ 161 II, 128 S. 1, 160 I HGB

Für einen ausscheidenden Komplementär gelten die für das Ausscheiden eines OHG-Gesellschafters getroffenen Feststellungen. Insbesondere trifft ihn eine zeitlich begrenzte Nachhaftung für Altschulden der Gesellschaft gem. §§ 161 II, 128 S. 1, 160 I HGB. 378

hemmer-Methode: Wiederholen Sie deshalb zum Ausscheiden eines OHG-Gesellschafters oben die Rn. 316 ff.

stets ein Komplementär nötig

Eine Besonderheit ergibt sich dann, wenn der einzige Komplementär einer KG ausscheiden soll. Da eine Personenhandelsgesellschaft mindestens einen voll persönlich haftenden Gesellschafter braucht, führt dies zwingend zur Auflösung der Gesellschaft. Die ins Liquidationsstadium eingetretene Gesellschaft kann aber durch Eintritt eines neuen Komplementärs wieder in eine werbende KG rückumgewandelt werden. 379

b) Ausscheiden eines Kommanditisten

Nachhaftung gem. § 171 I Hs. 1 bzw. § 172 IV S. 1 HGB

Ein ausgeschiedener Kommanditist haftet gem. § 171 I Hs. 1 HGB für Gesellschaftsverbindlichkeiten, die zur Zeit seiner Mitgliedschaft begründet wurden. Soweit er seine Hafteinlage erbracht hat, ist er von der Haftung befreit, § 171 I Hs. 2 HGB. Zu beachten ist, dass die Auszahlung seines Abfindungsanspruchs gem. §§ 161 II, 105 III HGB i.V.m. § 738 I 2 BGB eine Einlagenrückzahlung i.S.d. § 172 IV S. 1 HGB darstellt und die persönliche Haftung des Kommanditisten für Altschulden wiederaufleben lässt. Über § 161 II HGB gilt die Nachhaftungsbegrenzung des § 160 I, II HGB. 380

hemmer-Methode: Denken Sie daran, dass das Ausscheiden eines Gesellschafter gem. § 143 II HGB eine eintragungspflichtige Tatsache ist. Wurde das Ausscheiden nicht eingetragen und bekannt gemacht, kann der betreffende Gesellschafter dieses den neuen Gesellschaftsgläubigern nicht entgegenhalten, § 15 I HGB, dazu unten mehr (Rn. 481 ff.).

§ 177 HGB

Wegen der bloß kapitalmäßigen Beteiligung eines Kommanditisten wird die KG nach dessen Tod i.d.R. mit seinen Erben fortgesetzt, § 177 HGB. Der Ausscheidensgrund des § 131 III Nr. 1 HGB wird insoweit verdrängt. 381

3. Gesellschafterwechsel

a) Komplementäre

wie bei OHG

Hinsichtlich des Wechsels eines Komplementärs kann in vollem Um- 382
fang auf die Ausführungen zur OHG verwiesen werden.

b) Kommanditisten

Wechsel durch Doppelvertrag

Die Übertragung eines Kommanditanteils im Wege des Doppelver- 383
trags (vgl. oben Rn. 207) begründet keine besonderen haftungsrechtlichen Probleme.

Wechsel durch Abtretung

Schwieriger sind die Haftungsverhältnisse, wenn ein Kommanditist 384
seinen Anteil im Wege der Abtretung überträgt.

Bsp.: *Die M & H Landmaschinenvertriebs-KG besteht aus Maier als persönlich haftendem Gesellschafter und Huber als Kommanditisten. Hubers Haftsumme beträgt 30.000 € und ist voll erbracht. Die KG kauft bei Dietrich Ersatzteile für 30.000 €. Kurze Zeit später veräußert Huber seinen Geschäftsanteil mit der Zustimmung Maiers für einen Kaufpreis von 40.000 € an den Schulze. Im Handelsregister wird das Ausscheiden des Huber und der Eintritt des Schulze als sein Rechtsnachfolger eingetragen. Dietrich verlangt nun von Huber und Schulze persönlich Kaufpreiszahlung. Zu Recht?*

Dietrich hat einen Kaufpreisanspruch gegen die KG aus §§ 161 II, 124 I HGB i.V.m. § 433 II BGB.

I. Für diesen vor seinem Ausscheiden begründeten Anspruch könnte Huber gem. §§ 171 I Hs. 1, 161 II, 160 I HGB haften. Mit Leistung seiner Hafteinlage an die KG wurde er zunächst von seiner persönlichen Haftung befreit, § 171 I Hs. 2 HGB.

Fraglich ist jedoch, ob die Entgegennahme des Kaufpreises für seinen Geschäftsanteil i.H.v. 40.000 € von Schulze als Einlagenrückgewähr i.S.d. § 172 IV S. 1 HGB zu werten ist. In diesem Fall wäre seine persönliche Haftung wieder aufgelebt. Unter Rückzahlung i.S.d. § 172 IV S. 1 HGB versteht man jede Zuwendung eines Vermögenswertes an den Kommanditisten aus dem Gesellschaftsvermögen, die erfolgt, ohne dass der Gesellschaft ein gleicher Vermögenswert zufließt. Dies ist hier nicht der Fall:

Die 40.000 € erhielt Huber nämlich nicht aus dem Gesellschaftsvermögen, sondern von Schulze.

Da die Rechtsnachfolge des Schulze in das Handelsregister eingetragen wurde, ist auch nach außen nicht der Eindruck einer Zahlung aus dem Gesellschaftsvermögen erweckt worden. Eine persönliche Haftung des Huber entfällt somit.

I. Als neu eingetretener Kommanditist haftet Schulze gem. §§ 173 I, 171 f. HGB für die Altschulden der KG, zu denen auch der Kaufpreisanspruch des Dietrich zählt. Durch die Übertragung des Kommanditanteils ist Schulze im Wege der Sonderrechtsnachfolge aber vollständig in die Gesellschafterstellung des Huber eingetreten. Die von Huber geleistete Hafteinlage wirkt daher zu seinen Gunsten. Dietrich ist von der persönlichen Haftung gem. § 171 I Hs. 2 HGB befreit.

Rechtsnachfolgevermerk

Zusammenfassend lässt sich feststellen, dass bei der Abtretung eines Kommanditanteils weder der alte noch der neue Kommanditist persönlich haften, wenn die Haftsumme erbracht und ein sog. **Rechtsnachfolgevermerk** eingetragen ist. 385

Abwandlung: *Im Handelsregister werden nur das Ausscheiden des Huber und der Eintritt des Schulze eingetragen. Auf die Rechtsnachfolge wird nicht hingewiesen.*

I. Haftung des Huber: Wie im Ausgangsfall liegt keine Einlagenrückgewähr i.S.d. § 172 IV S. 1 HGB vor, da keine Zahlung aus dem Gesellschaftsvermögen erfolgte. Problematisch ist jedoch das Fehlen des Rechtsnachfolgevermerks im Handelsregister: Ein potentieller Gesellschaftsgläubiger, der in das Handelsregister Einsicht nimmt, muss davon ausgehen, dass Schulze - völlig unabhängig von dem Ausscheiden Huber - in die KG eingetreten ist. Wäre dies aber der Fall, dann stünde ihm als Gläubiger die eingetragene Haftsumme von 30.000 € gleich doppelt zur Verfügung: Zum einen die Haftsumme des Huber (entweder im Gesellschaftsvermögen oder, falls sie zurückgezahlt wurde, als persönliche Haftung gem. § 172 IV S. 1 HGB), zum anderen die Haftsumme des Schulze (entweder im Gesellschaftsvermögen oder als persönliche Haftung gem. § 171 I Hs. 1 HGB). Da die Rechtsnachfolge nicht eingetragen ist, kann sie dem Gläubiger nicht entgegengehalten werden, § 15 I HGB.

Nach h.M. wirkt die im Gesellschaftsvermögen befindliche Hafteinlage zugunsten des neuen Kommanditisten. Zu Lasten des alten Gesellschafters ist § 172 IV S. 1 HGB entsprechend anzuwenden, so dass die Haftsumme des Huber den Gesellschaftsgläubigern gegenüber als nicht geleistet gilt. Huber kann sich daher nicht auf § 171 I Hs. 2 HGB berufen, sondern muss die Kaufpreisforderung des Dietrich erfüllen.

II. Schulze - zu dessen Gunsten als Sonderrechtsnachfolger die Leistung der Haftsumme wirkt - ist hingegen gem. § 171 I Hs. 2 HGB von seiner persönlichen Haftung befreit.

fehlender Rechtsnachfolgevermerk

Ist also die Rechtsnachfolge nicht eingetragen, so haftet nach h.M. der **Ausscheidende**, § 171 I Hs. 1 HGB i.V.m. § 172 IV S. 1 HGB analog. 386

hemmer-Methode: Kein ganz einfacher, aber ein wichtiger Fall. Ganz ähnlich verhält es sich, wenn ausschließlich der Eintritt des neuen Kommanditisten eingetragen wird. Der Altkommanditist haftet dann gem. §§ 171, 161 II, 143 II, 15 I HGB auch für Neuschulden der KG. Die bereits geleistete Hafteinlage kommt aufgrund der Rechtsnachfolge nur dem neuen Kommanditisten zugute, § 171 I Hs. 2 HGB.

c) Umwandlung der Gesellschafterstellung

bei Umwandlung bleibt Mitgliedschaft erhalten

Soll ein Komplementär zum Kommanditisten werden oder umgekehrt, so liegt kein Austritt mit gleichzeitigem Neueintritt vor. Die Gesellschaftszugehörigkeit bleibt vielmehr ohne Unterbrechung erhalten. Es ändern sich lediglich Inhalt der Mitgliedschaftsrechte und die Haftung. 387

Bsp.: Ein Kommanditist wird zum Komplementär.

Er haftet für Neu- wie Altschulden der KG unbeschränkt. Für Neuschulden ergibt sich dies aus §§ 161 II, 128 S. 1 HGB, für Altschulden aus §§ 161 II, 130 I HGB.

Bsp.: Ein Komplementär wird zum Kommanditist.

Für Altverbindlichkeiten, also solche, die zum Zeitpunkt der Eintragung der Änderung begründet waren, haftet er weiter betragsmäßig unbeschränkt gem. § 160 III S. 1, I, II HGB. Daneben tritt die allgemeine Kommanditistenhaftung, § 160 III S. 3 HGB. Für Verbindlichkeiten, die zwischen der Umwandlung der Gesellschafterstellung und deren Eintragung begründet werden, ist ausnahmsweise § 176 II HGB nicht anwendbar (h.M.). Stattdessen werden die Gesellschaftsgläubiger durch die §§ 128 S. 1, 143 II, 15 I HGB geschützt.

4. Die Beendigung der KG

Im Bereich der Beendigung der KG ergeben sich mittlerweile keine wesentlichen Unterschiede mehr zum Recht der OHG. Denken Sie daran, dass auch das Ausscheiden des letzten Komplementärs zwingend zur Beendigung der KG führt. 388

D. Innengesellschaften

Außengesellschaften

Bislang haben wir nur Gesellschaften behandelt, die im Rechtsverkehr nach außen auch als solche auftraten und bei denen ein gesamthänderisch gebundenes Sondervermögen gebildet wurde. Man spricht auch von sog. **Außengesellschaften**. 389

Innengesellschaften

Aufgrund der Vertragsfreiheit ist es jedoch auch möglich, Gesellschaften zu gründen, die diese Merkmale nicht aufweisen. Es handelt sich dann um sog. **Innengesellschaften**. Diese zeichnen sich also dadurch aus, dass 390

- sich die Gesellschafter zwar vertraglich zur Förderung eines gemeinsamen Zwecks zusammenschließen (§ 705 BGB),
- die Gesellschaft jedoch **nach außen nicht auftreten soll**, sondern nur ein Gesellschafter, der die Geschäfte im eigenen Namen abschließt, während sie im Innenverhältnis auf gemeinsame Rechnung erfolgen.

i.d.R. kein Gesamthandsvermögen

Da die Gesellschaft nicht nach außen in Erscheinung tritt, findet auch **keine Vertretung** statt. In aller Regel wird auch kein Gesamhandsvermögen gebildet, was aber nach h.M. rechtlich möglich sein soll. Die Existenz der Gesellschaft muss Dritten gegenüber allerdings nicht geheim gehalten werden. 391

OHG und KG immer Außengesellschaften

Die Personenhandelsgesellschaften (OHG, KG) sind immer Außengesellschaften, da sie gerade darauf angelegt sind, unter ihrer Firma (§ 17 I HGB) im Rechtsverkehr aufzutreten. 392

BGB-Innengesellschaft

Daher sind die allermeisten Innengesellschaften als GbR organisiert (sog. **BGB-Innengesellschaften**). Einzige Sonderform ist die **Stille Gesellschaft** (§§ 230 ff. HGB), bei der sich eine Person als stiller Gesellschafter an einem Handelsgewerbe beteiligt. 393

I. Die BGB-Innengesellschaft

hemmer-Methode: Die BGB-Innengesellschaft ist sicher die in der Praxis häufigste Gesellschaftsform. Wahrscheinlich waren Sie schon Mitglied zahlreicher solcher Innengesellschaften, ohne sich das überhaupt klargemacht zu haben.

Entstehung

Wie bei jeder Personengesellschaft ist auch hier ein Vertrag erforderlich, durch den sich mehrere Personen gegenseitig die Förderung eines gemeinsamen Zwecks versprechen. Häufig erfolgt dieser Vertragsschluss konkludent. 394

Beispiele für BGB-Innengesellschaften: *Ehegatten-Innengesellschaft, Fahrgemeinschaft, Lotto-Tippgemeinschaft etc.*

hemmer-Methode: An die Möglichkeit einer BGB-Innengesellschaft müssen Sie in der Klausur immer denken, wenn mehrere Personen auf ein gemeinsames Ziel hin zusammenwirken. Gerade bei diesen Gelegenheitsgesellschaften des täglichen Lebens stellt sich dann oft die Frage, ob die Beteiligten sich überhaupt rechtlich binden wollen (Rechtsbindungswille/Abgrenzung zur bloßen Gefälligkeit).

kein Außenverhältnis

Da die Innengesellschaft nach außen nicht in Erscheinung tritt, gibt es auch kein „Außenverhältnis" im herkömmlichen Sinne. Die Gesellschaft wird nicht vertreten und haftet nicht. Ihr kommt keinerlei rechtliche Selbständigkeit zu. In der Regel wird nur derjenige Vertragspartner, der nach außen auftritt. 395

Bsp.: Max Maier betreibt auf dem Grundstück seiner Frau eine Gaststätte. Er kauft ein und betreut die Gäste.

Bei dem Einkauf wird nur Max Maier verpflichtet, die Verträge mit den Gästen kommen nur mit Max zustande. Seine Ehefrau oder die „Ehegatten-Gesellschaft", die nicht nach außen auftritt, wird durch die Rechtsgeschäfte nicht verpflichtet. Es findet lediglich ein Ausgleich zwischen den Ehegatten im Innenverhältnis statt (dazu sogleich). Es handelt sich damit um eine sog. BGB-Innengesellschaft.

Innenverhältnis

In Bezug auf das Innenverhältnis kann weitgehend auf die Ausführungen zur BGB-Außengesellschaft verwiesen werden. Besonderheiten ergeben sich daraus, dass regelmäßig kein Gesamthandsvermögen gebildet wird. Mangels eines solchen sind die Beiträge an den nach außen hervortretenden Hauptgesellschafter zu leisten; nach der Auflösung besteht ein schuldrechtlicher Abfindungsanspruch der Innenbeteiligten gegen den Hauptgesellschafter. 396

II. Die stille Gesellschaft, §§ 230 ff. HGB

§§ 230 ff. HGB

Die stille Gesellschaft (§§ 230 ff. HGB) ist die handelsrechtliche Sonderform der BGB-Innengesellschaft. Die Besonderheit liegt darin, dass der **Hauptgesellschafter ein Handelsgewerbe betreibt**, an dem der Stille sich durch eine Vermögenseinlage beteiligt, § 230 I HGB. 397

reine Innengesellschaft

Auch die stille Gesellschaft ist eine **reine Innengesellschaft**: Aus den im Betrieb geschlossenen Geschäften wird gem. § 230 II HGB allein der Inhaber berechtigt und verpflichtet, es gibt daher weder Gesellschaftsschulden noch eine gesellschaftsrechtliche Haftung des Stillen. Seine Einlage hat der Stille in das Vermögen des Inhabers zu leisten, § 230 I HGB.

hemmer-Methode: Die stille Gesellschaft bietet dem Stillen die Möglichkeit der Beteiligung an einem Handelsgewerbe mit begrenztem Kapitaleinsatz (§ 232 II HGB), ohne eigene Mitarbeit, ohne unmittelbare Haftung und ohne Offenlegung seiner Beteiligung im Handelsregister.

An dieser Stelle kann die Stille Gesellschaft nur grob skizziert werden. Lesen Sie deshalb in unserem Skript GesellschaftsR die Rn. 337 ff. und - vor allem - die §§ 230 bis 236 HGB im Gesetz!

Unter bestimmten Voraussetzungen kann der entsprechende Gesellschaftsvertrag formbedürftig sein. Dies z.B. dann, wenn der Vertrag mit einer GmbH geschlossen wird und darin die Verpflichtung enthalten ist, Gesellschaftsanteile an der GmbH auf den stillen Gesellschafter zu übertragen, vgl. § 15 IV GmbHG. Zur Frage, inwieweit die entsprechende Formnichtigkeit den gesamten Gesellschaftsvertrag erfasst vgl. BGH, Life&Law 2010, 511 ff.

E. Systematik der Personengesellschaften

Bisher sind die wichtigsten - und für den Pflichtfachbereich relevanten - Personengesellschaften dargestellt worden.

Systematik

Graphisch ließen sich diese etwa folgendermaßen systematisieren: 398

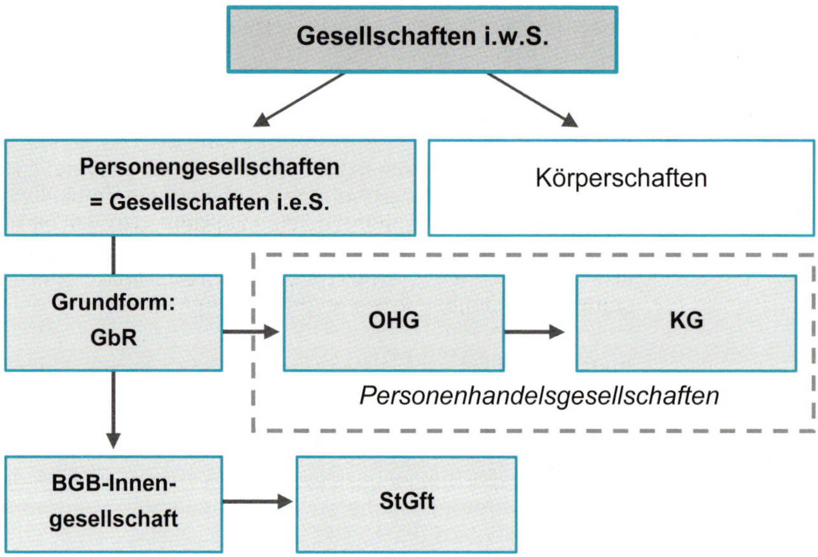

hemmer-Methode: Achten Sie auf eine genaue Terminologie: Die sog. *Personenhandelsgesellschaften* OHG und KG zeichnen sich durch den Betrieb eines Handelsgewerbes unter gemeinschaftlicher Firma aus (§§ 105 I, 161 I HGB). In diesem Sinne ist die stille Gesellschaft keine Handelsgesellschaft, sondern die handelsrechtliche Sonderform der BGB-Innengesellschaft. Vgl. auch die amtliche Überschrift vor § 105 HGB („Handelsgesellschaften *und* stille Gesellschaft“).

Die gemeinsamen Strukturmerkmale der Personengesellschaften werden weiter unten in Abgrenzung zu denen der Körperschaften entwickelt.

§ 3 DAS RECHT DER KÖRPERSCHAFTEN

A. Überblick

In der Grundlegenden Unterscheidung des Gesellschaftsrechts bilden die **Körperschaften** den Gegenbegriff zu den Personengesellschaften. 399

Stellen Sie sich vor, ein Großverein, wie z.B. der ADAC, mit mehreren Millionen Mitgliedern, soll effizient funktionieren. Welcher Umstand lässt es zwingend erscheinen, ihn als Körperschaft zu organisieren?

Rechtliche Verselbständigung

Eine solch große Anzahl an Mitgliedern lässt sich nur durch **rechtliche Verselbständigung** handhaben. Bei einer Personengesellschaft wäre schon ein Wechsel des Mitgliederbestands höchst problematisch. Nur wenn die Körperschaft rechtlich selbständig ist, kann der Ein- und Austritt von Mitgliedern vereinfacht werden. 400

Organe

Andererseits muss die Körperschaft als solche handlungsfähig sein: Dazu müssen **Organe** bestellt werden, durch die die Körperschaft selbständig handeln kann. 401

Trennungsprinzip

Auch für die zentrale Frage des Gesellschaftsrechts - Wer haftet für Verbindlichkeiten? - wirkt sich die Verselbständigung aus: Hat die Körperschaft eine eigene Rechtspersönlichkeit, so haftet nur sie alleine mit ihrem Vermögen für von ihr begründete Verbindlichkeiten. Rechtlich davon zu trennen sind die Mitglieder, die nicht für Verbindlichkeiten der Körperschaft haften (sog. **Trennungsprinzip**). Es ist in § 1 I 2 AktG und § 13 II GmbHG normiert, findet aber auf alle rechtsfähigen Körperschaften Anwendung. 402

hemmer-Methode: Während § 128 S. 1 HGB die persönliche Haftung für Gesellschaftsverbindlichkeiten gegenüber „den Gläubigern“ normiert, werden Sie eine Haftung des Geschäftsführers *für Verbindlichkeiten der GmbH* im Gesetz vergeblich suchen!

B. Der rechtsfähige Verein

Der rechtsfähige Verein, §§ 21 ff. BGB stellt, vergleichbar mit der GbR für die Personengesellschaften, den Grundtypus der Körperschaften dar. Eine Definition lässt sich mit Hilfe von § 21 BGB ermitteln: 403

- Einen „Verein“ könnten wir als Personenvereinigung bezeichnen. Also eine körperschaftlich verfasste Personenvereinigung.
- § 21 BGB schreibt einen nicht wirtschaftlichen "Zweck" vor. Darin besteht die Abgrenzung zu § 22 BGB, dem wirtschaftlichen Verein.

hemmer-Methode: Warum kann ein wirtschaftlicher Verein § 22 BGB nur durch besondere staatliche Beleihung Rechtsfähigkeit erlangen?
Die Antwort lautet: Trennungsprinzip! Die Gläubiger können nur auf das Vermögen der Körperschaft als Haftungsmasse zugreifen. Aus Gründen des Gläubigerschutzes soll deswegen verhindert werden, dass Körperschaften ohne jegliches Stammkapital am Wirtschaftsverkehr teilnehmen. Die Gesellschafter werden auf die wirtschaftlich ausgerichteten Kapitalgesellschaften wie GmbH, AG, KGaA verwiesen.

➲ Besonderheit des § 21 BGB ist die Rechtsfähigkeit. Der rechtsfähige Verein besitzt eine **eigene Rechtspersönlichkeit**.

Definition

Ein Verein ist also eine **körperschaftlich verfasste Personenvereinigung mit eigener Rechtspersönlichkeit.** 404

I. Gründung des Vereins

Die Entstehung eines rechtsfähigen Vereins setzt die Eintragung im Vereinsregister voraus, § 21 BGB. Damit die Eintragung erfolgt, d.h. die Anmeldung nicht gem. § 60 BGB zurückgewiesen wird, müssen die in §§ 56 - 59 BGB aufgestellten Erfordernisse erfüllt sein: 405

Mindestens 7 Mitglieder

➲ Es müssen grundsätzlich **mindestens sieben Gründungsmitglieder** vorhanden sein, § 56 BGB. 406

Vereinsvorstand

➲ Bereits zur Gründung notwendiges Organ des Vereins ist der **Vereinsvorstand**, **§ 26 I S. 1 BGB**. Dieser nimmt auch die Anmeldung des Vereins zur Eintragung gem. § 59 BGB vor. 407

Satzung

➲ Die Gründungsmitglieder müssen eine **Satzung** errichten, § 57 BGB. 408

Was ist eine Satzung?

Die Satzung ist gem. § 25 BGB die "Verfassung" des Vereins. Heißt das aber, dass er gleichsam wie eine Rechtsnorm wirkt? Ja und Nein! Die Satzung wird zunächst - wie ein Gesellschaftsvertrag - durch übereinstimmende Willenserklärungen der Gründer geschlossen. Sie ist also im **Stadium der Gründung** ein **Vertrag**. Im **späteren** Verlauf hingegen ist sie **wie** eine **Rechtsnorm** zu behandeln. Die Satzung ist dann nicht wie ein Vertrag nach §§ 133, 157 BGB, sondern aus sich heraus nach dem Vereinszweck auszulegen. Sie unterliegt dabei der vollen gerichtlicher Überprüfung. 409

hemmer-Methode: Versuchen Sie den „Background“ zur Rechtsnatur der Satzung zu erfassen. Zum Zeitpunkt der Gründung besteht noch keine Notwendigkeit dafür, die Satzung einer Rechtsnorm anzugleichen. Charakteristisch für einen rechtsfähigen Verein ist jedoch, dass er in seinem Bestand unabhängig von dem Wechsel seiner Mitglieder ist.

Nicht bei jedem Mitgliederwechsel soll eine Änderung des „Gesellschaftsvertrags“ notwendig sein. Daher werden die Modalitäten des Vereinslebens quasi „eingefroren“. Die Vereinssatzung wird einer Rechtsnorm ähnlich.

Die Satzung erlangt immer dort Bedeutung, wo die gesetzlichen Regelungen dispositiv sind: Für das Vereinsrecht §§ 26 ff. BGB legt § 40 BGB (lesen!) ausdrücklich fest, wann dies der Fall ist. Es handelt sich dabei um Regelungen des Innenverhältnisses.

II. Innenverhältnis

Die Einzelpersonen des Vereins, die Mitglieder, stehen in Rechtsbe- *410*
ziehungen zum Verein, als selbständige juristische Person. Auch beim Verein sind also Innen- und Außenverhältnis zu unterscheiden.

Mitgliedschaft

Die Mitgliedschaft begründet bestimmte Pflichten (Treuepflichten, Beitragspflicht, vgl. § 58 Nr.2 BGB) und grundsätzlich unübertragbare (§ 38 BGB) Rechte, wie das Stimmrecht in der Mitgliederversammlung.

Der Verein weist zwei zwingend vorgeschriebene Organe auf, den Vorstand und die Mitgliederversammlung.

1. Mitgliederversammlung

Mitgliederversammlung

Das oberste Organ des Vereins ist die Versammlung seiner Mitglie- *411*
der. Soweit Aufgaben nicht anderen Organen zugewiesen sind, ist gem. § 32 I S. 1 BGB die Mitgliederversammlung zuständig. Wichtig ist insbesondere die Kompetenz zur Satzungsänderung, § 33 BGB. Auch die Bestellung des Vorstandes erfolgt grundsätzlich durch die Mitgliederversammlung, § 27 I BGB.

2. Vorstand

Vorstand

Die Hauptaufgabe des Vorstandes besteht in der Führung der Ge- *412*
schäfte des Vereins nach außen. Er ist das Handlungsorgan des Vereins. Er besitzt die **Geschäftsführungsbefugnis** und - im Außenverhältnis - die Vertretungsmacht

Kontrolle des Vorstands

Klausurrelevant im Innenverhältnis ist insbesondere die Kontrolle des Vorstandes durch die Mitgliederversammlung. Die §§ 27 III i.V.m. 664 ff. BGB können eine Beschränkung der Geschäftsführungsbefugnis bewirken:

Grundfall: *Maier ist Mitglied des örtlichen Kleintierzüchtervereins „Truthahn e.V.". Er wurde in der Mitgliederversammlung zum Vorstand bestellt (§ 27 I BGB). Die Mitgliederversammlung beschließt, ab sofort eine "Haushaltssperre" zu verhängen, um die Vereinskasse zu sanieren.*

Geschäfte über 2.500 € sollen nur nach weiterem Beschluss der Mitgliederversammlung vorgenommen werden. Maier, der von solchen Sparmaßnahmen nicht viel hält, kauft für den Verein einen Anhänger von Schulze für 4.000 €. Der Verein muss den Anhänger mit 1.000 € Verlust weiterverkaufen. Die Mitglieder wenden sich an Maier und fordern Ersatz des Schadens.

Anspruch aus § 280 I BGB

1. § 280 I BGB ist anwendbar; es liegt ein Schuldverhältnis vor. Zwischen Vorstand und Verein liegt - je nachdem ob eine Vergütung gewährt wird oder nicht - ein entgeltlicher oder unentgeltlicher Geschäftsbesorgungsvertrag vor.

2. Die erforderliche Pflichtverletzung setzt eine Sorgfaltspflicht voraus. Diese ergibt sich aus der Weisung der Mitgliederversammlung, keine Geschäfte über 2.500 € vorzunehmen. Solche Weisungen sind im Innenverhältnis für den Vorstand gem. §§ 27 III, 665 BGB bindend. In der Überschreitung der Grenze von 2.500 € liegt demnach eine Pflichtverletzung.

3. Ein Verschulden des M liegt vor. Der Vorstand haftet für jedes Verschulden i.S.d. § 276 BGB (§ 708 BGB findet keine Anwendung!). § 31 BGB ist vorliegend nicht einschlägig. Denn über diese Vorschrift kann nur ein schuldhaftes Verhalten des Vorstands dem Verein zugerechnet werden. Hier geht es aber um die Haftung des Vorstands gegenüber dem Verein.

4. Ein Schaden von 1.000 € ist entstanden.

Der Anspruch besteht. Er ist von der Mitgliederversammlung geltend zu machen.

III. Außenverhältnis

hemmer-Methode: Juristische Personen können nicht selbst handeln. Sie sind gewissermaßen Körper ohne Gliedmaßen. Ihnen muss durch die Organe Leben "eingehaucht" werden. Daher bestehen bei Körperschaften Organe zur Willensbildung, Geschäftsführung und zur Vertretung. Um in unserem Bild zu bleiben: Das Ergebnis der Überlegung des Gehirns (Willensbildung) wird im Nervensystem weitergeleitet. Es sagt den Muskeln, was sie tun sollen (Geschäftsführungsbefugnis). Das einzige was nach außen sichtbar wird, ist die Handlung (Vertretung, sonstiges Organhandlungen). Nur mit der letzten Stufe befasst sich das Außenverhältnis. 413

1. Vertretung des Vereins

Gem. § 26 I S.2 BGB vertritt der Vorstand den Verein umfassend nach außen. Dabei handelt es sich um organschaftliche Vertretungsmacht. 414

a) Grundsatz der Drittorganschaft

Bei den Personengesellschaften durften nur Gesellschafter Inhaber organschaftlicher Vertretungsmacht sein. Zudem musste die Gesellschaft durch ihre Gesellschafter handlungsfähig sein. Bei Körperschaften gilt dies nicht. Ein Verein kann also gem. § 27 I BGB einen Vorstand bestellen, der nicht Mitglied des Vereins ist. Bei Körperschaften beruht die Vertretungsmacht auf Bestellung, nicht auf der Gesellschafterstellung wie bei Personengesellschaften. 415

hemmer-Methode: Bei den Personengesellschaften war entscheidend, dass alle Gesellschafter haftungsrechtlich "in einem Boot" sitzen. Dann sollen sie auch bestimmen können in welchen Gewässern sie sich bewegen. Dieses Bild ist wegen des Trennungsprinzips nicht auf die Körperschaften übertragbar.

b) Umfang der Vertretungsmacht

Grundsätzlich ist die organschaftliche Vertretungsmacht des Vorstands unbeschränkt. Allerdings regelt § 26 I S. 3 BGB eine wichtige Ausnahme. Der Mechanismus dieser Einschränkung sei an einem Beispiel dargestellt: 416

> ***Abwandlung*** *(zum Grundfall): Maier, der Vorstand des „Truthahn e.V." kauft im Namen des Vereins einen Anhänger für 8.000 € von Schulze. Bereits einen Monat zuvor hatte die Mitgliederversammlung folgende Satzungsänderung mit einer Mehrheit von 20 zu 2 Stimmen beschlossen: „Die Vertretungsmacht des Vorstandes umfasst nur Rechtsgeschäfte mit einem Verpflichtungsvolumen von höchstens 5.000 €. Rechtsgeschäfte, die diesen Betrag überschreiten, bedürfen zu ihrer Wirksamkeit der Einwilligung der Mitgliederversammlung". Bei der Mitgliederversammlung waren alle Mitglieder anwesend. Die Satzungsänderung wurde aus Nachlässigkeit jedoch nicht im Vereinsregister eingetragen.*
>
> *Kann Schulze die Kaufpreiszahlung von dem Verein verlangen?*
>
> Schulze könnte einen Anspruch auf 8.000 € aus § 433 II BGB haben. Voraussetzung ist ein wirksamer Kaufvertrag, § 433 BGB. Problematisch ist einzig die Willenserklärung des Vereins.

1. Die Willenserklärung des M müsste für und gegen den Verein wirken, § 164 I S. 1 BGB. Eine eigene WE in fremdem Namen liegt vor. Die Willenserklärung müsste im Rahmen der Vertretungsmacht abgegeben worden sein. Vorstand M war gem. § 26 I 2 BGB grundsätzlich vertretungsberechtigt. Der Umfang der Vertretungsmacht kann jedoch gegenüber Dritten beschränkt werden, § 26 I S. 3 BGB. Dies ist hier geschehen: Eine Beschränkung auf 5.000 € wurde hier in der Satzung festgelegt.

hemmer-Methode: Beachten Sie den entscheidenden Unterschied der Abwandlung zum Grundfall! Im Grundfall lag lediglich ein nichtsatzungsändernder Beschluss der Mitgliederversammlung vor. Dieser kann e contrario § 26 I S. 3 BGB nicht zu einer Beschränkung der Vertretungsmacht des Vorstandes gegenüber Dritten führen. Hier hingegen erfolgt eine Satzungsänderung. Eine Beschränkung der Vertretungsmacht ist grundsätzlich möglich.

2. Diese Einschränkung der Vertretungsmacht kann dem S jedoch nicht entgegengehalten werden, wenn sie nicht im Vereinsregister eingetragen wurde. Dies ergibt sich aus §§ 70, 68 S. 1 BGB. Der Verein kann sich nicht auf fehlende Vertretungsmacht des M berufen. Daher hat M den Verein gegenüber S wirksam vertreten. Der Vertrag besteht.

S hat einen Anspruch auf Kaufpreiszahlung i.H.v. 8.000 €.

hemmer-Methode: Die sog. negative Publizität ist ein häufig gebrauchter Regelungsmechanismus des Vertrauensschutzes. Dritte sollen auf die Nichtexistenz nicht eingetragener Tatsachen vertrauen können, oder wie es das Gesetz formuliert (§ 68 BGB): Die nicht eingetragene Tatsache „kann ... den Dritten [nicht] entgegengesetzt werden“. Lesen Sie unbedingt einmal § 68 BGB und § 15 I HGB im Vergleich, um diese Idee weiter zu vertiefen!

c) Mehrgliedriger Vorstand

Aktivvertretung bei mehreren Vorständen

Um eine interne Kontrolle zu ermöglichen, wird der Vorstand in der Praxis häufig aus mehreren Personen bestehen. § 28 BGB setzt diese Möglichkeit als selbstverständlich voraus. § 26 II S. 2 BGB regelt die **Passivvertretung**. Für die **Aktivvertretung** regelt § 26 II S. 1 BGB ein Mehrheitsprinzip. 417

hemmer-Methode: Folgendes gilt es bei dem "mehrköpfigen Vorstand" unbedingt zu beachten: 418
Auch bei mehreren Vorständen muss nicht jeder Vertrag unter Anwesenheit von mindestens 2 Vorständen geschehen. Es bietet sich immer die Möglichkeit, rechtsgeschäftliche Vertretungsmacht „zwischen zu schalten“. Dabei muss sich diese aber auf organschaftliche Vertretungsmacht zurückführen lassen.

2. Die Haftung

a) Haftung für Vereinsverbindlichkeiten

vertragliche Verbindlichkeiten

419 Als juristische Person ist der rechtsfähige Verein selbst Träger der durch Vertrag begründeten Rechte und Pflichten. Für vertragliche Primärverbindlichkeiten haftet daher nur der Verein mit dem Vereinsvermögen, nicht die einzelnen Mitglieder persönlich. Dies ist die zentrale Aussage des **Trennungsprinzips**. Eine sog. Durchgriffshaftung für Verbindlichkeiten des Vereins ist der absolute Ausnahmefall.

b) Haftung für verschuldensabhängige Verbindlichkeiten

Zurechnung gem. § 31 BGB

420 Bei verschuldensabhängigen Verbindlichkeiten stellt sich stets die Frage, ob das zum Schadensersatz verpflichtende Verhalten dem Verein zugerechnet werden kann. Die **zentrale Zurechnungsvorschrift** des Vereinsrechts ist **§ 31 BGB**.

Nach § 31 BGB haftet der Verein für zum Schadensersatz verpflichtenden Handlungen

persönlicher Anwendungsbereich

421
- des Vorstandes,
- von Mitgliedern des Vorstandes,
- oder von verfassungsmäßig berufenen Vertretern (weit auszulegen). Es genügt, wenn der Person wesensgemäße Funktionen des Organs zur eigenverantwortlichen Erfüllung zugewiesen sind und sie somit als **Repräsentant** des Vereins auftritt.

sachlicher Zusammenhang

422
- Der Verein haftet nur für **„in Ausführung der ihm zustehenden Verrichtungen“** begangenen Handlungen. Der Repräsentant muss gewissermaßen "amtlich" im sachlichen Zusammenhang mit den zugewiesenen Funktionen tätig werden. Handlungen **„nur bei Gelegenheit“** genügen hingegen nicht.

  Bsp.: *So handelt z.B. der Vorstand des „Truthahn e.V.“ nur bei Gelegenheit, wenn er bei der Sitzung des unterfränkischen Kleintierzuchtverbandes die Brieftasche des Funktionärs Friedrich stiehlt.*

deliktische Haftung

423 Für deliktische Handlungen des Vorstandes oder anderer "Repräsentanten" i.S.d. § 31 BGB haftet also der Verein mit dem Vereinsvermögen. Anspruchsgrundlage ist §§ 823 ff. i.V.m. § 31 BGB. Daneben besteht natürlich ein Anspruch gem. § 823 ff. BGB gegen den deliktisch Handelnden. Verein und Handelnder sind Gesamtschuldner, § 840 I BGB.

hemmer-Methode: Unterscheiden Sie exakt zwischen § 31 BGB und § 831 BGB. Bei § 831 BGB handelt es sich um eine eigene Anspruchsgrundlage, keine Zurechnungsnorm! So darf man bei einem deliktischen Handeln des Vorstandes den Anspruch gegen den Verein nicht aus § 831 BGB begründen. Der Vorstand ist gerade kein Verrichtungsgehilfe. Vielmehr ist das Verschulden i.R.d. § 823 BGB über § 31 BGB zuzurechnen. Hat dagegen tatsächlich ein Verrichtungsgehilfe für den Verein gehandelt, so haftet der Verein nach § 831 i.V.m. § 31 BGB: Die Anspruchsgrundlage § 831 BGB setzt ein vermutetes Eigenverschulden des Geschäftsherrn, also des Vereins, voraus. Dieses wird durch das betreffende Organ als eigenes Verschulden gem. § 31 BGB zugerechnet.

Vertragliche Pflichtverletzungen

Bei vertraglichen oder vertragsähnlichen Pflichtverletzungen (§§ 280 ff. BGB) könnte man aus dem Wortlaut des § 31 BGB („...zum Schadensersatz verpflichtende Handlung...") Bedenken gegen eine Zurechnung als eigenes Verschulden anmelden. Dazu folgendes

Bsp.: *Der Reitsportverein „SC Sattelfest e.V." richtet anlässlich seines 5-jährigen Bestehens ein Reitturnier aus. Vereinsvorstand V, der den Reitparcours selbst abgesteckt hat, vernachlässigt auf Kosten spektakulärer Sprünge die Sicherheit der Teilnehmer. An einer besonders schlecht abgesicherten Stelle stürzt der erfahrene Amateurspringreiter Dietrich. Sein Pferd „Fury" bricht sich den Vorderfußknochen und muss in tierärztliche Behandlung gegeben werden.*

Kann Dietrich vom SC Sattelfest den Ersatz der Tierarztkosten i.H.v. 7.000 € verlangen?

I. Anspruch des D auf Ersatz der 7.000 € gegen den „SC Sattelfest e.V." aus § 280 I BGB i.V.m. § 31 BGB

1. Zwischen Dietrich als Teilnehmer des Reitturniers und dem Verein besteht ein vertragliches Schuldverhältnis als Grundlage für eine Haftung aus § 280 I BGB. Bei der Teilnahme an einem Reitturnier kommt ein typengemischter Vertrag mit vereinzelt mietvertraglichen, überwiegend jedoch dienstvertraglichen Elementen zustande.

2. § 241 II BGB ist hier anwendbar, da die maßgebliche Pflichtverletzung hier Schutzpflichten und damit vertragliche Nebenpflichten betrifft. Dagegen wird die mietvertragliche Gewährleistung durch eine mangelhafte Absicherung des Reitparcours nicht berührt.

3. Bei dem Reitturnier wurden die Schutzpflichten gegenüber den Teilnehmern vernachlässigt, wichtige Schutzvorkehrungen zu Sicherung der Strecke wurden unterlassen.

4. Fraglich ist jedoch, wie das **Verschulden des V dem Verein zugerechnet werden** kann. Nach seinem Gesetzeswortlaut scheint eine Zurechnung des Verschuldens des Vorstandes nach 31 BGB bei § 280 I BGB nicht möglich zu sein: Mit dem Vorstand ist kein Vertrag zustande gekommen. Die Sorgfaltspflichten i.S.d. § 241 II BGB treffen den Verein, nicht den Vorstand persönlich. V hat streng genommen im Rahmen vertraglicher Schuldverhältnisse keine **„zum Schadensersatz verpflichtende Handlung"** vorgenommen. Es scheint nur eine Zurechnung über § 278 BGB möglich.

Eine Beschränkung auf die Zurechnung als Erfüllungsgehilfe würde aber die juristische Person gegenüber natürlichen Personen ungerechtfertigt besser stellen. So bestünde für den Verein die Möglichkeit, sich gem. §§ 278 S. 2, 276 II BGB von der Haftung freizuzeichnen. Um eine solche ungerechtfertigte Besserstellung juristischer Personen gegenüber natürlichen Personen zu vermeiden, wird § 31 BGB von der h.M. auch im vertraglichen Bereich angewandt. Dem SC Sattelfest ist das Verschulden des V als eigenes Verschulden gem. § 31 BGB zuzurechnen.

5. Damit hat D einen Anspruch auf Ersatz der durch die Pflicht- *424*
verletzung entstandenen Tierarztkosten i.H.v. 7.000 €.

II. Daneben besteht ein Anspruch des D auf Ersatz der 7.000 € aus §§ 823 I, 31 BGB. Die Verletzung des Pferdes stellt eine Eigentumsverletzung gegenüber dem D dar. In der Verletzung der Verkehrssicherungspflichten begründet sich die Rechtswidrigkeit der Verletzungshandlung. Das Verschulden des Vorstandes wird dem SC Sattelfest über § 31 BGB als eigenes Verschulden zugerechnet.

III. Dagegen ist § 831 BGB hier nicht einschlägig, da es sich bei dem Vorstand V nicht um einen Verrichtungsgehilfen handelt.

C. Der nichtrechtsfähige Verein

Vereine, die nicht im Vereinsregister eingetragen sind, erlangen keine Rechtsfähigkeit. Man nennt sie daher nichtrechtsfähige Vereine.

I. Anzuwendende Vorschriften

Auf den nichtrechtsfähigen Verein sollen gem. § 54 S. 1 BGB die *425*
Vorschriften über die GbR, §§ 705 ff. BGB, Anwendung finden. Diese Vorschriften passen jedoch nicht auf einen Verein als körperschaftliche Organisation.

Bsp.: Gesamtgeschäftsführung und Gesamtvertretung, §§ 54 S. 1 i.V.m. 709 I, 714 BGB würde den Verein vollständig lähmen. Die Auflösung des Vereins bei Ausscheiden eines "Gesellschafters" (§§ 723, 727 BGB) wäre undenkbar.

hemmer-Methode: Die Verweisung des § 54 S. 1 BGB lässt sich nur historisch verstehen: Der Gesetzgeber wollte den nichtrechtsfähigen Verein möglichst unpraktikabel machen, um alle Vereine zur Eintragung zu zwingen. Durch diese „Schikane" sollten politische Vereine oder Gewerkschaften staatlich kontrolliert werden können.

Grds. §§ 21 ff. BGB

Im Hinblick auf die im Grundgesetz garantierte Vereinigungsfreiheit, Art. 9 I GG, muss der Gesetzgeber jedoch geeignete Rechtsformen der Vereinigungen bereitstellen. Daher wird **§ 54 S. 1 BGB weitgehend korrigiert**. Nach ganz h.M. sind die §§ 21 ff. BGB auf den nichtrechtsfähigen Idealverein anzuwenden, soweit nicht zu ihrer Anwendung Rechtsfähigkeit vorausgesetzt wird. 426

*Bsp.: So richtet sich die Bestellung eines Vorstandes und dessen Vertretungsbefugnis nach §§ 26 ff. BGB. **Nicht anwendbar** sind hingegen z.B. die Publizitätsvorschriften, § 68 ff. BGB.*

II. Haftung im Außenverhältnis

Handelndenhaftung

Der nichtrechtsfähige Verein ist keine juristische Person, aber gleichwohl körperschaftlich organisiert und strukturiert. Das Gesetz ordnet mittlerweile in § 50 ZPO die aktive und passive Prozessfähigkeit an, so dass – wie bei einer GbR – von einer partiellen Rechtsfähigkeit auszugehen ist. Insoweit stellt sich die Frage, welche Bedeutung der sog. Handelndenhaftung gem. § 54 S.2 BGB heute noch zukommt. Denn wenn ein Gläubiger den Verein selbst belangen kann, um so auf das Vereinsvermögen zuzugreifen, ist zu fragen, warum er allein abhängig von der fehlenden Eintragung auch auf die Handelnden zugreifen können soll, was bei einem eingetragenen Verein ausgeschlossen ist. 427

hemmer-Methode: Zur Einordnung: Ähnliche Bestimmungen wie § 54 S. 2 BGB finden Sie in § 11 II GmbHG und in § 41 I 2 AktG für die Fälle der sog. Vorgesellschaft. Zur Vertiefung: Hemmer/Wüst, Gesellschaftsrecht, Rn. 392 ff.

Gerade den rechtsgeschäftlich nach außen handelnden Vorstand treffen beim nichtrechtsfähigen Verein also weitreichende Haftungsrisiken, sofern man die Vorschrift des § 54 S.2 BGB trotz Anerkennung der Rechtsfähigkeit des nicht eingetragenen Vereins nach ihrem Wortlaut anwendet.

Haftung der Mitglieder

Wenn man von § 54 S. 1 BGB ausginge, würden -wie bei der GbR- die einzelnen Mitglieder im Ergebnis unbeschränkt mit dem Privatvermögen haften. 428

Dies würde den nichtrechtsfähigen Verein für seine Mitglieder sehr riskant machen. Bei der Haftung muss letztlich das dem rechtsfähigen Verein entsprechende Ergebnis erreicht werden. Nach h.M. geschieht dies auf folgende Weise:

Bsp.: *Der Kleintierzuchtverein „Truthahn“ (T) ist nicht im Vereinsregister eingetragen. Vorstand V mietet für eine Zuchtschau für Truthähne Räume bei D an. Als der Vermieter D den Mietzins i.H.v. 2.000 € nicht von dem Verein überwiesen bekommt, wendet er sich mit der Forderung an das Vereinsmitglied H.* 429

Zu Recht?

Anspruch des Dietrich gegen Huber gem. § 535 S. 2 BGB. Diesbezüglich fehlt es bereits an einem Vertragsschluss. Insbesondere hat der V nicht den H als Privatperson verpflichtet, sondern den Verein T, der seinerseits haftet. H haftet insoweit nur mittelbar mit seinem Anteil am Vereinsvermögen, nicht jedoch unmittelbar mit seinem Privatvermögen.

Ginge man jedoch von einer wortlautgetreuen Anwendung des § 54 S.1 BGB aus, würde GbR-Recht zur Anwendung kommen. Nach der insoweit h.M. (Akzessorietätstheorie) könnte H sodann doch gem. § 128 HGB analog belangt werden.

Beim nichtrechtsfähigen Verein werden jedoch im Hinblick auf den überkommenen Gesetzeszweck des § 54 S. 1 BGB diese Grundsätze nicht übertragen.

Huber wurde hier demnach nicht durch den Mietvertrag mitverpflichtet. Aus der Satzung des nichtrechtsfähigen Vereins oder aus konkludenter Vereinbarung ist die Vertretungsmacht des Viktor darauf beschränkt, nur das Vereinsvermögen zu verpflichten. Auch die Grundsätze der Anscheinsvollmacht greifen hier nicht ein. Der Vertragspartner eines Vereins kann nicht auf die unbeschränkte Haftung aller Vereinsmitglieder vertrauen.

Ergebnis: Ein Anspruch des D gegen H persönlich auf Zahlung des Mietzinses besteht nicht.

Ein Anspruch besteht nur gegen den nicht-rechtsfähigen Verein selbst. Dieses auf den ersten Blick widersprüchliche Ergebnis ist vor dem Hintergrund des oben Gesagten zwingend. Denn andernfalls hätte der Vertragspartner überhaupt keinen Schuldner. Letztlich ist daher anerkannt, dass der nichtrechtsfähige Verein selbst Anspruchsgegner sein kann. Vgl. Sie bei Interesse zur Haftung beim nicht-rechtsfähigen Verein Beuthien, GmbHR 2013, 1 ff.

In dieser Konsequenz hatte auch der BGH bereits entschieden, dass der nichtrechtsfähige Verein auch aktiv parteifähig ist (NJW 2008, 69 ff.). Wenn dies für die GbR so ist, auf die ja in § 54 S. 1 BGB verwiesen wird, lässt sich für den nichtrechtsfähigen Verein nichts anderes rechtfertigen. Der Gesetzgeber hat diese Rechtsprechung umgesetzt und § 50 II ZPO hinsichtlich der aktiven Parteifähigkeit angepasst. Welche Konsequenzen sich daraus für die Handelndenhaftung gem. § 54 S.2 BGB ergeben werden, bleibt abzuwarten.

hemmer-Methode: Erinnern Sie sich noch an die "GbR-mbH"? Der nichtrechtsfähige Verein führt letztlich im Rahmen der Haftung zu den Ergebnissen, die die "GbR-mbH" gerne erreichen würde (vgl. Rn. 146 ff.). Im Unterschied zur GbR besteht bei einem nichtwirtschaftlichen Verein keinerlei Rechtsschein einer persönlichen Haftung. Daher lässt sich die Haftungsbeschränkung hier leichter begründen.
Die Beschränkung der Vertretungsmacht kann grds keine Auswirkungen auf die Zurechnung deliktischer Handlungen haben. Nach inzwischen h.M. soll jedoch die Zurechnung gem. § 31 beim nichtrechtsfähigen Verein nur eine ausschließliche Haftung des Vereinsvermögens herbeiführen.
Hinsichtlich der Grundbuchfähigkeit eines nicht eingetragenen Vereins gilt, dass eine Eintragung allein unter seinem Namen nicht möglich ist. Wenn dies schon bei der GbR nicht möglich ist wegen § 47 GBO, müssen auch bei einem nicht eingetragenen Verein alle Vereinsmitglieder eingetragen werden. Das wiederum ist praktisch kaum praktikabel, da ein mitunter großer Mitgliederbestand zu verzeichnen ist und bei jedem Wechsel auch das Grundbuch angepasst werden müsste, vgl. BGH, Life&Law 2016, 785 ff.

D. Die GmbH

I. Wirtschaftliche Bedeutung

Die **Gesellschaft mit beschränkter Haftung (GmbH)** ist als Rechtsform für kleinere und mittelständische Unternehmen in der Praxis sehr beliebt. Sie schließt die Lücke zwischen Personengesellschaften, die wegen der persönlichen Haftung als zu gefährlich gelten, und der Aktiengesellschaft, die wegen strenger Schutzvorschriften und umfangreicher Organisation häufig ungeeignet ist. Die GmbH ist gem. **§ 13 I GmbHG juristische Person**, also selbst Trägerin von Rechten und Pflichten. 430

II. Die Gründung der GmbH

Damit die GmbH ihre Rechtsfähigkeit erlangen kann, muss sie in das Handelsregister eingetragen werden, § 11 I GmbHG. Die Gründungsvoraussetzungen können aus § 9c I GmbHG abgeleitet werden. *431*

Nach dieser Vorschrift prüft schließlich auch das zuständige Registergericht die Voraussetzungen der Eintragung:

Gründungsvoraussetzungen:

- Gesellschaftsvertrag (Satzung), §§ 2, 3 GmbHG
- Erbringung der Mindesteinlage, § 7 II, III GmbHG
- Anmeldung, §§ 7 I, 8 GmbHG
- durch den Geschäftsführer, § 6 I GmbHG

hemmer-Methode: „Time is money"! Bis zur Eintragung kann einige Zeit vergehen. Die Gesellschafter werden aber vor der Eintragung zumindest Vorbereitungsgeschäfte tätigen wollen. Dabei tauchen schwierige Haftungsprobleme auf. Nur so viel sei hier gesagt: Die Gründungsphase erfolgt in drei Stufen:

1. Die Vorgründungsgesellschaft (Entschluss zur Gründung einer GmbH).

2. Die Vorgesellschaft (§ 11 I GmbHG, mit Abschluss des Gesellschaftsvertrags, § 2 GmbHG).

3. Die GmbH (mit Eintragung)

Zur Vertiefung dieser schwierigen Problematik vgl. Hemmer/Wüst, GesellschaftsR, Rn. 393 ff.

III. Das Stammkapital

Kapitalgesellschaften

Die GmbH ist, wie auch z.B. die Aktiengesellschaft, eine **sog. Kapitalgesellschaft**. Für diese ist das Bestehen einer besonders gesicherten Kapitalgrundlage kennzeichnend. Schon als Entstehungsvoraussetzung ist im Gesellschaftsvertrag der Betrag des Stammkapitals anzugeben, § 3 I Nr. 4 GmbHG. Das Stammkapital einer GmbH hat mindestens 25.000 € zu betragen, § 5 I GmbHG. Es gab Bestrebungen, diese Summe auf 10.000 € herabzusetzen, um die Gesellschaftsform im Verhältnis zu ausländischen Gesellschaftsformen (insbesondere der sog. „limited") attraktiver zu machen. Das wurde aber vom Gesetzgeber aufgegeben. *432*

MoMiG

Vielmehr wurde mit dem MoMiG (Gesetz zur Modernisierung des GmbH-Rechts und zur Bekämpfung von Missbräuchen, Inkraftgetreten am 01.11.2008) durch § 5a GmbHG eine eigenständige Gesellschaftsform geschaffen, die sog. Unternehmergesellschaft.

Auf diese finden die Regelungen der „normalen“ GmbH grundsätzlich Anwendung. Als Besonderheit lässt sich diese Unterform der GmbH allerdings bereits mit einem Euro Stammkapital gründen. Als Ausgleich dafür werden die Gesellschafter aber gezwungen, einen bestimmten Anteil am Gewinn im Gesellschaftsvermögen zu belassen, sog. Ansparpflicht, bis eine Summe von 25.000 € Stammkapital erreicht ist, § 5a III, V GmbHG.

Außerdem muss auf diese „Haftungsbeschränkung“ der Gesellschaft hingewiesen werden, § 5a I GmbHG. Abgesehen von diesen Besonderheiten können Sie diese Gesellschaftsform behandeln wie eine normale GmbH, insbesondere was Rechtsfähigkeit (§ 13 I GmbHG) und Vertretung (§ 35 GmbHG) anbelangt (vgl. dazu auch den Aufsatz Von Kilian / Tyroller in Life&Law 12/2008).

Wird auf die Haftungsbeschränkung nicht hingewiesen, sondern der Eindruck erweckt, es handele sich um eine „normale“ GmbH, kommt eine Haftung des Geschäftsführers aus § 179 BGB analog in Betracht. Zwar handelt der Geschäftsführer mit Vertretungsmacht, aber faktisch besteht kein Anspruch gegen die Vertretene GmbH, weil das Stammkapital sehr gering ist, vgl. BGH, Life&Law 2012, 779 ff.

hemmer-Methode: Achten Sie auf eine genaue Terminologie: Bei der GmbH spricht man von Stammkapital (§ 5 GmbHG), bei der AG von Grundkapital (§ 6 AktG).

Trennungsprinzip

Dem liegt folgender Gedanke zugrunde: Eine weitgehende Haftungsbefreiung der Gesellschafter (Trennungsprinzip!) bei einer wirtschaftlich tätigen Körperschaft ist nur zu rechtfertigen, wenn ein möglichst sicherer **Haftungsfond** zur Befriedigung der Gesellschaftsgläubiger besteht. Die Haftungsbefreiung muss gleichsam erkauft werden. 433

Was ist Stammkapital?

Das wichtigste vorweg: **Stammkapital ist nicht gleichbedeutend mit dem Gesellschaftsvermögen!** Dies zeigt folgendes 434

Bsp.: *Die Gesellschafter Huber, Maier und Schulze der "HMS-Landwirtschafts-GmbH" haben Stammeinlagen von 5.000 €, 10.000 € und 10.000 € eingebracht. Im Gesellschaftsvertrag wurde das Stammkapital auf 25.000 € beziffert. Am Tag nach der Eintragung der GmbH kaufen die Geschäftsführer mit diesen Geldmitteln einen Mähdrescher für 25.000 €. Kurze Zeit später erleidet der Mähdrescher einen Totalschaden. Er hat nur noch einen Schrottwert von 1.500 €.*

Das Stammkapital der Gesellschaft ist nach wie vor 25.000 €. Das Gesellschaftsvermögen ist hingegen auf 1.500 € gesunken.

Stammkapital: Garantiesumme

Das **Stammkapital** gibt nur an, mit welchem Vermögen die GmbH bei ihrer Entstehung ausgestattet werden muss, gibt also nur über die **ursprüngliche Eigenkapitalausstattung** Auskunft. Das Stammkapital ist eine **Garantiesumme**. Dieser Betrag soll Gesellschaftsgläubigern zur Befriedigung zur Verfügung stehen.

Damit diese Garantiesumme nicht nur ein „leeres Versprechen" bleibt, stellt das Gesetz strenge Regeln der Aufbringung (§§ 7, 19 - 25 GmbHG) und Erhaltung (§§ 30 ff. GmbHG) des Stammkapitals auf.

hemmer-Methode: Hier zeigen sich wesentliche Unterschiede zwischen der Stammeinlage und der im Handelsregister eingetragenen (vgl. § 162 I HGB) „Haftsumme" des Kommanditisten. Da neben dem Kommanditisten mindestens ein Komplementär persönlich haftet, sind bei der KG nicht so strenge Maßstäbe anzusetzen, wie bei der GmbH.

IV. Die Organe der GmbH

Bei der GmbH sind zwei Organe zwingend vorgesehen: Der Geschäftsführer und die Gesellschafterversammlung.

1. Gesellschafterversammlung

Gesellschafterversammlung

Das oberste Willensbildungsorgan, gewissermaßen das "Gehirn" der GmbH, ist die Gesellschafterversammlung, § 48 GmbHG. Der Aufgabenbereich der Gesellschafterversammlung ergibt sich aus dem dispositiven Katalog des § 46 GmbHG. Ausschließliche Aufgabe der Gesellschafterversammlung ist hingegen die Änderung der Satzung, § 53 I GmbHG (lesen!). 435

2. Geschäftsführer

Geschäftsführer

Die Geschäftsführer werden durch Gesellschaftsvertrag, § 6 III 2, 1. Alt. GmbHG oder durch Gesellschafterbeschluss § 46 Nr. 5 GmbHG bestellt. 436

Drittorganschaft

Wie bei allen Körperschaften können auch Nichtgesellschafter Geschäftsführer sein **(Prinzip der Drittorganschaft)**. Das bringt § 6 III S. 1 GmbHG deutlich zum Ausdruck.

Vertretung

Die Geschäftsführer sind das ausführende Organ der GmbH. Ihnen obliegt zwingend die Vertretung, § 35 ff. GmbHG. Bei der GmbH besteht grundsätzlich **Gesamtvertretung aller Geschäftsführer, § 35 II S. 2 GmbHG**. Abweichende Regelungen sind möglich, müssen aber gem. § 39 I GmbHG in das Handelsregister angemeldet werden.

Im **Umfang** ist die Vertretungsmacht unbeschränkt und gegenüber Dritten unbeschränkbar, § 37 II GmbH.

hemmer-Methode: Der Geschäftsführer ähnelt somit einem Steuermann, dem die Route vom Reeder des Schiffs (den Gesellschaftern) vorgegeben wird. Wählt er eine andere Route fährt das Schiff diesen Kurs (das Vertretungshandeln ist wirksam). Gegenüber dem Schiffseigentümer muss er dann aber dieses eigenmächtige Handeln verantworten (Schadensersatz im Innenverhältnis). Zur Frage des Missbrauchs der Vertretungsmacht in diesem Zusammenhang vgl. BGH, Life&Law 2018, 173 ff.

V. Haftung in der GmbH

Für die Haftung der GmbH ist das **Trennungsprinzip** maßgebend. 437
Gem. **§ 13 II GmbHG** haftet nur das Gesellschaftsvermögen für die Gesellschaftsverbindlichkeiten. Die seltene Ausnahme der Durchgriffshaftung (§ 242 BGB) wird für den Pflichtfachbereich kaum relevant sein.

Die handelnden Geschäftsführer haften nach **§ 43 II GmbHG** (bitte lesen!) **nur gegenüber der Gesellschaft.** Eine Haftung direkt gegenüber den Gläubigern kommt grundsätzlich nur in Betracht, wenn der Geschäftsführer eine deliktische Handlung gegenüber dem Geschädigten Dritten begeht.

hemmer-Methode: Klausurvarianten erkennen! Hier kann ein beliebtes Klausurthema eingebaut werden: Die Eigenhaftung des Vertreters, vgl. Hemmer/Wüst Schadensersatzrecht II.

E. Systematik der Körperschaften

Zusammenfassend noch ein Überblick über die Körperschaften, die 438
Sie soeben in ihren Grundzügen kennengelernt haben.

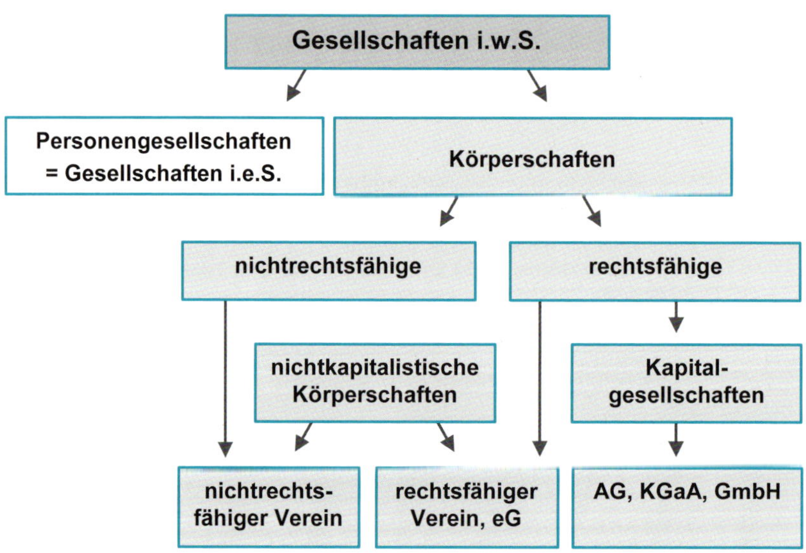

§ 4 MISCHFORMEN: DIE GMBH & CO. KG

Kombinierte Gesellschaftsformen sind in der Praxis sehr beliebt. Die Mischformen sollen den Vorteil der Haftungsbegrenzung unter Ausschluss der Nachteile im Bereich des Steuerrechts, des Mitbestimmungsrechts und des Anlegerschutzes gewährleisten. Andererseits lassen sich kombinierte Gesellschaften häufig schwieriger handhaben. 439

A. Die Gesellschaftsstruktur der GmbH & Co. KG

Bei der GmbH & Co. KG handelt es sich um eine **Kommanditgesellschaft**! Sie ist insgesamt **keine Körperschaft**, sondern eine Personengesellschaft. Der Unterschied zur herkömmlichen KG liegt nur darin, dass eine GmbH (juristische Person, § 13 I GmbHG) die Komplementärstellung innehat. 440

Personenidentische GmbH & Co. KG

Die Gesellschaftsstruktur soll anhand der sog. personenidentischen GmbH & Co verdeutlicht werden: Bei dieser KG ist der **einzige persönlich haftende Gesellschafter eine GmbH**. Die GmbH-Anteile werden von zwei Gesellschaftern gehalten. Meist werden diese **als Geschäftsführer der Komplementär - GmbH** eingesetzt sein. Zusätzlich sind diese beiden **Gesellschafter Kommanditisten der KG**. Es ergibt sich folgende Gesellschaftsstruktur:

Gesellschaftsstruktur der GmbH & Co. KG

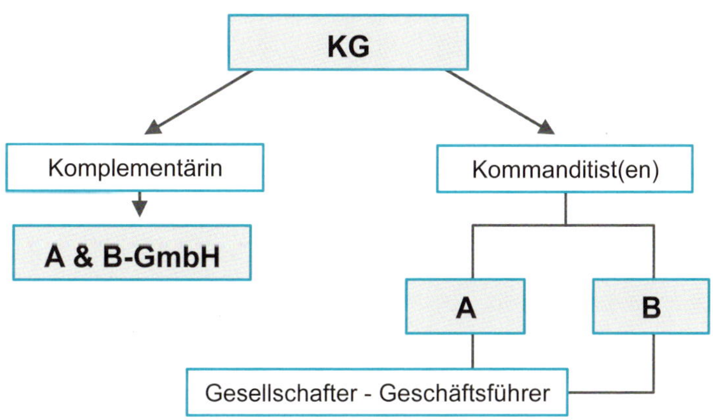

B. Anwendbare Vorschriften

Wie oben dargestellt, handelt es sich bei der GmbH & Co. KG um eine KG. Daher finden in erster Linie die Vorschriften der §§ 161 ff., 161 II i.V.m. 105 ff. HGB Anwendung. Das Zusammenspiel zwischen den kombinierten Gesellschaften zeigt sich besonders deutlich bei der **(zweistufigen) Vertretung:** 441

> ***Bsp.:*** *Maier und Huber, die Geschäftsführer der "Landmaschinen GmbH & Co. KG", kaufen für die Gesellschaft bei Schulze einen Lkw. Wird die GmbH & Co. KG gebunden?*
>
> I. Anspruch des S gegen die GmbH & Co. KG aus §§ 433 II BGB, 161 II, 124 I HGB:
>
> Die GmbH & Co. KG müsste wirksam vertreten worden sein, § 164 I S. 1 BGB.
>
> Problematisch ist, ob M und H mit Vertretungsmacht handelten. Die GmbH & Co. KG ist strukturell eine Kommanditgesellschaft. Sie wird gem. §§ 161 II, 125 HGB durch die Komplementär-GmbH vertreten. Die GmbH kann wiederum nur durch ihre Geschäftsführer handeln, §§ 35 I, II 2, 36 GmbHG. Es kommt somit zu einer zweistufigen Vertretung.
>
> Die Geschäftsführer M und H konnten hier mittelbar durch Vertretungshandeln für die GmbH die KG wirksam vertreten. Der Vertrag des S ist wirksam mit der GmbH & Co. KG zustande gekommen.

hemmer-Methode: Vgl. Sie zur Kommanditistenhaftung bei der GmbH & Co KG im Rahmen des § 176 I S. 1 HGB nochmals die Ausführungen unter Rn. 370.

§ 5 GESELLSCHAFTSRECHT IM ÜBERBLICK

Im Verlauf des gesellschaftsrechtlichen Teils dieses Skriptes haben Sie nun alle für den Pflichtfachbereich relevanten Gesellschaftsformen kennengelernt. Wir wollen nun anhand einer **Gegenüberstellung von Personengesellschaften und Körperschaften** nochmals die Strukturprinzipien des Gesellschaftsrechts zur Wiederholung aufbereiten: 442

Gesellschaften i.w.S.

Personengesellschaften (Gesellschaften i.e.S.)
Grundform: GbR (§§ 705 ff. BGB)

Körperschaften
Grundform: Verein (§§ 21 ff. BGB)

A. Personengesellschaften

Personengesellschaften

Personengesellschaften sind rechtlich nur ansatzweise verselbständigt. Prägend für die Personengesellschaften ist die **enge Verbundenheit der Gesellschafter**, vgl. § 708 BGB. Leitbild und Grundtypus ist die GbR. 443

hemmer-Methode: Die Strukturprinzipien sind eng miteinander verzahnt. Jedes der Prinzipien bedingt alle anderen Prinzipien. So ist es schwer festzustellen, ob die unmittelbare Außenhaftung aus der engen Verbundenheit folgt, oder umgekehrt.

Aus dieser engen Verbundenheit ergeben sich eine Vielzahl weiterer Strukturprinzipien:

- Eine enge Verbundenheit ist grundsätzlich nur bei **geringer Mitgliederzahl** möglich. Die Personengesellschaften sind daher auf eine geringe Mitgliederzahl angelegt
- Die enge Vertrauensbindung hat grds. die **Auflösung der Gesellschaft bei Ausscheiden eines Gesellschafters** zur Folge, § 723 ff. BGB (vgl. Rn. 192 ff.).
- Ebenso resultiert aus der engen Verbundenheit, dass die Übertragung von Gesellschaftsanteilen gesetzlich nicht vorgesehen ist, § 717 BGB. Ihre Zulässigkeit hängt von der **Zustimmung aller Gesellschafter ab, sog Grundlagengeschäft** (vgl. Rn. 182 ff.)

- Die Gesellschafter sollen über das Schicksal ihrer eigenen Gesellschaft selbst entscheiden können. Daher können nur Gesellschafter organschaftliche Geschäftsführungs- und Vertretungsbefugnis besitzen **(Prinzip der Selbstorganschaft)** (vgl. Rn. 85 ff.)
- Zentrales Prinzip der Personengesellschaften ist die **persönliche Haftung** zumindest eines Gesellschafters unmittelbar **mit seinem Privatvermögen** (vgl. Rn. 102 ff.)

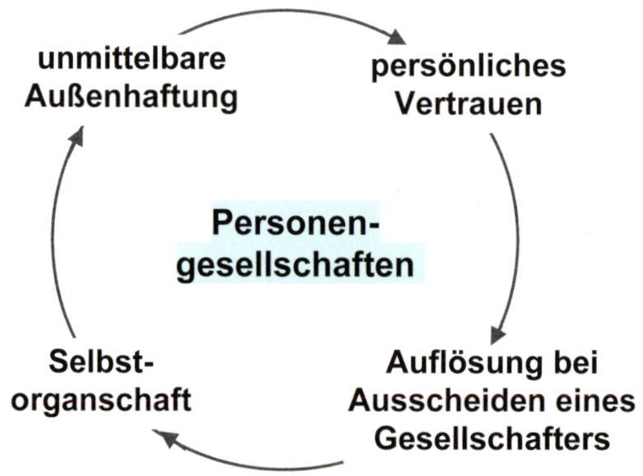

B. Körperschaften

Körperschaften

Demgegenüber ist die Körperschaft eine rechtlich gegenüber ihren Mitgliedern **verselbständigte Verbandsperson** (grds. juristische Person). Grundtypus ist der rechtsfähige Verein. 444

hemmer-Methode: In der rechtlichen Verselbständigung liegen die Hauptunterschiede zu den Personengesellschaften begründet. Bei den Personengesellschaften sind durch Rechtshandlungen, welche die Gesellschaft betreffen, immer auch die Gesellschafter persönlich betroffen. Ohne ihre Mitwirkung befinden wir uns ständig in der Nähe zu einem unzulässigen Vertrag zu Lasten Dritter. Bei der rechtlich verselbständigten Körperschaft sind regelmäßig nur die Interessen der Körperschaft selbst berührt.

Dadurch, dass die Körperschaften rechtlich verselbständigt sind, können sie regelmäßig eine nahezu unbegrenzte Mitgliederzahl aufnehmen.

- Daraus folgt, dass ein **Ausscheiden** von Mitgliedern den **Bestand der Körperschaft unberührt lässt**, vgl. §§ 39 I, 41 BGB.
- Die **Mitgliedschaft ist übertragbar**, ohne dass es der Zustimmung aller Mitglieder bedürfte.

- Da eine enge Verbundenheit der Vielzahl von Mitgliedern grds nicht mehr besteht, müssen die organschaftlichen Vertreter nicht notwendig Mitglieder der Körperschaft sein, **Prinzip der Fremdorganschaft** (vgl. Rn. 415)
- Bei den Körperschaften besteht grds. keine persönliche Außenhaftung der einzelnen Mitglieder. Für Körperschaftsverbindlichkeiten haftet nur das Körperschaftsvermögen, **sog. Trennungsprinzip**, vgl. § 1 I 2 AktG, § 13 II GmbHG (vgl. Rn. 402).

TEIL 2: HANDELSRECHT

§ 1 BEGRIFF UND FUNKTION DES HANDELSRECHTS

A. Sonderprivatrecht der Kaufleute

Art. 2 I EGHGB

Handelsrecht ist das „Sonderprivatrecht der Kaufleute". Um sich diese gängige Definition nutzbar zu machen, sollten Sie unbedingt Art. 2 I EGHGB lesen. Danach sind die Normen des HGB leges speciales zu den Vorschriften des BGB. Grundsätzlich bleibt es also bei der Anwendung des BGB, wenn nicht Spezialnormen des HGB diese Vorschriften verdrängen. 445

hemmer-Methode: Keine Angst vor dem "Nebengebiet" Handelsrecht! Im Ausgangspunkt handelt es sich um eine normale „BGB-Klausur". Lediglich an einzelnen Stellen sind punktuell die Spezialvorschriften des HGB zu prüfen.

Bsp.: §§ 48 ff. HGB regeln nur den Umfang der Vertretungsmacht eines Prokuristen. Die übrigen Voraussetzungen wirksamer Stellvertretung richten sich nach §§ 164 ff. BGB.

§ 352 I S. 1 HGB ist nur Spezialvorschrift hinsichtlich der Höhe der gesetzlichen Zinsen (außer Verzugszinsen, diese berechnen sich einheitlich nach § 288 I S. 1 BGB). Die Voraussetzungen der Zinsverpflichtung ergeben sich aus den allgemeinen Vorschriften (z.B.: § 292 BGB).

B. Funktion des Handelsrechts

Das Handelsrecht ist an den Bedürfnissen des kaufmännischen Rechtsverkehrs ausgerichtet. Die meisten handelsrechtlichen Bestimmungen lassen sich auf allgemeine Grundsätze zurückführen. Diese Grundsätze sind geprägt von dem Leitbild eines geschäftsgewandten Teilnehmers am Rechtsverkehr. 446

Gesteigerte Privatautonomie

Dies zeigt sich in einer gesteigerten Privatautonomie. Kaufleute bedürfen nach der Vorstellung des Gesetzgebers nicht besonderer Schutznormen. Verbraucherschützende Normen sind daher auf Kaufleute nicht oder nur eingeschränkt anwendbar.

Bsp.: Die Formvorschriften der §§ 766 S. 1, 780 BGB werden von § 350 HGB verdrängt. Die Überprüfung allgemeiner Geschäftsbedingungen ist gem. § 310 I BGB im Handelsverkehr stark eingeschränkt.

Einfachheit und Schnelligkeit

Der kaufmännische Geschäftsverkehr erfordert eine einfache und schnelle Geschäftsabwicklung.

Rechtsklarheit

Diesem Grundsatz tragen z.B. § 362 HGB oder die Norm zur Rügepflicht beim Handelskauf, § 377 HGB, Rechnung. Schnelle Entscheidungen können nur bei entsprechender Rechtsklarheit getroffen werden.

> ***Bsp.:*** *Für eine sichere Entscheidungsgrundlage kann dabei das Handelsregister, §§ 8 ff. HGB, sorgen. Auch der zwingend festgelegte Umfang der Vertretungsmacht eines Prokuristen gem. §§ 49 I, 50 I HGB sorgt für Rechtsklarheit.*

hemmer-Methode: Es nützt Ihnen für Ihre Klausur, wenn Sie die grundsätzlichen Strukturmerkmale herausarbeiten! So zeigen Sie, dass Sie ein Rechtsgebiet wirklich verstanden haben!

§ 2 DER KAUFMANN

Das Handelsrecht beinhaltet Spezialnormen für Kaufleute. Für Ihre Klausur bedeutet dies, dass Sie bei den Spezialnormen des HGB stets die Kaufmannseigenschaft als Voraussetzung der Anwendbarkeit zu prüfen haben. 447

hemmer-Methode: Dabei darf die Kaufmannseigenschaft aber nicht abstrakt vorweg geprüft werden, sondern immer nur innerhalb der jeweiligen Spezialnorm. Dies folgt schon daraus, dass manche Normen des HGB es erfordern, dass auf beiden Seiten des Vertrages Kaufleute (i.R. eines Handelsgeschäftes) mitwirken (z.B. § 377 HGB), während bei anderen (z.B. § 362 HGB) nur die Kaufmannseigenschaft eines Beteiligten erforderlich ist.

Kaufleute, §§ 1-6 HGB

Wer Kaufmann ist, wird in §§ 1-6 HGB geregelt. Dabei sind zwei Kaufmannsbegriffe zu unterscheiden: Zum einen der tätigkeitsbezogene Kaufmannsbegriff, § 1 I HGB, zum anderen der formelle Kaufmannsbegriff, § 5, 6 HGB.

A. Der Istkaufmann, § 1 HGB

Nach § 1 I HGB ist Kaufmann, wer ein Handelsgewerbe betreibt. 448

Kaufmann ist also stets, wer

- ein Gewerbe
- betreibt,
- das ein Handelsgewerbe ist.

I. Gewerbe

Zentrale Voraussetzung der Kaufmannseigenschaft ist, dass die ausgeübte Tätigkeit ein Gewerbe darstellt. Der Gewerbebegriff setzt sich wiederum aus mehreren Tatbestandsmerkmalen zusammen: 449

1. Offenheit

Erkennbarkeit für Dritte

Die gewerbliche Tätigkeit muss für Dritte erkennbar sein, also der Öffentlichkeit gegenüber in Erscheinung treten. Dies wird in Klausuren wohl nie problematisch sein. 450

Bsp.: Wenn unser Landwirt Maier als Hobby lediglich für den Eigenbedarf Rosen züchtet, so liegt schon mangels Offenheit kein Gewerbe vor.

Anbietende Tätigkeit an einem Markt

Das Erfordernis der Offenheit muss aber konkretisiert werden. Denn der nur konsumierende Verbraucher tritt auch gegenüber Dritten nach außen auf. Für einen Gewerbebetrieb ist aber eine ausschließlich nachfragende Tätigkeit nicht charakteristisch. Vielmehr ist eine auch anbietende Tätigkeit notwendig für einen Gewerbebetrieb.

Bsp.: Hängt Maier ein Schild an sein Hoftor "rote Rosen aus eigener Züchtung", verkauft er also seine Produkte, so tritt er anbietend am Markt auf.

hemmer-Methode: Diese Einordnung wird insbesondere von Karsten Schmidt favorisiert. Er formuliert treffend: „Nicht das Gewächshaus, sondern der Verkauf der Erzeugnisse macht z.B. aus einem Garten ein gewerbliches Gärtnereiunternehmen“.

2. Planmäßigkeit

auf Dauer angelegt

Die Tätigkeit darf nicht nur gelegentlich aufgenommen werden, sondern muss auf eine gewisse Dauer angelegt sein. Die Tätigkeit muss aber nicht ununterbrochen durchgeführt werden; so schadet eine saisonale Unterbrechung nicht. Insgesamt genügt es, wenn 451

- **objektiv** wiederholt und regelmäßig Geschäfte getätigt werden und
- **subjektiv** eine entsprechende Absicht besteht.

Bsp.: Wer auf Flohmärkten hin und wieder alte Familiengegenstände anbietet, betreibt noch kein Gewerbe. Anders jedoch, wer regelmäßig auf Flohmärkten Waren verkauft.

3. Selbständigkeit

nicht weisungsgebunden

Es ist einleuchtend, dass ein unselbständiger Arbeitnehmer kein Gewerbe betreibt. Daher ist erforderlich, dass die Tätigkeit selbständig, also nicht weisungsgebunden ist. Maßgeblich ist die rechtliche, nicht die wirtschaftliche Selbständigkeit. 452

hemmer-Methode: Problematisch wird dieses Kriterium in der Praxis häufig bei sog. Hilfspersonen des Kaufmanns. Maßgebend vor allem für eine Arbeitnehmerstellung ist dann, ob der Betreffende (selbständiger) Handelsvertreter (§ 84 I S. 2 HGB) oder (unselbständiger) Handlungsgehilfe (§ 59 HGB) ist.

4. Erlaubtheit

kein Verstoß gegen §§ 134, 138 BGB

Die Tätigkeit darf nicht gesetzes- oder sittenwidrig i.S.d. §§ 134, 453
138 BGB sein. Unerheblich ist hingegen, wie § 7 HGB feststellt, ob die Tätigkeit nach öffentlich rechtlichen Vorschriften zulässig ist.

> **Bsp.:** *So kann es keinen Kaufmann geben, dessen Tätigkeit sich auf Rauschgiftschmuggel oder Hehlerei beschränkt.*

hemmer-Methode: Die Tatsache, dass bei gesetzlich verbotenen Tätigkeiten kein Gewerbe besteht, darf sich allerdings nicht zugunsten des Handelnden und zu Lasten redlicher Gläubiger auswirken. Hier sind die Grundsätze der Rechtsscheinkaufleute bzw. Rechtsscheingesellschaften zu beachten.

5. Gewinnerzielungsabsicht

Entgeltlichkeit

Nur eine entgeltliche Tätigkeit am Markt begründet ein Gewerbe. 454

Gewinnerzielungsabsicht (str.)

Umstritten ist, ob über die Entgeltlichkeit der Leistung hinaus eine Gewinnerzielungsabsicht erforderlich ist. Natürlich kann aber eine Tätigkeit nicht schon deswegen kein Gewerbe sein, weil tatsächlich „rote Zahlen" geschrieben werden. Ansonsten könnte der Status als Gewerbe von Jahr zu Jahr wechseln. Abzustellen ist nur auf die Absicht, Gewinne zu erzielen.

> *Diese Absicht kann problematisch sein bei öffentlichen Versorgungsunternehmen, karitativen Versorgungsunternehmen und sog. Abschreibungsgesellschaften; (bei Abschreibungsgesellschaften werden von konzernzugehörigen Unternehmen absichtlich Verluste ausgewiesen, um z.B. dem Konzern steuerliche Vorteile zu eröffnen).*

wohl h.M.

Die wohl noch herrschende Ansicht beharrt weiterhin auf der Gewinnerzielungsabsicht. Sie behilft sich aber dadurch, dass sie bei privaten Wirtschaftsunternehmen eine Gewinnerzielungsabsicht vermutet. Bei Unternehmen der öffentlichen Hand ist hingegen die Gewinnerzielungsabsicht positiv festzustellen.

Kritik der M.M.

Das Kriterium der Gewinnerzielungsabsicht ist allerdings schwer eingrenzbar. Zudem: Warum sollten auch öffentliche Unternehmen oder Abschreibungsgesellschaften gegenüber anderen Gewerbebetrieben privilegiert werden? Nur das unternehmerische Auftreten im Rechtsverkehr soll maßgeblich sein. Bei karitativen Unternehmen könne hingegen eine Ausnahme zu machen sein.

hemmer-Methode: In der Klausur brauchen Sie diesen Streit nur selten aufzuwerfen. Beide Ansichten kommen zumeist zu gleichen Ergebnissen. Einzig bei Unternehmen der öffentlichen Hand ist eine ausführlichere Erörterung angebracht.

6. Negatives Merkmal: Freiberufler

Freiberufler betreiben kein Gewerbe

Doch selbst wenn alle vorhergehenden Merkmale verwirklicht wurden, liegt nicht immer ein Gewerbe vor: Die Angehörigen sog. freier Berufe fallen nach überkommener Ansicht nicht unter den Gewerbebegriff. Dies ist vor allem historisch darin zu begründen, dass diese Berufe der höheren wissenschaftlichen oder künstlerischen Betätigung dienen sollten. Heute wird zur Begründung vorgebracht, die persönliche Erbringung der Leistung stehe im Vordergrund. Demgegenüber sei ein Gewerbe durch den Einsatz von Kapital und sachlichen Betriebsmitteln geprägt. 455

Bsp.: Rechtsanwälte § 2 II BRAO, Notare § 2 S. 3 BNotO, Wirtschaftsprüfer § 1 II S. 2 WirtschPrüfO; Ärzte § 1 II BÄrzteO etc.

hemmer-Methode: Belasten Sie nicht unnötig Ihr Gedächtnis, indem Sie die einzelnen Vertreter freier Berufe etwa auswendig lernen. Einen guten Überblick kann Ihnen nämlich § 1 II 2 PartGG (Schönfelder Nr. 50b) geben.

7. Zusammenfassung:

Definition

Damit sind alle notwendigen Merkmale des Gewerbebegriffs zusammengetragen. Die Definition des Gewerbebegriffs lautet nach der h.M.: Ein Gewerbe ist eine *offene*, *planmäßige*, *selbständige* (aber *nicht* künstlerische, wissenschaftliche oder *freiberufliche*) und *erlaubte*, von der Absicht dauernder *Gewinnerzielung* getragene Tätigkeit. 456

hemmer-Methode: Trotz der anhaltenden Diskussion um den Begriff des Gewerbes wird er in der Klausur nur selten problematisch sein. Liegt keine der behandelten Problemkonstellationen vor, so sollten Sie den Gewerbebegriff nur ganz kurz abhandeln.

II. Betreiben des Gewerbes

Betreibender

Das Gewerbe wird von derjenigen Person betrieben, in deren Namen die zum Gewerbe gehörenden Rechtsgeschäfte abgeschlossen werden. Das ist letztlich derjenige, der als Vertragspartner anzusehen ist - anders ausgedrückt - der Unternehmensträger. 457

III. Handelsgewerbe

Handelsgewerbe, § 1 II HGB

Der Betrieb irgendeines Gewerbes reicht jedoch nicht aus, um die Kaufmannseigenschaft gem. § 1 I HGB zu begründen. Es muss vielmehr ein sog. Handelsgewerbe vorliegen. 458

Nach § 1 II HGB ist ein Gewerbebetrieb kein Handelsgewerbe, wenn entweder Art oder Umfang des Geschäftsbetriebs keine kaufmännische Einrichtung erfordern. Unerheblich ist, ob das Unternehmen tatsächlich in der erforderlichen Weise eingerichtet ist. Unter kaufmännischer Einrichtung versteht man alle Einrichtungen, die eine ordentliche und übersichtliche Geschäftsführung sicherstellen:

> ***Bsp.:*** *Buchführung, Bilanzierung, Führung von Kassenbüchern, die Aufbewahrung von Belegen und die Inventur.*

Umfang des Gewerbes

Der **Umfang eines Betriebes** bestimmt sich im Wesentlichen nach Umsatzvolumen, Mitarbeiterzahl und Größe und Organisation des Betriebs. Maßgebend ist das Gesamtbild der Faktoren.

> ***Faustregel:*** *I.d.R. liegt bei einem Jahresumsatz von unter 100.000 bis 150.000 € kein Handelsgewerbe vor.*

Art des Gewerbes

Bei der **Art des Gewerbes** ist entscheidend, ob die einzelnen Geschäftsvorgänge einfach und überschaubar sind. Dies wird dann nicht der Fall sein, wenn eine Vielzahl von Erzeugnissen vorliegen, umfangreiche Geschäftsbeziehungen bestehen und die Abwicklung von Geschäftsvorgängen sich über einen längeren Zeitraum erstreckt.

hemmer-Methode: Lassen Sie sich nicht durch § 1 II HGB verwirren! Beide Merkmale müssen stets *kumulativ* vorliegen. Es reicht nicht aus, dass der Betrieb nur seiner Art oder nur seinem Umfang nach einer kaufmännischen Einrichtung bedarf. Fällt eines der Elemente weg, so liegt kein Handelsgewerbe mehr vor.

B. Der Kannkaufmann, §§ 2, 3 HGB

Kleingewerbetreibender, § 2 HGB

Liegen die soeben erörterten drei Voraussetzungen (Gewerbe, betreiben, Handelsgewerbe) vor, so ist der Unternehmensträger automatisch Kaufmann, ohne dass es einer weiterer Voraussetzungen, etwa einer Handelsregistereintragung bedarf. Erfolgt eine Eintragung, so ist diese lediglich *deklaratorisch*. 459

Dies heißt aber nicht, dass ein Gewerbetreibender, dessen Unternehmen nach Art und Umfang keinen in kaufmännischer Weise eingerichteten Gewerbebetrieb erfordert, nicht die Kaufmannseigenschaft erlangen könnte. Insbesondere § 2 HGB ermöglicht es dem Gewerbetreibenden auch dann Kaufmann zu werden, wenn er kein Handelsgewerbe i.S.d. § 1 II HGB betreibt, sog. Kleingewerbetreibende.

Die Voraussetzungen des § 2 S. 1 HGB sind:

➲ Betreiben eines Gewerbes,

➲ das kein Handelsgewerbe i.S.d. § 1 II HGB ist

➲ und dessen Firma im Handelsregister eingetragen ist.

Rechtsfolge:

Der Gewerbebetrieb des Kleingewerbetreibenden wird dann kraft der Eintragung, § 2 S. 1 HGB, zum Handelsgewerbe. Die Eintragung wirkt hier statusbegründend für die Kaufmannseigenschaft, also **konstitutiv.**

§ 2 S. 3 HGB, Kaufmann mit „Rückfahrkarte"

Anders als der Istkaufmann, § 1 HGB, kann sich der Kannkaufmann i.S.d. § 2 S. 1 HGB wieder von seiner Kaufmannseigenschaft befreien, indem er die Löschung der Firma aus dem Handelsregister beantragt, § 2 S. 3 HGB. Karsten Schmidt nennt ihn daher bildhaft **„Kaufmann mit Rückfahrkarte"**. Eine Ausnahme sieht § 2 S. 3 HGB a.E. vor: Erfordert der Gewerbebetrieb des "Kannkaufmanns" inzwischen eine kaufmännische Einrichtung i.S.d. § 1 II HGB, so steht ihm die Möglichkeit der Löschung nicht mehr zu. Er ist dann vielmehr Istkaufmann und als solcher zur Eintragung verpflichtet. 460

Land- und Forstwirte, § 3 HGB

Eine Sonderregelung findet sich in **§ 3 HGB** für die **Land- und Forstwirtschaft**. Für diese ist § 1 HGB nicht anwendbar. Land- und Forstwirte sind also selbst dann nicht Istkaufleute, wenn die Voraussetzungen des § 1 HGB erfüllt sind. Gem. § 3 II, § 2 S. 1 HGB können sie jedoch durch konstitutive Eintragung zu Kaufleuten werden. 461

hemmer-Methode: Nun verstehen Sie auch, warum Maier und Huber im Gesellschaftsrechtsteil ohne weiteres eine GbR gründeten!

Die Besonderheit von § 3 HGB gegenüber § 2 HGB zeigt folgendes

> **Bsp.:** *Landwirt Maier besitzt den größten Hof im Dorf. Seine Ackerfläche von 50 Hektar Land lässt sich nur mit umfangreicher Buchführung verwalten. Um im Dorf noch mehr prahlen zu können, lässt er sich in das Handelsregister unter "Maier - Ackerbau" eintragen. Als er nach einiger Zeit die "Härte" der Normen des HGB zu spüren bekommt, will er sich durch Löschung der Eintragung der Kaufmannseigenschaft entledigen.*
>
> *Ist dies möglich?*
>
> Maier war ursprünglich nicht Kaufmann. § 1 HGB ist wegen § 3 I HGB nicht anwendbar. Durch die Eintragung gem. § 3 II, i.V.m. § 2 S. 1 HGB wurde Maier jedoch Kaufmann kraft Eintragung.

Die Löschung der Registereintragung verhindert hier § 3 II HGB. Der landwirtschaftliche Betrieb des Maier erfordert nach Art und Umfang eine kaufmännische Einrichtung. Die Löschung der Eintragung steht damit nicht mehr im Belieben des Maier. Im Löschungsverfahren zeigt sich der Unterschied zu § 2 HGB. Nur bei einem Kleingewerbebetrieb ist der Kannkaufmann im Besitz eine „Rückfahrkarte".

C. Kaufmann kraft Eintragung, § 5 HGB

Bedeutung von § 5 HGB n.F.

Aus Gründen der Rechtssicherheit fingiert § 5 HGB die Kaufmannseigenschaft für die im Handelsregister eingetragenen Gewerbetreibenden. Durch die HGB-Reform 1998 hat § 5 HGB jedoch erheblich an Bedeutung verloren. Denn nun bewirkt die Eintragung bei einem Kleingewerbebetrieb gem. § 2 HGB bereits, dass der Unternehmensträger Kaufmann wird. Eine Fiktion gem. § 5 HGB ist insoweit überflüssig. Da aber § 5 HGB im Gegensatz zu § 4 HGB im Zuge der HGB-Reform nicht aufgehoben wurde, ist umstritten, ob weiterhin ein Anwendungsbereich für § 5 HGB verbleibt: 462

hemmer-Methode: § 5 HGB diente früher dazu, Unsicherheiten zu beseitigen, die sich aus der Anwendung des § 4 HGB a.F. ergaben: Auf sog. „Minderkaufleute“ (§ 4 HGB a.F.) waren nur bestimmte Bereiche des Handelsrechts anwendbar. § 5 HGB sorgte dafür, dass bei einem eingetragenen Gewerbetreibenden die „Musskaufmannseigenschaft“ fingiert wurde, das gesamte Handelsrecht also Anwendung fand.

Bsp.: *Maier betreibt einen Weinhandel in Würzburg. Art und Umfang des Geschäftsbetriebs erfordern eine kaufmännische Einrichtung. Als die Supermarktkette "Wallmarkt" mit Billigweinen den Markt überschwemmt, gehen die Geschäfte des Maier immer mehr zurück, so dass es ab August 2019 keiner kaufmännischen Einrichtung mehr bedarf. Im April 2020 gibt Maier endgültig den aussichtslosen Kampf gegen die Supermarktkette auf. Er stellt seinen Gewerbebetrieb ein. Während der gesamten Zeit war Maier im Handelsregister eingetragen. Ist Maier als Kaufmann zu behandeln?*

I. Bis August 2019:

Maier ist gem. § 1 HGB Kaufmann, sog. Istkaufmann, da sein Gewerbebetrieb ein Handelsgewerbe i.S.d. § 1 II HGB ist.

II. Ab August 2019:

Maier ist zu diesem Zeitpunkt nicht mehr Kaufmann i.S.d. § 1 I, II HGB. Sein Gewerbebetrieb bedarf keiner kaufmännischen Einrichtung mehr.

Wegen der fortbestehenden Eintragung könnte jedoch § 5 HGB eingreifen.

e.A.: § 5 HGB (+)

1. Eine Ansicht wendet auf den vorliegenden Fall, dass der Umfang des betriebenen Gewerbes unter die Grenze des § 1 II HGB absinkt, § 5 HGB an. Während der Zeit des Absinkens sei der Gewerbebetrieb zu Unrecht eingetragen. Die entstehende Rechtsunsicherheit könne nur durch § 5 HGB beseitigt werden.

a.A.: § 2 S. 1 HGB (+)

2. Dem widerspricht eine andere Ansicht unter Berufung auf den Wortlaut von § 2 S. 1 HGB. Denn § 2 S. 1 HGB erfordert nach seinem Wortlaut nur eine tatsächliche Eintragung im Handelsregister. Eine ausdrückliche Neueintragung nach dem Absinken unter die Grenze des § 1 II HGB ist gerade nicht notwendig. Somit greift nach dieser Ansicht bereits § 2 S. 1 HGB ein. § 5 HGB wird insoweit nicht benötigt.

III. Ab April 2020:

Mit der Geschäftsaufgabe ist Maier kein Kaufmann mehr. Auch **§ 5 HGB** vermag hier nicht über eine Fiktion die Kaufmannseigenschaft herzustellen. Denn nach seinem Wortlaut ist der **Betrieb eines Gewerbes** weiterhin erforderlich. Bestrebungen, den Wortlaut des § 5 HGB im Rahmen der HGB-Reform zu erweitern, wurden nicht umgesetzt.

hemmer-Methode: Tritt Maier nach der Geschäftsaufgabe im April 2016 weiterhin wie ein Kaufmann im Rechtsverkehr auf, so behilft sich die h.M. mit einer (erweiternden) Anwendung des § 15 I HGB. Die Aufgabe des Geschäftsbetriebs sei der eintragungspflichtigen Tatsache des Erlöschens der Firma, § 31 II S. 1 HGB, gleichzustellen. Hier soll jedoch ein kurzer Hinweis auf dieses Problem genügen. § 15 HGB werden wir später noch genau erörtern. Merken Sie sich aber hier bereits, wie klausurbedeutend § 15 HGB ist.

D. Personenvereinigungen als Kaufleute, § 6 HGB

Handelsgesellschaften, § 6 HGB

Nach der Verweisungsnorm des § 6 I HGB gelten die Normen des HGB, die für Kaufleute bestimmt sind, auch für Handelsgesellschaften. 463

= Personenhandelsgesellschaften

Dies sind zum einen die **Personenhandelsgesellschaften**, also OHG und KG. Diese sind Kaufleute kraft Gewerbes. Für sie ist jeweils i.R.d. § 105 I HGB (i.V.m. § 161 II HGB) zu prüfen, ob das betriebene Gewerbe ein Handelsgewerbe ist. 464

Wie bereits dargestellt, haben aber auch kleingewerbetreibende Gesellschaften gem. § 105 II HGB (i.V.m. § 161 II HGB) die Möglichkeit, durch Eintragung der Gesellschaft ins Handelsregister eine OHG / KG zu gründen.

+ Formkaufleute

465 Als Handelsgesellschaften gelten auch die **Kapitalgesellschaften**. Diese sind bereits kraft Gesetzes allein durch ihre Rechtsform Kaufleute, sog. Formkaufleute.

> ***Bsp.:*** *GmbH, § 13 III GmbHG; Aktiengesellschaften (AG), § 3 I AktG; Genossenschaft, § 17 II GenG.*

Dies gilt selbst dann, wenn die genannten Gesellschaften kein Handelsgewerbe betreiben (vgl. § 6 II HGB), oder - z.B. als Freiberufler - nicht einmal ein Gewerbe betreiben.

hemmer-Methode: § 6 HGB schlägt die Brücke vom Handelsrecht zum Gesellschaftsrecht. Jetzt wird verständlich, warum wir bei der Entstehung der OHG auf den Gewerbebegriff verweisen mussten. Wiederholen Sie daher am besten an dieser Stelle noch einmal die Entstehung der OHG Rn. 216 ff. unter diesem Gesichtspunkt.

E. Rechtsscheinkaufmann

Rechtsschein-kaufmann kraft Auftretens

466 Liegt keine Handelsregistereintragung vor, und ist objektiv keine kaufmännische Einrichtung erforderlich, so ist der Unternehmensträger grundsätzlich nicht als Kaufmann zu behandeln. Erweckt der Unternehmensträger jedoch durch ein bestimmtes Auftreten den Rechtsschein, er betreibe ein Handelsgewerbe, so kann nach den allgemeinen Vertrauenshaftungsprinzipien ein sog. Rechtsscheinkaufmann kraft Auftretens vorliegen.

> ***Bsp.:*** *Maier will seinen potentiellen Kunden Schulze beeindrucken. In Vertragsverhandlungen prahlt er, seine (in Wirklichkeit sehr kleine Reparaturwerkstatt mit einem Angestellten) sei mit Aufträgen in Höhe von "6-stelligen Beträgen" bis ins übernächste Jahr fast ausgelastet. Diese Aufträge könnten "seine 50 Mitarbeiter" kaum bewältigen. Nur ausnahmsweise könne er den "kleinen Auftrag" für Schulze noch annehmen. Muss sich Maier als Kaufmann behandeln lassen?*

hemmer-Methode: Lernen Sie in Zusammenhängen! Die Voraussetzungen der Rechtsscheinhaftung des Rechtsscheinskaufmanns kraft Auftretens entsprechen denen, die wir schon bei der Scheingesellschaft kennengelernt haben. Wiederholen Sie daher jetzt Rn. 170 ff.

Die Voraussetzungen entsprechen auch hier den allgemeinen Voraussetzungen der Rechtsscheinhaftung.

Danach sind erforderlich:

- **Rechtsscheintatbestand**: Der Handelnde erweckt das Vertrauen in eine bestimmte Tatsache.
- **Zurechenbarkeit:** Er veranlasst dadurch einen bestimmten Rechtsschein.
- **Schutzbedürftigkeit**: Geschäftspartner hat keine positive Kenntnis oder grob fahrlässige (str.) Unkenntnis von dem wahren Sachverhalt.
- **Kausalität**: Der Geschäftspartner handelt im Vertrauen auf den Rechtsschein.

Im vorliegenden Fall setzt M den Rechtsschein, sein Gewerbebetrieb erfordere eine kaufmännische Einrichtung i.S.d. § 1 II HGB. Damit erweckt er den Anschein er sei Kaufmann. Der Rechtsschein wurde hier von Maier bewusst veranlasst. Schulze wusste nicht von dem wahren Sachverhalt, war also gutgläubig. Schließt Schulze im Vertrauen auf die Kaufmannseigenschaft des Maier den Vertrag ab, so muss sich Maier gem. § 242 BGB i.V.m. dem Grundsatz der allgemeinen Rechtsscheinshaftung zugunsten des Schulze als Kaufmann behandeln lassen.

F. Übersicht zum Kaufmannsbegriff

467

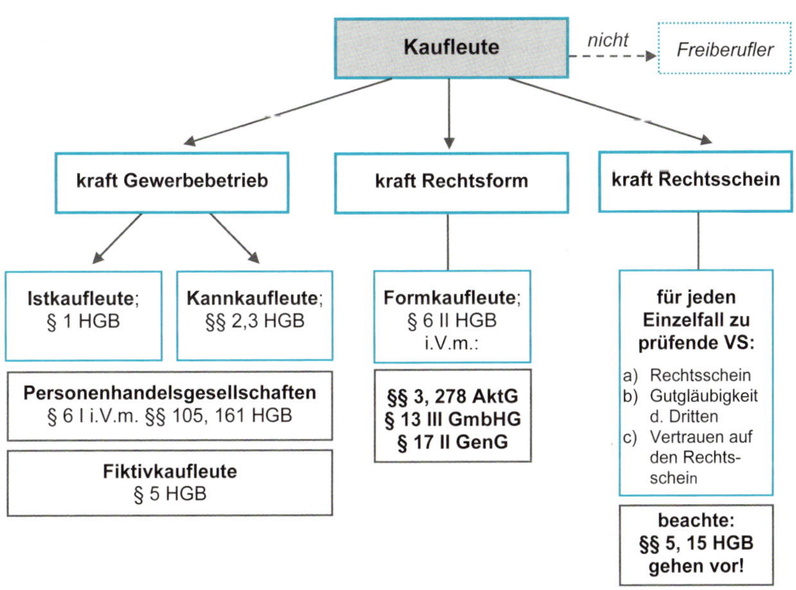

§ 3 DIE VERTRETUNG DES KAUFMANNS

Selbstverständlich kann auch ein Kaufmann anderen Personen gem. § 167 BGB Vollmacht erteilen. Im Interesse erhöhter Rechtssicherheit im Handelsverkehr kennt das HGB jedoch zusätzlich zwei Sonderformen rechtsgeschäftlicher Vertretungsmacht: 468

➲ die **Prokura**, § 48 HGB

und

➲ die **Handlungsvollmacht**, § 54 HGB

Beide Sonderformen treffen nur Regelungen über die Vertretungsmacht. Wegen Art. 2 I EGHGB gelten hinsichtlich der weiteren Erfordernisse wirksamer Stellvertretung weiterhin die §§ 164 ff. BGB.

hemmer-Methode: Bleiben Sie also in dem Ihnen bekannten Aufbau zur Stellvertretung, § 164 I BGB:
• eigene Willenserklärung
• in fremdem Namen
• im Rahmen der Vertretungsmacht

A. Prokura

Definition

Die Prokura ist eine gesetzlich umschriebene Vertretungsmacht. Sie ist keine gesetzliche Vertretungsmacht, wie etwa § 1629 I S. 1 BGB, sondern eine rechtsgeschäftliche Vertretungsmacht, also eine Vollmacht i.S.d. § 166 II S. 1 BGB. Im Unterschied zu dieser ist jedoch ihr Umfang gesetzlich festgelegt. 469

I. Erteilung der Prokura

Normalerweise wird rechtsgeschäftliche Vertretungsmacht gem. § 167 I BGB erteilt. § 48 I HGB bringt hierzu eine Sonderregelung und schränkt die Erteilung der Prokura in zweierlei Hinsicht ein: 470

persönlich

Die Erteilung erfolgt nur persönlich durch den Inhaber des Handelsgeschäfts oder einen gesetzlichen Vertreter. Nicht zulässig ist die Erteilung von Prokura durch einen rechtsgeschäftlichen Vertreter.

hemmer-Methode: Machen Sie sich noch einmal die Verknüpfung zum Gesellschaftsrecht klar. Nicht nur der Einzelkaufmann, sondern auch z.B. eine OHG ist Inhaber eines Handelsgeschäfts. Über § 6 I HGB sind auf Handelsgesellschaften die §§ 48 ff. HGB anwendbar. Die OHG erteilt dabei die Prokura durch einen vertretungsberechtigten organschaftlichen Gesellschafter, § 125 I HGB.
Im Innenverhältnis ist jedoch § 116 III S. 1 HGB zu beachten: Danach macht sich der handelnde Gesellschafter grds. Schadensersatzpflichtig, wenn er die Zustimmung der anderen geschäftsführenden Gesellschafter nicht einholt.

Ausdrücklich

Die Erteilung der Prokura kann nur mittels ausdrücklicher Erklärung geschehen.

Eine konkludente Erteilung ist daher ebenso ausgeschlossen, wie eine sog. „Duldungsprokura". Jedoch muss der Begriff „Prokura" nicht notwendig genannt werden, soweit unzweideutig eine Erteilung der Prokura aus der Formulierung hervorgeht.

> **Bsp.:** *Es genügt daher die Erteilung einer „Vollmacht i.S.d. § 48 HGB".*

Eintragung deklaratorisch

Nicht erforderlich für die Wirksamkeit der Prokura ist hingegen die gem. § 53 I S. 1 HGB vorgeschriebene Eintragung der Prokura in das Handelsregister. Die Eintragung ist rein deklaratorisch.

II. Umfang der Prokura

Die Besonderheit der Prokura zeigt sich im Außenverhältnis. Dort 471
wird der Umfang der Vertretungsmacht durch das Gesetz zwingend festgelegt. Der Geschäftspartner soll sich auf den gesetzlich garantierten Umfang der Prokura verlassen können. Das dient letztlich der Schnelligkeit des Handelsverkehrs.

1. Grundsatz

unbeschränkt

Gem. § 49 I HGB ist der Umfang der Vertretungsmacht des Proku- 472
risten grundsätzlich unbeschränkt.

Die Prokura ermächtigt daher grundsätzlich zu allen Geschäften, die der Betrieb irgendeines Handelsgeschäfts mit sich bringt.

> **Bsp.:** *Der im Handelsregister eingetragene (§ 3 HGB) Landwirt Maier hat Schulze zu seinem Prokuristen bestellt. Dieser kauft beim Juwelier im Namen des M eine teure Armbanduhr. Muss Maier den Kaufpreis von 10.000 € zahlen?*
>
> Ein Kaufpreisanspruch des Juweliers (J) gegen M könnte sich aus § 433 II BGB ergeben.

M müsste von S bei dem Kaufvertragsschluss wirksam vertreten worden sein, § 164 I S. 1 BGB. Dazu müsste S die Willenserklärung für M im Rahmen entsprechender Vertretungsmacht abgegeben haben.

Ihm wurde Prokura erteilt. Mit der Prokura ist dem S gem. § 49 I HGB Vertretungsmacht für alle Geschäfte, die der Betrieb eines Handelsgeschäfts mit sich bringt, eingeräumt. Dem steht auch nicht entgegen, dass der Kauf von Juwelen und Uhren nicht zu dem hier betriebenen landwirtschaftlichen Handelsgeschäft gehört. Es genügt, wenn irgendein Handelsgewerbe solche Geschäfte mit sich bringt.

M wurde von S wirksam vertreten, § 164 I S. 1 BGB. Er muss den Kaufpreis an J zahlen.

hemmer-Methode: Das etwas paradoxe Ergebnis wird verständlicher, wenn Sie sich die Idee des § 49 I HGB noch einmal vor Augen führen: Der Geschäftspartner soll ohne weitere Nachforschungen davon ausgehen können, dass der Prokurist Vertretungsmacht hat. Wollte man den Kreis der Ermächtigung auf Geschäfte des konkret betriebenen Handelsgeschäfts beschränken, so wäre diese Rechtssicherheit teilweise verloren. Denn die Frage, wann ein ganz außergewöhnliches Geschäft für ein bestimmtes Handelsgewerbe vorliegt, kann im Einzelfall sehr schwierig sein.

unbeschränkbar

Gem. § 50 I HGB ist der Umfang der Vertretungsmacht im Verhältnis zu Dritten unbeschränkbar. § 50 II HGB führt Beispiele für unwirksame Beschränkungen an.

2. Beschränkungen

Auch wenn der Umfang der Prokura im Außenverhältnis grundsätzlich unbeschränkt und unbeschränkbar ist, bestehen doch einzelne Grenzen, außerhalb derer der Kaufmann nicht verpflichtet wird. 473

a) Gesetzliche Beschränkungen

Betrieb eines Handelsgewerbes

Schon aus dem Wortlaut des § 49 I HGB ergibt sich, dass der Prokurist nicht zu Vertretungshandeln ermächtigt ist, das nicht auf den „Betrieb eines Handelsgewerbes" gerichtet ist. 474

Bsp.: Nicht von der Prokura erfasst sind z.B. die Veräußerung des Gewerbebetriebs, aber auch Grundlagengeschäfte, wie die Änderung der Firma oder Aufnahme von Gesellschaftern u.s.w. Diese hängen nicht mit dem Gewerbebetrieb zusammen, sondern begründen diesen.

Prokura

Der Prokurist selbst kann nicht Prokura erteilen. Dies kann gem. § 48 I HGB nur der Inhaber des Handelsgeschäfts oder sein gesetzlicher Vertreter. Der Prokurist selbst hat aber wie oben festgestellt nur rechtsgeschäftliche Vertretungsmacht. Auch eine Übertragung der Prokura ist gem. § 52 II HGB ausgeschlossen.

Grundstücksgeschäfte

Der Prokurist ist nicht zur Veräußerung und Belastung von Grundstücken bevollmächtigt, § 49 II HGB, soweit ihm nicht eine besondere Befugnis eingeräumt wird. Die Beschränkung des § 49 II HGB muss dabei analog auf Verpflichtungsgeschäfte, die auf eine Veräußerung und Belastung gerichtet sind, angewendet werden. Ansonsten könnte der bezweckte Schutz des Vertretenen leicht ausgehöhlt werden. Ausdrücklich nicht von § 49 II HGB umfasst ist der Erwerb von Grundstücken.

***Bsp.:** Maier ist ausschließlich im Immobiliengeschäft tätig. Er hat den Schulze zu seinem Prokuristen bestellt. S sollte umfassend die Geschäfte des Handelsgewerbes führen. Im Namen des Maier verkauft Schulze ein Grundstück an Dietrich zum Preis von 400.000 €. M ist mit diesem Verkaufspreis überhaupt nicht einverstanden. Er will den Kaufvertrag nicht gegen sich gelten lassen. Es gelte ja wohl für den Umfang der Prokura immer noch der Grundsatz: „Alles außer Grundstücke". Ist M an den Vertrag gebunden?*

Für eine wirksame Stellvertretung des M durch S ist allein problematisch, ob S den Umfang seiner Vertretungsmacht eingehalten hat. Die Prokura des S umfasst gem. § 49 II HGB grundsätzlich nicht die Veräußerung von Grundstücken. In analoger Anwendung betrifft dies bereits das zugrunde liegende Verpflichtungsgeschäft.

S bedarf gem. § 49 II a.E. HGB einer besonderen Vollmacht, um den M zur Grundstücksveräußerung zu verpflichten. Diese könnte aber konkludent neben der Prokuraerteilung erfolgt sein. Im Gegensatz zur Prokuraerteilung, vgl. § 48 I HGB, ist eine konkludente Vollmachtserteilung i.S.d. Befugnis zur Veräußerung von Grundstücken durchaus möglich. M war ausschließlich im Immobiliengeschäft tätig. Er hatte S Prokura gerade erteilt, damit dieser die laufenden Geschäfte tätigen konnte. Dies umfasst dann aber im vorliegenden Fall auch die Veräußerung von Grundstücken, das Kerngeschäft des M. M ist somit an den abgeschlossenen Vertrag gem. § 164 I S. 1 BGB gebunden.

b) Rechtsgeschäftliche Beschränkungen

Rechtsgeschäftliche Beschränkungen der Prokura sind im Hinblick auf § 50 I HGB grundsätzlich nicht möglich. Die Prokura ist unbeschränkbar. Eine Ausnahme davon macht zum einen § 50 III HGB, die sog. Filialprokura. 475

Gesamtprokura

Für die Klausur bedeutender ist jedoch die Einrichtung einer Gesamtprokura. Bei der Gesamtprokura ist der Prokurist an die Mitwirkung eines anderen Stellvertreters (meist eines zweiten Prokuristen) gebunden. Eine wirksame Aktivvertretung, also die Abgabe von Willenserklärungen, ist für den Inhaber des Handelsgeschäfts nur bindend, wenn beide Prokuristen zustimmen. Die Gestaltungsform, dass mehrere Prokuristen gemeinschaftlich handeln, ist dabei in § 48 II HGB ausdrücklich vorgesehen.

Unechte Gesamtprokura

Allgemein anerkannt wird die Möglichkeit, die Prokura an die Mitwirkung von organschaftlichen Vertretern, z.B. eines vertretungsberechtigten Gesellschafters einer OHG, zu binden. Zwar kennt das Gesetz nur den Fall, dass die Vertretung eines organschaftlichen Vertreters an die Mitwirkung eines Prokuristen gebunden wird, vgl. § 125 III S. 1 HGB. Aber auch der umgekehrte Fall ist nach ganz h.M möglich.

Dabei sind zwei Gestaltungsformen typisch:

- Die **sog. gemischte Prokura**, bei der sowohl der Prokurist als auch der organschaftliche Vertreter auf die Mitwirkung des anderen angewiesen ist.

- Die **sog. halbseitige Prokura**, bei der nur der Prokurist auf die Mitwirkung angewiesen ist, nicht jedoch der organschaftliche Vertreter.

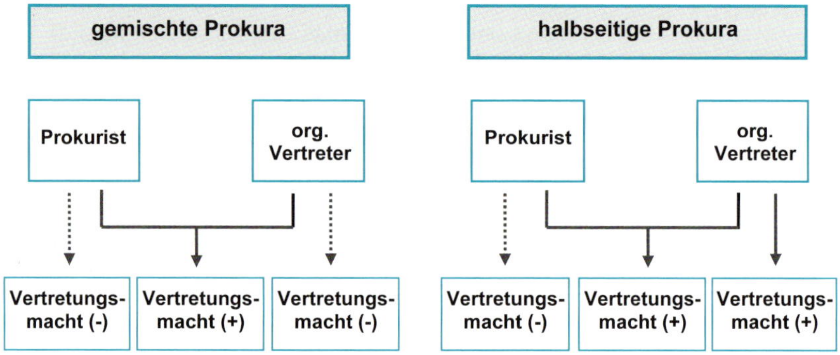

hemmer-Methode: In der Gestaltung der Bindung an die Mitwirkung anderer ist der Inhaber des Handelsgeschäfts nicht völlig frei. So kann der Kaufmann keinesfalls wirksam die Bindung des Prokuristen an seine eigene Mitwirkung festlegen. Denn dies wäre eine deutliche Umgehung des Grundsatzes in § 50 I HGB. Ebenso muss der Mitwirkende selbst vertretungsbefugt sein. Anderenfalls würde § 48 I HGB unterlaufen, weil keine ausdrückliche Vollmachtserteilung für den Mitwirkenden erfolgt wäre.

III. Missbrauch der Vertretungsmacht bei der Prokura

Missbrauch der Vertretungsmacht

Im Außenverhältnis ist die Prokura grundsätzlich unbeschränkt und unbeschränkbar. Dies hindert den Kaufmann aber nicht, im Innenverhältnis Richtlinien für den Gebrauch der Vertretungsmacht aufstellen. Überschreitet der Prokurist diese Vereinbarungen im Innenverhältnis, hält er aber den Umfang der Vertretungsmacht im Außenverhältnis ein, so spricht man von einem Missbrauch der Vertretungsmacht. 476

Hierfür gelten bei der Prokura besondere, vom allgemeinen Vertretungsrecht des BGB abweichende, Regeln. Dies zeigt folgender Fall:

Bsp.: *Maier hat für seinen gem. § 3 HGB eingetragenen landwirtschaftlichen Betrieb dem Schulze Prokura erteilt. Interne Absprachen legen fest, dass S dabei keine Kredite i.H.v. über 100.000 € aufnehmen darf. Weil sich in ländlichen Gegenden solche Neuigkeiten schnell verbreiten, ist auch dem Filialleiter der B Bank bekannt, dass Maier niemals einen Kredit in Höhe von über 100.000 € aufnehmen würde. Kann die Bank B die Rückzahlung der Darlehenssumme verlangen, wenn S unter bewusster Missachtung der Abrede bei der ortsansässigen Bank einen Kredit über 150.000 € im Namen des M aufnimmt und sich auf sein Privatkonto auszahlen lässt?*

Ein Rückzahlungsanspruch der B gegen M könnte sich aus § 488 I 2 BGB ergeben. Dann müsste ein wirksamer Darlehensvertrag zustande gekommen sein. S hat in Stellvertretung, § 164 I S. 1 BGB, eine Willenserklärung im Namen des M abgegeben. Gem. § 49 I HGB handelte S als Prokurist auch im Rahmen seiner Vertretungsmacht.

Etwas anderes könnte sich aber aus den Grundsätzen des Missbrauchs der Vertretungsmacht ergeben. Das Vertretungshandeln des S war von dem Umfang der Vertretungsmacht, § 49 I HGB, gedeckt. Aber nach der internen Absprache durfte S dieses Geschäft nicht vornehmen. Grundsätzlich geht der Missbrauch der Vertretungsmacht wegen der Abstraktheit der Vertretungsmacht im Außenverhältnis zu Lasten des Vertretenen. Anerkannte Ausnahmen sind die Fälle der Kollusion und der Evidenz.

Im allgemeinen Zivilrecht werden die Fallgruppen des Missbrauchs der Vertretungsmacht folgendermaßen definiert: 477

Definitionen

- **Kollusion**: Vertreter und Vertragspartner wirken zum Nachteil des Vertretenen zusammen.
- **Evidenz**: Der Vertragspartner kannte den Missbrauch der Vertretungsmacht oder hätte ihn kennen müssen, weil er „evident" war.

hemmer-Methode: Systematisieren Sie sich das examenstypische Problemfeld des Missbrauchs der Vertretungsmacht:
1. Grundsätzlich geht der Missbrauch der Vertretungsmacht zu Lasten des Vertretenen; dies ergibt sich schon aus dem Wortlaut des § 164 I S. 1 BGB. Der Vertreter handelt ja „im Rahmen der Vertretungsmacht".
2. Nur wenn der Vertragspartner nicht schutzwürdig ist, kann hiervon eine Ausnahme gemacht werden; dies sind die Fälle der Kollusion und Evidenz.

Im vorliegenden Fall handelte S in bewusstem Missbrauch der Vertretungsmacht. Darüber hinaus war die Überschreitung für die Bank wohl auch evident. Zum einen war die Beschränkung der ortsansässigen Bank bekannt. Zum anderen liegt der Missbrauch auch durch die beantragte Überweisung auf das Privatkonto des S sehr nahe.

Rechtsfolgen (str.)

Als Rechtsfolge kann sich die B Bank laut BGH gem. § 242 BGB nicht auf die Einhaltung der Vertretungsmacht berufen. Die Literatur wendet § 177 I BGB analog an. Analog deswegen, weil S zwar eigentlich im Rahmen der Vertretungsmacht handelte, bei dem Missbrauch der Vertretungsmacht aber eine zu § 177 I BGB vergleichbare Lage eintritt. Danach ist das Geschäft schwebend unwirksam. Mit Verweigerung der Genehmigung durch M wird das Geschäft endgültig unwirksam.

hemmer-Methode: Zur weiteren Vertiefung der allgemeinen Problematik des Missbrauchs der Vertretungsmacht und deren Rechtsfolgen vgl. Hemmer/Wüst, BGB AT I, Rn. 285 ff.

B. Handlungsvollmacht

I. Abgrenzung von der Prokura

Schon die Legaldefinition der Handlungsvollmacht in § 54 I HGB („ohne Erteilung der Prokura") macht deutlich, dass eine Abgrenzung der Handlungsvollmacht zur Prokura notwendig ist. 478

branchentypisches Geschäft

Im Unterschied zur Prokura, die zur Vornahme von Geschäften irgendeines Handelsgewerbes ermächtigt, umfasst die Vollmacht des § 54 I HGB nur branchentypische Geschäfte.

Dies sind alle Geschäfte des im konkreten Fall betriebenen Handelsgewerbes. Das geht aus dem Wortlaut des § 54 I Hs. 2 HGB, „eines derartigen Handelsgewerbes", hervor.

keine ausdrückliche Erteilung

Anders als die Prokura kann die Handlungsvollmacht i.S.d. § 54 HGB ohne ausdrückliche Erklärung erteilt werden.

hemmer-Methode: Hier eröffnet sich eine interessante Klausurvariante: Schlägt die Erteilung der Prokura fehl, weil diese nicht ausdrücklich erklärt wurde, so ist an eine Umdeutung gem. § 140 BGB in eine Handlungsvollmacht, § 54 HGB, oder eine Generalvollmacht i.S.v. § 167 I BGB zu denken.

Einschränkungen § 54 II, III

Die Handlungsvollmacht ist, wie die Prokura, grundsätzlich unbeschränkt und unbeschränkbar. Allerdings ist der Katalog der gesetzlichen Ausnahmen in § 54 II HGB weiter gefasst als der des § 49 II HGB. Zudem gilt die Unbeschränkbarkeit nur insoweit, als der Vertragspartner gutgläubig i.S.d. § 54 III HGB ist.

II. Arten der Handlungsvollmachten

§ 54 I HS. 1 HGB enthält drei verschiedene Formen der Handlungs- *479*
vollmachten:

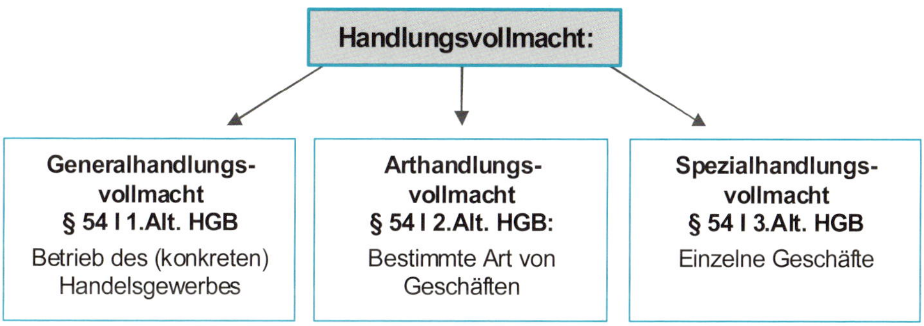

C. Vertretungsmacht von Ladenangestellten, § 56 HGB

§ 56 HGB begründet für Ladenangestellte oder Angestellte in Wa- *480*
renlagern die Vermutung der Erteilung einer Vollmacht mit bestimmtem Inhalt. § 56 HGB hat dabei nach h.M. zwei Wirkungen:

- Bei Ladenangestellten wird vermutet, dass die Vollmacht mit einem bestimmten Umfang erteilt wurde.
- Ist keine Vollmacht erteilt, so gilt wegen § 56 HGB der Angestellte als bevollmächtigt. Umstritten ist, ob es sich insoweit um eine Fiktion oder um einen Rechtsscheintatbestand handelt (dazu sogleich).

hemmer-Methode: Beachten Sie bei der Subsumtion von § 56 HGB insbesondere, dass dieser nur für Verkäufe und Empfangnahmen gilt, keineswegs für Ankaufsgeschäfte. Hier ist dann nur noch die Rechtsfigur der Anscheinsvollmacht denkbar.

***Bsp.:** U betreibt ein Computergeschäft. Als er für eine Stunde zu einem Kunden fahren muss, bittet er seinen Freund F, solange auf den Laden aufzupassen und Kunden beraten. F solle aber selbst keine Verkäufe tätigen. Innerhalb der Stunde verkauft F einen Computer 20 % unter dem Ladenpreis. Kann K von U die Übereignung des Computers verlangen?*

I. Anspruch des K gegen U aus § 433 I S. 1 BGB:

Es müsste ein Kaufvertrag zwischen K und U zustande gekommen sein. Da U selbst keine Willenserklärung abgegeben hat, kommt nur Stellvertretung durch F in Betracht, § 164 I S. 1 BGB.

Aus den Umständen ergibt sich hier, dass F seine Willenserklärung hinsichtlich des Kaufvertrages im Namen des U abgegeben hat (sog. unternehmensbezogenes Geschäft).

U hatte ihm jedoch keine Vollmacht i.S.d. § 167 I BGB erteilt. F sollte nur beratend tätig werden.

F könnte aber gem. § 56 HGB als zum Verkauf berechtigt gelten. Fraglich ist ob F Angestellter i.S.d. Norm ist, da U ihn nur gebeten hatte, auf den Laden aufzupassen. Angestellter i.S.d. § 56 HGB ist aber nicht nur ein Angestellter im arbeitsrechtlichen Sinne, sondern jeder, der mit Wissen und Wollen des Inhabers im Ladengeschäft im Rahmen des Verkaufs tätig wird. Das trifft auf F zu, da er mit Wissen und Wollen des U am Publikumsverkehr teilnahm. Die Beratung von Kunden ist zur allgemeinen Verkaufstätigkeit zu zählen. Die Voraussetzungen des § 56 HGB sind verwirklicht, denn es handelte sich um ein gewöhnliches Verkaufsgeschäft in dem Computerladen.

Die h.M. ordnet § 56 HGB als Rechtsscheintatbestand ein und wendet daher § 54 III HGB analog als allgemeinen Voraussetzungen der Rechtsscheinhaftung an und verlangt, dass der Käufer redlich ist. Hier wusste K weder von der fehlenden Vollmachtserteilung, noch musste er sie kennen.

II. Die Vollmacht gilt als bestehend; F hat den U wirksam vertreten. Der Anspruch gem. § 433 I S. 1 BGB besteht.

§ 4 DIE PUBLIZITÄT DES HANDELSREGISTERS, § 15 HGB

A. Negative Publizität, § 15 I HGB

I. Grundgedanke

negative Publizität

§ 15 I HGB ist Ausdruck des handelsrechtlichen Vertrauensschutzes: Einzutragende Tatsachen, die nicht eingetragen und bekannt gemacht sind, braucht ein gutgläubiger Dritter nicht gegen sich gelten zu lassen. Dies ist das Prinzip der sog. negativen Publizität. Das Vertrauen des Dritten bezieht sich dabei auf „das Schweigen des Handelsregisters“. 481

hemmer-Methode: Das Prinzip der negativen Publizität ist nicht leicht zu erfassen. Warum hat der Gesetzgeber nicht einfach eine positive Publizität wie für das Grundbuch in § 891 f. BGB normiert? Die hinter § 15 I HGB stehende Idee ist Folgende: Während die Eintragungen im Grundbuch erforderlich sind, um eine Rechtsänderung herbeizuführen (konstitutiv), vgl. § 873 I BGB, sind häufig die Eintragungen ins Handelsregister nur deklaratorisch, Rechtsänderungen also ohne Eintragung wirksam. Damit trotzdem möglichst alle rechtlich relevanten Tatsachen eingetragen werden, wird jedem Unternehmen die Pflicht auferlegt, selbst für die Eintragung der Tatsachen zu sorgen. Die Erhaltung dieser Eintragungspflichten erreicht der Gesetzgeber durch die Haftungssanktion des § 15 I HGB. Der betroffene Unternehmer muss im eigenen Interesse für die Eintragung sorgen. Tut er dies nicht, so haftet er.

II. Voraussetzungen

Die Funktionsweise und die Voraussetzungen des § 15 I HGB lassen sich am besten an einem Fall darstellen: 482

Bsp.: Maier hat dem Schulze Prokura für seinen Betrieb erteilt. Eine Eintragung im Handelsregister unterbleibt. Nach einiger Zeit kommt es zwischen beiden zu Differenzen. M entzieht dem S die Prokura. Auch dies wird nicht im Handelsregister eingetragen. S, der sich in seiner Ehre angegriffen fühlt, schließt unter Berufung auf „seine Prokura“ für M mit Dietrich einen Kaufvertrag über teure Maschinen ab. Kann D von M den vereinbarten Kaufpreis von 150.000 € verlangen?

Anspruch des D gegen M gem. § 433 II BGB

1. Damit ein wirksamer Kaufvertrag zwischen M und D zustande gekommen ist, müsste M wirksam vertreten worden sein, § 164 I S. 1 BGB.

Problematisch ist hier, ob S im Rahmen der ihm zustehenden Vertretungsmacht gehandelt hat. M hat dem S zunächst gem. § 48 I HGB Prokura erteilt. Später entzog M dem S jedoch gem. § 52 I HGB wirksam die Prokura. Die fehlende Eintragung gem. § 53 II, I HGB steht dem nicht entgegen; die Eintragung ist lediglich deklaratorisch. Dem S fehlt grundsätzlich die Vertretungsmacht aus der Prokura, § 49 HGB.

2. Unter den Voraussetzungen des § 15 I HGB bräuchte sich Dietrich das Erlöschen der Prokura aber nicht entgegenhalten zu lassen.

hemmer-Methode: Prägen Sie sich einen schlüssigen Aufbau zu § 15 I HGB ein:
Zunächst sollten Sie die Rechtslage ohne § 15 I HGB darstellen. Dann fragen Sie, ob die nicht eingetragene Tatsache gegenüber dem Vertragspartner im Hinblick auf § 15 I HGB überhaupt geltend gemacht werden kann.

1. Eintragungspflichtige Tatsache

§ 15 I HGB erfordert zunächst eine eintragungspflichtige Tatsache. 483

Tatsache

Tatsachen i.S.d. § 15 I HGB sind wirklich geschehene Vorgänge.

Bsp.: Ausscheiden eines Gesellschafters, Erteilen oder Widerruf der Prokura u.s.w.

eintragungspflichtig

Ob eine Tatsache eintragungspflichtig ist, ergibt sich aus dem Gesetz. Die entsprechenden Normen stehen meist in demselben Abschnitt wie die dazu gehörende Tatsache.

Bsp.: § 143 II HGB (Ausscheiden eines Gesellschafters); § 53 I, III HGB (Erteilung, Erlöschen der Prokura); §§ 31 I, 29 HGB (Änderung der Firma)

deklaratorisch

§ 15 I HGB findet nur auf deklaratorische Eintragungen Anwendung. 484
Ist eine Eintragung konstitutiv, so fehlt ohne die Eintragung jegliche Rechtswirkung. § 15 I HGB kann diese nicht einfach herstellen.

Konstitutiv ist die Eintragung bei § 2 HGB, § 105 II HGB. Hier findet § 15 I HGB keine Anwendung.

hemmer-Methode: Auch das erklärt sich wieder aus den oben dargestellten Grundgedanken des § 15 I HGB und dessen Verständnis als Mittel der Haftungssanktion.

In unserem Fall (Rn. 482) ist das Erlöschen der Prokura eine eintragungspflichtige Tatsache gem. § 15 I HGB i.V.m. § 53 II, I S. 1 HGB.

2. Nichteintragung / Nichtbekanntmachung

Die eintragungspflichtige Tatsache muss entweder nicht eingetragen oder nicht bekanntgemacht worden sein. Die bloße fehlende Eintragung oder die fehlende Bekanntmachung genügt. Eine Zurechnung oder ein Verschulden ist nicht erforderlich. 485

Die Tatsache des Erlöschens der Prokura wurde in unserem Fall (Rn. 482) nicht in das Handelsregister eingetragen.

3. Erfordernis der Voreintragung?

Problematisch ist, wie es sich auswirkt, dass (wie im Beispielsfall) bereits die Erteilung der Prokura entgegen § 53 II HGB nicht im Handelsregister eingetragen wurde. 486

Strittig ist, ob für § 15 I HGB eine Voreintragung der eintragungspflichtigen Tatsache erforderlich ist:

e.A.: Vertrauenstatbestand (-)

- Man könnte vorbringen, § 15 I HGB sei Vertrauensschutznorm. Es fehle aber an einem Vertrauenstatbestand, wenn die entsprechende Tatsache nicht vorher schon aus dem Handelsregister ersichtlich war.

h.M.: keine Voreintragung nötig

- Die wohl h.M. hingegen hält eine Voreintragung der eintragungspflichtigen Tatsache für nicht erforderlich. Die a.A. verwechsle negativer mit positiver Publizität.

hemmer-Methode: Auch von unserem obigen Grundansatz ausgehend (hemmer-Methode Rn. 481) lässt sich ein schlüssiges Argument gegen das Erfordernis der Voreintragung finden: Wer das Handelsregister in eigener Sache nicht in Ordnung hält, darf sich nicht darauf berufen können, dass er das Handelsregister in seinen Angelegenheiten noch nie in Ordnung gehalten hat.

In unserem Fall (Rn. 482) kann M also der Anwendung von § 15 I HGB nicht entgegenhalten, schon die Eintragung der Erteilung der Prokura sei nicht erfolgt.

4. Guter Glaube

nur bei positiver Kenntnis (-)

Der Schutz des § 15 I HGB entfällt nur bei positiver Kenntnis des Dritten von der nicht eingetragenen Tatsache. Grobe Fahrlässigkeit schadet nicht.

abstrakter Vertrauensschutz

Nicht erforderlich ist weiterhin, dass der Dritte das Handelsregister tatsächlich eingesehen hat. Eine kausale Verknüpfung zwischen der fehlenden Eintragung und dem Vertragsschluss ist gerade nicht notwendig.

D war in unserem Fall (Rn. 482) gutgläubig. Er hatte keine positive Kenntnis davon, dass S nicht mehr Prokurist war.

Ergebnis: D hat einen Anspruch gegen M auf Zahlung der 150.000 € aus § 433 II BGB i.V.m. § 15 I HGB.

5. Geschäftsverkehr

Zusammenhang mit dem Geschäftsverkehr

§ 15 I HGB schützt das abstraktes Vertrauen in das „Schweigen des Handelsregisters". Das Handelsregister beinhaltet aber typischerweise nur Tatsachen mit Relevanz für den Geschäftsverkehr. Bei rein deliktischen Schädigungen wirken sich diese nicht aus. Vielmehr wird bei § 15 I HGB ein Zusammenhang mit dem Geschäftsverkehr gefordert. 487

Bsp.: *Huber, der persönlich haftende Gesellschafter der Maier, Huber&Co. KG fährt den Dietrich bei einer Dienstfahrt mit dem Pkw der OHG an. Komplementär Maier war kurz vorher aus der Maier, Huber&Co. KG ausgeschieden. Sein Ausscheiden wurde jedoch nicht im Handelsregister eingetragen. Kann D von M persönlich Schadensersatz verlangen?*

Maier könnte aus §§ 161 II, 128 S. 1 HGB in Verbindung mit § 15 I HGB haften. Eine Verbindlichkeit der Gesellschaft kann sich hier aus §§ 823 I BGB i.V.m. § 31 BGB und § 7 I StVG ergeben. Huber hat den D rechtswidrig und schuldhaft verletzt. § 31 BGB ist nach h.M. analog auf die KG anwendbar. Das Verhalten des M ist der KG zuzurechnen, weil es sich bei M um einen Repräsentanten i.S.d. § 31 BGB handelt. Die OHG haftet gem. §§ 823 I, 31 BGB. Die Tatbestandsvoraussetzungen des § 7 I StVG liegen vor.

Allerdings haftet M grundsätzlich nicht für Gesellschaftsverbindlichkeiten, wenn zum Zeitpunkt, in dem die Verbindlichkeit entsteht, nicht mehr Gesellschafter ist. M ist wirksam ausgeschieden. Er kann dies dem D aber nicht entgegenhalten, wenn die Voraussetzungen des § 15 I HGB erfüllt sind. Das Ausscheiden ist eine eintragungspflichtige Tatsache, § 143 II HGB. § 15 I HGB schützt jedoch nur das abstrakte Vertrauen in das „Schweigen des Handelsregisters". Dies erfordert einen gewissen Zusammenhang mit dem Geschäftsverkehr. Ein **Vertrauensschutz** ist **nur bei entsprechender Vertrauensdisposition** zu gewähren. Bei der Verletzung des D handelt es sich aber um eine rein deliktische Schädigung ohne Zusammenhang zum Geschäftsverkehr. § 15 I HGB findet hier zugunsten des D keine Anwendung.

D hat keinen Anspruch gegen M.

hemmer-Methode: Merken Sie sich dazu den griffigen Satz: „Niemand lässt sich im Vertrauen auf das Handelsregister von einem Fremden überfahren".

Bsp. (Abwandlung): *Die Maier, Huber&Co. KG produziert Zubehörteile für Industriemaschinen. Die Produkte werden von Händler Schulze vertrieben. Fabrikant Dietrich kauft bei Schulze die Zubehörteile und baut sie ordnungsgemäß in seine Maschinen ein. Eine Maschine des Dietrich wird infolge eines auf einem Fabrikationsfehler beruhenden Fehlers an dem Zubehörteil beschädigt. Kann Dietrich den entstandenen Schaden an der Maschine i.H.v. 20.000 € von Maier verlangen, wenn dieser wie oben aus der KG ausgeschieden war, dies aber nicht im Handelsregister eingetragen war?*

D könnte einen Anspruch gegen M auf Ersatz des Schadens i.H.v. 20.000 € aus §§ 161 II, 128 S. 1 HGB i.V.m. § 15 I HGB haben.

1. Eine Haftung der KG ergibt sich nicht aus § 1 I S. 1 ProdHaftG. Denn die beschädigte Sache wurde von Dietrich gewerblich genutzt, § 1 I 2 ProdHaftG.

2. Allerdings ergibt sich die Gesellschaftsverbindlichkeit aus §§ 823 I, 31 BGB: Die Grundsätze der Produzentenhaftung finden Anwendung.

a) In dem In-Verkehr-bringen der schadhaften Produkte ist die deliktische Handlung des Herstellers, der KG, zu sehen.

b) In der Beschädigung der Maschine liegt eine Verletzung des Eigentums des Dietrich. Es handelt sich dabei um einen sog. weiterfressenden Mangel. Mangel und Schaden sind hier nicht stoffgleich, der Schaden geht über die Entwertung der Sache durch den Mangel hinaus. Vielmehr hat hier das funktionell abgrenzbare Zubehörteil eine Beschädigung der Maschine bewirkt.

c) Die Rechtsgutsverletzung ist nicht gerechtfertigt und damit, nach der Lehre vom Erfolgsunrecht, rechtswidrig.

d) Ein Verschulden des Herstellers ergibt sich aus Organisationspflichten der Unternehmensleitung, §§ 823, 31 BGB. Der Hersteller hat die Warenproduktion so zu organisieren, dass Fehler möglichst ausgeschlossen sind. Bei sog. Fabrikationsfehlern findet eine Beweislastumkehr hinsichtlich des Verschuldens statt. Der Hersteller hat zu beweisen, dass ihn kein Verschulden trifft. Dies wird hier nicht gelingen.

Eine Gesellschaftsverbindlichkeit aus §§ 823 I, 31 BGB besteht.

3. Die Gesellschaftsverbindlichkeit ergibt sich weiterhin aus § 831 I S. 1 BGB. Der sog. dezentralisierte Entlastungsbeweis ist bei der Produzentenhaftung nicht anwendbar. Für alle einzelnen Arbeiter wird sich die KG jedoch nicht exkulpieren können.

hemmer-Methode: Die sog. Produzentenhaftung gehört zum notwendigen Rüstzeug eines Examenskandidaten! Vertiefend können Sie sich die Produzentenhaftung in hemmer/Wüst, Deliktsrecht II, Rn. 377 ff. erarbeiten.

4. Der persönlichen Haftung des Maier könnte hier aber entgegenstehen, dass Maier bereits vorher aus der KG ausgeschieden ist. Diese Tatsache wurde aber entgegen §§ 161 II, 143 II, I HGB nicht ins Handelsregister eingetragen. Maier kann das Ausscheiden dem Dietrich gem. **§ 15 I HGB** nicht entgegenhalten.

Dem widerspricht auch nicht, dass hier eine deliktische Haftung im Raume steht. Denn hier geschah die schädigende Handlung im **Zusammenhang mit dem Geschäftsverkehr**. Das In-Verkehr-bringen der Produkte wird von dem abstrakten Vertrauensschutz des § 15 I HGB erfasst.

III. Rechtsfolgen

1. Grundsatz

Als Rechtsfolge kann die eintragungspflichtige Tatsache von dem, in dessen Angelegenheiten sie einzutragen war, dem Dritten nicht entgegengehalten werden. 488

Belasteter

Derjenige, in dessen Angelegenheiten die Tatsache einzutragen ist, ist grundsätzlich in der Norm, die die Eintragungspflicht anordnet, bestimmt.

Bsp.: *„Der Kaufmann" in § 29 HGB; der „Inhaber des Handelsgewerbes" in § 53 I HGB; „sämtliche Gesellschafter" in § 143 I HGB.*

Wirkung nur zu Lasten

Allerdings zeigt die Formulierung des § 15 I HGB auch, dass keine Wirkung zugunsten des Eintragungspflichtigen eintritt.

Fallvariante: *S schließt einen sehr günstigen Vertrag ab. D widerruft gem. § 178 BGB, noch bevor M genehmigen kann.*

Hier kann M sich nicht auf § 15 I HGB in der Weise berufen, dass er die Prokura als bestehend gelten lassen will. § 15 I HGB wirkt nicht zu seinen Gunsten.

2. Problemfeld: „Rosinentheorie"

Heftig umstritten sind die Rechtsfolgen des § 15 I HGB in folgendem Fall: 489

hemmer-Methode: Bitte versuchen Sie einmal, den folgenden - sicher nicht einfachen - Fall selbständig mit Ihrem bisher erworbenen handels- und gesellschaftsrechtlichen Wissen zu lösen, bevor Sie weiterlesen.

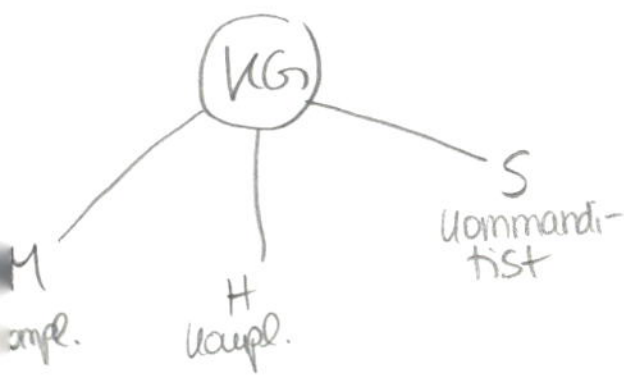

Bsp.: Maier und Huber sind die beiden Komplementäre, Schulze ist Kommanditist der MHS-Landbau-KG. Im Gesellschaftsvertrag vereinbaren sie, dass Maier und Huber nur gemeinschaftlich zur Vertretung der Gesellschaft befugt sein sollen. Dies wird auch im Handelsregister eingetragen. Als Huber aus der KG ausscheidet, wird vergessen, dies im Handelsregister eintragen zu lassen. Kurz darauf kauft Maier im Namen der KG bei Dietrich einen Traktor zum Preis von 50.000 €.

Kann Dietrich den Huber persönlich auf Kaufpreiszahlung in Anspruch nehmen?

Anspruch des Dietrich gegen Huber aus § 433 II BGB i.V.m. §§ 161 II, 128 S. 1 HGB

1. Voraussetzung für eine persönliche Haftung des Huber wäre zunächst eine entsprechende Verbindlichkeit der Gesellschaft aus § 433 II BGB i.V.m. §§ 124 I, 161 II HGB. Dazu müsste wirksam ein Kaufvertrag zwischen der KG und Dietrich geschlossen worden sein.

Einzig problematisch ist hier, ob der Maier die KG beim Vertragsschluss wirksam vertreten konnte, § 164 I S. 1 BGB. Nach dem Gesellschaftsvertrag ist dies nicht der Fall, da Maier nur gemeinsam mit Huber vertretungsbefugt sein sollte (zulässig gem. §§ 161 II, 125 II S. 1 HGB). Die vereinbarte Gesamtvertretung müsste sich Dietrich grds. auch entgegenhalten lassen, da sie pflichtgemäß im Handelsregister eingetragen war, vgl. § 106 II Nr.4 HGB.

Allerdings ist zu berücksichtigen, dass Huber zum Zeitpunkt des Vertragsschlusses bereits aus der Gesellschaft ausgeschieden war.

hemmer-Methode: Den Wirkungsmechanismus des § 15 I HGB sollten Sie mittlerweile verstanden haben. Nochmals zur Verdeutlichung: Das Ausscheiden eines Gesellschafters ist gem. § 143 II, I S. 1 HGB zur Eintragung in das Handelsregister anzumelden. *Unterbleibt - wie im Fall - die Eintragung, so ist das Ausscheiden gleichwohl wirksam!* § 15 I HGB ändert überhaupt nichts an der grds. Wirksamkeit der nicht eingetragenen Tatsache. Anders ausgedrückt: Die Eintragung des Ausscheidens wirkt nicht konstitutiv, sondern lediglich deklaratorisch. § 15 I HGB bewirkt allerdings, dass sich ein gutgläubiger Dritter den tatsächlich wirksam erfolgten Austritt nicht entgegenhalten lassen muss. Hier ist dogmatisch genaues Arbeiten unerlässlich.

Da Maier die Gesellschaft nur gemeinsam mit Huber vertreten können sollte, Huber aber nach seinem Ausscheiden zur Vertretung nicht mehr befugt ist, und eine Vertretung durch den Kommanditisten Schulze gem. § 170 HGB ausgeschlossen ist, hätte das Ausscheiden des Huber nach dem Gesellschaftsvertrag eigentlich zur Folge, dass die KG überhaupt nicht mehr organschaftlich vertreten werden könnte. Dies widerspricht jedoch klar dem Prinzip der Selbstorganschaft.

hemmer-Methode: Kennen Sie noch den Aussagegehalt des Prinzips der Selbstorganschaft? Sound: „Die Gesellschaft muss stets ausschließlich durch einen oder mehrere persönlich haftende Gesellschafter vertreten werden können.“ Wiederholen Sie hierzu die Rn. 85 ff.

Aufgrund des zwingenden Charakters des § 170 HGB muss stattdessen **ab dem Ausscheiden des Huber** Einzelvertretungsbefugnis des Maier angenommen werden. Maier konnte somit die KG gegenüber dem Dietrich wirksam vertreten. Eine Gesellschaftsverbindlichkeit aus § 433 II BGB liegt vor.

hemmer-Methode: Wenn Ihnen bei diesem Lösungsschritt leise Bedenken kommen, spricht dies für Ihr gesellschaftsrechtliches Verständnis. Immerhin zeigt die ursprüngliche Vertretungsregelung doch, dass der Maier die Gesellschaft *gerade nicht* allein vertreten können sollte (vgl. hierzu den Beispielsfall oben bei Rn. 91). Da jedoch als Gesellschafter nur noch Maier und der Kommanditist Schulze übrig sind, führt aufgrund von § 170 HGB an der Einzelvertretungsbefugnis des Maier kein Weg vorbei, will man die selbstorganschaftliche Vertretung der KG „retten“.

2. Des Weiteren müsste Huber zur Zeit der Begründung der Verbindlichkeit auch (noch) Komplementär der OHG gewesen sein. Dies war jedoch nicht der Fall, vielmehr war Huber schon vorher ausgeschieden. Da es sich bei dem Ausscheiden gem. § 143 II, I S. 1 HGB um eine eintragungspflichtige Tatsache handelt, braucht sich der gutgläubige Dietrich dieses jedoch nicht entgegenhalten zu lassen. Ihm gegenüber muss sich der Huber vielmehr gem. § 15 I HGB so behandeln lassen, als sei er bei Vertragsschluss noch persönlich haftender Gesellschafter gewesen.

Insoweit wäre ein Anspruch des Dietrich gegen Huber aus § 433 II BGB i.V.m. §§ 161 II, 128 S. 1 HGB also begründet.

hemmer-Methode: Sollten Sie dieses Skript von Anfang an durchgearbeitet haben, so hatten Sie das nötige Wissen, um den Fall bis an diese Stelle selbständig lösen zu können. Überlegen Sie bitte nun, bevor Sie weiterlesen, auf welche Bedenken diese Lösung stoßen könnte.

3. Fraglich ist jedoch, ob dieses Ergebnis auch wertungsmäßig Bestand haben kann:

Als maßgeblichen haftungsbegründenden Umstand haben wir oben nämlich festgestellt, dass Huber sich gem. § 15 I HGB dem Dietrich gegenüber so behandeln lassen muss, als sei er zur Zeit des Vertragsschlusses noch Komplementär gewesen. Wäre Huber jedoch tatsächlich noch Komplementär gewesen, so wäre auch die gesellschaftsvertraglich vereinbarte Gesamtvertretung noch wirksam gewesen, mit der Folge, dass der Maier die KG beim Vertragsschluss erst gar nicht wirksam hätte vertreten können. Ein Anspruch des Dietrich gegen den Huber würde dann mangels Gesellschaftsverbindlichkeit entfallen.

hemmer-Methode: Dies ist der entscheidende Gedankengang, geradezu der „Clou“ des Falls. Sind Sie von selbst daraufgekommen? Machen Sie es sich jedenfalls in der Klausur zur ständigen Angewohnheit, gefundene Ergebnisse gedanklich auch daraufhin zu überprüfen, ob sie wertungsmäßig überzeugen.

Zu einem Anspruch des Dietrich gegen Huber käme man somit nur, wenn man bezüglich der Vertretungsmacht von einem Ausscheiden des Huber ausginge (Folge: Einzelvertretungsmacht des Maier ⇨ Gesellschaftsverbindlichkeit entstanden), während man gleichzeitig sein Ausscheiden im Bereich Begründung der persönlichen Haftung gem. § 15 I HGB ignorieren würde. Ob dies möglich ist, wird von Rspr. und h. Lit. unterschiedlich beantwortet:

hemmer-Methode: Stellen Sie sich die verzwickte Situation bildlich vor, um das Problem klar zu erkennen. Wenn Huber argumentiert, Maier hätte die KG nicht wirksam vertreten, entgegnet Dietrich: „Doch, denn du warst ja schon längst ausgeschieden.“ Darauf Huber: „Wenn ich schon längst ausgeschieden war, muss ich doch nicht persönlich haften.“ Entgegnung des Maier: „Doch, denn ich durfte darauf vertrauen, dass du noch nicht ausgeschieden warst.“ Antwort des Huber: „Wenn du davon ausgegangen bist, dass ich noch Gesellschafter bin, hättest du aber auch davon ausgehen müssen, dass Maier die Gesellschaft nicht wirksam vertreten kann“.

Problem des Lösung

a) Ansicht des BGH: „Rosinentheorie“

Gemäß § 15 I HGB braucht sich ein gutgläubiger Dritter die nicht 490
eingetragene, aber eintragungspflichtige Tatsache nicht entgegenhalten zu lassen. Er muss sich allerdings nicht auf § 15 I HGB berufen, sondern kann die betreffende Tatsache auch gelten lassen, wenn dies für ihn günstig ist. Der Dritte hat also effektiv ein Wahlrecht, ob er die tatsächliche oder die scheinbare Rechtslage gelten lassen will. Soweit sind sich Rspr. und h. Lit. einig.

Umstritten ist nun jedoch, ob der Dritte sein Wahlrecht bezüglich ein und derselben Tatsache (hier: Ausscheiden des Huber) unterschiedlich ausüben darf.

In Bezug auf den Komplex „Vertretungsmacht" will Dietrich die tatsächliche Rechtslage (Ausscheiden (+)) wählen, während er sich im Komplex „persönliche Haftung" auf die scheinbare Rechtslage (Ausscheiden (-)) beruft.

Der BGH lässt dies, dem Wortlaut des § 15 I HGB entsprechend, zu und argumentiert, § 15 I HGB sei eben niemals zugunsten des Eintragungspflichtigen anwendbar. Der Dritte darf sich also gleichsam die „Rosinen herauspicken", je nachdem, welche Variante ihm gerade günstiger erscheint (daher sog. „Rosinentheorie").

Nach Ansicht des BGH besteht somit ein Anspruch des Dietrich gegen den Huber aus § 433 II BGB i.V.m. §§ 161 II, 128 S. 1 HGB.

b) Gegenansicht der h.L.

Dem gegenüber argumentiert die h. Lit. mit dem Charakter des § 15 I HGB als **Vertrauensschutznorm**. Es ist ein allgemeiner Grundsatz der Vertrauenshaftung, dass der Geschützte nicht bessergestellt werden darf, als er stünde, wenn seine Vorstellung der Wirklichkeit entspräche. Der Dritte müsse daher sein Wahlrecht bezüglich ein und derselben Tatsache auch **einheitlich** ausüben. 491

Nach Ansicht der h. Lit. scheidet ein Anspruch des Dietrich gegen den Huber somit aus: Entscheidet sich Dietrich dafür, das Ausscheiden des Huber gelten zu lassen, so scheitert der Anspruch daran, dass Huber zur Zeit der Anspruchsbegründung nicht mehr Gesellschafter war. Beruft sich der Dietrich hingegen auf § 15 I HGB, so muss er dies auch i.R.d. Vertretungsmacht tun, so dass von Gesamtvertretung auszugehen wäre.

☑ **hemmer-Methode: Dieses Problem ist ein absoluter Examensklassiker und muss daher bei Ihnen „sitzen". Den meisten Studenten fällt hier gerade noch der Begriff „Rosinentheorie" ein, bereits der recht komplizierte Fallaufbau misslingt jedoch in den meisten Fällen. Wenn Sie richtig gelernt haben, können Sie sich hier relativ mühelos von der „Konkurrenz" absetzen. Dies ist der Grund, weshalb wir Ihnen diesen Klassiker selbst in diesem Einsteiger-Skript nicht vorenthalten wollten, wenngleich hier im Interesse der Verständlichkeit eine etwas breitere Darstellung nötig war.**

B. § 15 II S. 1 HGB

§ 15 II S. 1 HGB

Ist eine eintragungsfähige (!) oder eintragungspflichtige wahre Tatsache richtig eingetragen und bekannt gegeben worden, so muss sich der Dritte diese Tatsache entgegenhalten lassen, § 15 II S. 1 HGB. 492

Schonfrist, § 15 II 2 HGB

Nur innerhalb einer „Schonfrist“ bis 15 Tage nach der Eintragung ist der Dritte gem. § 15 II S. 2 HGB in seinem guten Glauben an das Nichtbestehen der Tatsache geschützt. 493

hemmer-Methode: Die Regelung des § 15 II S. 1 HGB erscheint zunächst als eine Selbstverständlichkeit. Aber Hauptzweck der Bestimmung ist es Vertrauenstatbestände weitgehend auszuschließen. Nur bei einem besonders starken vom Unternehmen veranlassten Rechtsschein kann dieser den Grundsatz des § 15 II S. 1 HGB überlagern. Vgl. Vertiefend Hemmer/Wüst, HandelsR, Rn. 153 ff.

C. Positiver Verkehrsschutz gem. § 15 III HGB

positive Publizität

§ 15 III HGB beinhaltet eine positive Publizität. Er schützt den guten Glauben an die Richtigkeit von nach § 10 HGB bekannt gemachten, eintragungspflichtigen Tatsachen. 494

Entscheidendes Merkmal des § 15 III HGB ist die Tatbestandsvoraussetzung **„unrichtig bekannt gemacht“**. Was ist darunter zu verstehen? Drei verschiedene Konstellationen sind denkbar:

- Die Tatsache ist richtig eingetragen, aber unrichtig bekannt gemacht worden (sog. reiner Bekanntmachungsfehler)
- eine unrichtig eingetragene Tatsache wird richtig bekannt gemacht.
- Die Tatsache ist sowohl unrichtig eingetragen, als auch unrichtig bekannt gemacht worden

Bekanntmachung ist entscheidend

Nach dem Wortlaut des § 15 III HGB muss letztlich die Bekanntmachung selbst maßgeblich sein. Ob die Eintragung in das Handelsregister richtig oder falsch ist, kann nicht entscheidend sein

1. Variante

So fällt die erste Variante, der **sog. reine Bekanntmachungsfehler** klar unter § 15 III HGB.

2. Variante

Bei der zufällig richtigen Bekanntmachung nach unrichtiger Eintragung (2. Konstellation) ist hingegen § 15 III HGB konsequenterweise abzulehnen. Allerdings ist diese Konstellation wohl nur theoretisch möglich.

3. Variante

Strittig ist insbesondere, ob § 15 III HGB auch für die dritte Variante anzuwenden ist. Hier zeigt sich, dass der Wortlaut des § 15 III HGB zu weit geraten ist. Nach dem Wortlaut genügt einzig die unrichtige Bekanntmachung.

Die Probleme zeigt das folgende Beispiel.

Bsp.: *Maier bestellt Schulze zum Prokuristen seines Unternehmens, das mit „Maier Landmaschinen“ firmiert. Durch ein Versehen des Registergerichts wird Schulze jedoch als Prokurist des Mayer, „Mayer Landwirtschaftsbedarf“ aus dem Nachbarort eingetragen. Kurz darauf erfolgt die Bekanntmachung dieser Eintragung im Bundesanzeiger (§ 10 I S. 1 HGB). Als Schulze dies bemerkt, schließt er eifrig Verträge für Mayer, u.a. mit Dietrich, ab. Ist Mayer aus dem Vertrag mit Dietrich verpflichtet?*

Mayer ist aus den Verträgen verpflichtet, wenn Schulze ihn wirksam vertreten konnte, § 164 I S. 1 BGB. Mayer hat dem Schulze jedoch keinerlei Vertretungsmacht erteilt.

Allerdings könnte sich D evtl. auf die unrichtige Bekanntmachung der Prokura des S für Mayer berufen, § 15 III HGB. Nach dem Wortlaut des § 15 III HGB genügt bereits die einfache unrichtige Bekanntmachung der Tatsache.

Problematisch ist hier jedoch, dass Mayer keinerlei Anlass für die Bekanntmachung einer Eintragung gegeben hat.

Veranlassungsprinzip

Hier träfe den Mayer die Haftung völlig unerwartet. Die h.M. vertritt daher zur Begrenzung des § 15 III HGB das sog. Veranlassungsprinzip: Um ganz unerwartete Haftungsfolgen auszuschließen, wird gefordert, dass der Betroffene die unrichtige Bekanntmachung zumindest veranlasst hat. Dazu müsste er wenigstens einen Eintragungsantrag gestellt haben, oder die Antragstellung müsste ihm wenigstens zuzurechnen sein. Dagegen kommt es nicht darauf an, ob der Betroffene auch die Fehlerhaftigkeit der Bekanntmachung veranlasst hat. Als Anhaltspunkt für das Veranlassungsprinzip wird die Formulierung in § 15 III HGB, „in dessen Angelegenheiten die Tatsache einzutragen war“, gesehen. Denn: Einzutragen ist nur in dessen Angelegenheiten, der eine Veranlassung hierzu gegeben hat. *495*

Ergebnis: Mayer ist aus dem Vertrag mit Dietrich nicht verpflichtet. Mayer hat keine Veranlassung zu der unrichtigen Bekanntmachung gegeben. Die positive Publizität des § 15 III HGB wirkt nicht zu Lasten des Mayer.

hemmer-Methode: Es taucht folgende Frage auf: Warum soll eine Beschränkung bei § 15 III HGB erfolgen, wo doch im Rahmen von § 892 I BGB bei der Unrichtigkeit des Grundbuchs auch keine Veranlassung durch den Betroffenen erforderlich ist? Der Grund liegt in den unübersehbaren Haftungsrisiken: Während bei § 892 BGB schlimmstenfalls ein dem Betroffenen gehörendes Grundstück gutgläubig wegerworben werden kann, droht bei § 15 III HGB eine Haftung in unbegrenzter Höhe.

§ 5 FIRMENRECHT

Firma = Handelsname des Kaufmanns

Im allgemeinen Sprachgebrauch wird der Begriff „Firma" häufig gleichbedeutend mit dem gesamten Unternehmen verwendet. Anders ist das in §§ 17 ff. HGB. Die Firma gem. § 17 I HGB ist nur der Name, unter dem der Kaufmann seine Geschäfte betreibt und die Unterschrift abgibt. 496

Dieser Name kann zwar von dem bürgerlichen Namen des Kaufmanns abweichen, allerdings kann der Kaufmann seinen Handelsnamen nicht völlig frei bestimmen. Zum Schutz des Rechtsverkehrs sind insbesondere folgende Grundsätze zu beachten:

- Firmenwahrheit
- Firmenausschließlichkeit

Firmenwahrheit

Die Firma darf gem. § 18 II S. 1 HGB keine irreführenden Angaben über geschäftliche Verhältnisse enthalten.

Wichtig ist dabei gerade für Handelsgesellschaften, dass die Firma auch Aufschluss über die Haftungsverhältnisse geben muss, § 19 HGB. Dies gilt auch für die Kapitalgesellschaften, § 4 GmbHG, § 4 AktG.

Firmenausschließlichkeit

Der Rechtsverkehr soll vor Verwechslungen geschützt werden. Daher muss gem. § 18 I HGB die Firma ausreichende Unterscheidungskraft besitzen. Darüber hinaus verlangt § 30 I HGB, dass sich neu hinzukommende Firmen von bereits ortsansässigen Firmen deutlich unterscheiden.

hemmer-Methode: Das Firmenrecht wird in der Klausur nur selten einen Schwerpunkt bilden. Trotzdem sollten Sie gerade den Begriff der Firma sicher beherrschen, um falsche Formulierungen zu vermeiden.

> Bsp.: *Es wirkt anfängerhaft, wenn Sie in einer Klausur schreiben, „die Firma „Maier&Huber" könnte einen Anspruch aus § 433 II BGB haben". Schreiben Sie besser: „Die Maier&Huber"* **OHG** *könnte einen Anspruch aus § 433 II BGB, § 124 I HGB haben."*

§ 6 WECHSEL DES UNTERNEHMENSTRÄGERS

Unternehmen

Ein Unternehmen ist eine organisatorisch-ökonomische Einheit aus personellen und sachlichen Mitteln, die als Wirtschaftseinheit am Markt auftritt. Das Unternehmen ist selbst nicht Träger von Rechten und Pflichten; dies ist nur der Unternehmensträger, also der Einzelkaufmann, die Personengesellschaft oder die Körperschaft, die hinter dem Unternehmen steht. *497*

A. § 25 HGB

I. Die Problematik des § 25 HGB

Es besteht eine enge Verknüpfung zwischen Unternehmen und Unternehmensträger. Probleme ergeben sich immer dann, wenn das Unternehmen verkauft wird, also der Unternehmensträger wechselt. Für Gläubiger entsteht eine unbefriedigende Situation: *498*

> ***Bsp.:*** *Dietrich verkauft dem Maier, der sein Unternehmen unter der Firma „Maier Landmaschinen" führt, einen Mähdrescher im Wert von 200.000 €. Der Mähdrescher wird übergeben, die Zahlung erfolgt jedoch noch nicht. 2 Monate später veräußert M sein gesamtes Handelsgeschäft an Huber, der das Handelsgeschäft unter der Bezeichnung „Maier Landmaschinen Inh. Huber" weiterführt.*
>
> *An wen kann sich D wenden?*

Problemlage

Für D wäre es wünschenswert, wenn er sich an den Erwerber des Handelsgeschäfts Huber halten könnte. Denn dieser verfügt über die betrieblichen Mittel, um die Geldsumme erwirtschaften zu können. *499*

Diese für D wünschenswerte Rechtsfolge beinhaltet § 25 I S. 1 HGB. Danach haftet der rechtsgeschäftliche Erwerber eines Handelsgeschäfts für alle im Betrieb des Geschäfts begründeten Verbindlichkeiten des früheren Inhabers.

Dogmatische Konstruktion: gesetzlicher Schuldbeitritt

Dies ist zunächst völlig überraschend. Eine Begründung der Haftung für fremde Verbindlichkeiten kann grundsätzlich nur durch eine Schuldübernahme, § 414 f. BGB oder einen Schuldbeitritt, §§ 305, 241 BGB erreicht werden. Ein dahingehender Vertrag liegt aber grundsätzlich nicht vor. *500*

Bei § 25 I S. 1 HGB handelt es sich jedoch um einen gesetzlichen Schuldbeitritt: § 25 I S. 1 Hs. 2 HGB legt fest, dass der Erwerber haftet. Daneben haftet aber nach wie vor der frühere Geschäftsinhaber, wenn auch gem. § 26 I S. 1 HGB zeitlich begrenzt. Beide sind dabei Gesamtschuldner i.S.d. §§ 421 ff. BGB.

Ratio legis

Die Grundlage der Haftung aus § 25 I S. 1 HGB wird darin gesehen, dass die Fortführung des Handelsgeschäftes und der Firma für eine Kontinuität der Haftung spricht. Anders gewendet: Der Altgläubiger (und der Rechtsverkehr insgesamt) kann erwarten, dass bei Fortführung des Unternehmens unter derselben Firma der jeweilige Unternehmensträger haftet. 501

hemmer-Methode: Zur Vertiefung: Eine ausführliche Darstellung zu der umstrittenen ratio legis des § 25 I S. 1 HGB finden Sie in hemmer/Wüst, Handelsrecht, Rn. 176 ff.

II. Die Voraussetzungen des § 25 I S. 1 HGB

§ 25 I S. 1 HGB wird häufig als eine recht ungenau formulierte Vorschrift bezeichnet. Deshalb ist eine Auslegung notwendig, die Sinn und Zweck der Vorschrift und ihre Systematik berücksichtigt. Dazu wollen wir den eben vorgestellten Fall (Rn. 498) lösen: 502

I. Anspruch des D gegen H

Ein Anspruch des D gegen H könnte sich aus §§ 433 II BGB i.V.m. 25 I S. 1 HGB ergeben. Dazu müsste es sich bei dem Anspruch um eine alte Geschäftsverbindlichkeit des Veräußerers M handeln, für welche neben H nach Maßgabe des § 25 I S. 1 HGB M als Gesamtschuldner (§ 421 BGB) haftet.

hemmer-Methode: Achten Sie auf die genaue Zitierweise der Anspruchsgrundlage: § 25 I S. 1 HGB ist für sich noch keine Anspruchsgrundlage, sondern sorgt für eine Haftungserweiterung. Er muss daher in Verbindung mit der Anspruchsgrundlage der Altverbindlichkeit geprüft werden.

1. Kaufmännisches Handelsgewerbe

Kaufmann

Systematisch steht § 25 HGB im Abschnitt über das Firmenrecht. Eine Firma kann gem. § 17 I HGB nur von einem Kaufmann geführt werden. Es muss sich daher bei dem Handelsgeschäft um ein kaufmännisches Unternehmen handeln. Unternehmensträger muss also ein Kaufmann sein. 503

In unserem Fall war M, dessen Gewerbe den Handel mit Landmaschinen betrifft Kaufmann gem. § 1 HGB. Es liegt ein kaufmännisches Handelsgeschäft vor.

2. Erwerb unter Lebenden

Das Handelsgewerbe muss unter Lebenden erworben werden. 504

Unter Lebenden

Zunächst kommt damit eine Abgrenzung zum erbrechtlichen Erwerb zum Ausdruck. Die Haftung der Erben wird nämlich speziell in § 27 HGB geregelt.

Erwerb

Als Erwerbstatbestand liegt zunächst der Kauf und die Schenkung nahe. Aber auch ein Erwerb im Wege der Pacht oder des Nießbrauchs ist möglich. Denn der entscheidende Anknüpfungspunkt muss der Übergang der betrieblichen Mittel sein. Im Gesetz findet das seine Stütze in § 22 II HGB (lesen!).

> Hier hat Huber von Maier das Unternehmen im Wege des rechtsgeschäftlichen Erwerbs unter Lebenden erworben.

Nach h.M. müssen die zugrundeliegenden Verträge nicht wirksam sein. Dies ergibt sich aus dem Rechtsgedanken des § 417 II BGB. Danach kann der Übernehmer keine Einwendungen aus dem Rechtsverhältnis Übernehmer - Schuldner gegen den Altgläubiger vorbringen. Entscheidend ist nur der tatsächliche Übergang der betrieblichen Mittel.

☑

hemmer-Methode: Die Grundgedanken der Schuldübernahme und des Schuldbeitritts sind der Schlüssel zum Verständnis des § 25 HGB. Zum besseren Verständnis empfehle ich Ihnen daher, die Prinzipien der Schuldübernahme und des Schuldbeitritts in Hemmer/Wüst, Kreditsicherungsrecht, Rn. 79 ff., zu wiederholen.

3. Fortführung von Handelsgeschäft und Firma

Fortführung des Unternehmens unter gleicher Firma

Die Fortführung des Handelsgeschäfts und gem. § 22 HGB der bisherigen oder einer ähnlichen Firma ist zentrale Voraussetzung des 505
§ 25 I S. 1 HGB. Die Fortführung ist dann nicht gegeben, wenn das Handelsgeschäft sofort, und nicht nur vorübergehend, stillgelegt wird.

> Hier hat Huber das Unternehmen unter der bisherigen Firma fortgeführt. Der Zusatz „Inh. Huber“ schadet nach dem Wortlaut des § 25 I S. 1 HGB nicht.

Auch eine sukzessive Übernahme reicht für § 25 HGB aus. Es schadet also nicht, wenn alter Inhaber und Übernehmer für einen gewissen Zeitraum parallel tätig sind. Auch kommt es nur darauf an, dass der Firmenkern fortgeführt wird. Eine detailgetreue Übernahme des Namens ist nicht erforderlich (BGH, Life&Law 2009, 21 ff.). Bei einem Teilerwerb genügt, dass der übernommene Teil den wesentlichen Kern des Unternehmens ausmacht (BGH, Life&Law 2010, 91 ff.).

4. Geschäftsverbindlichkeit

Die betreffende Verbindlichkeit muss „im Betrieb des Geschäfts“ begründet worden sein. 506

Ein bloß deliktischer Anspruch ohne rechtsgeschäftlichen Bezug zum Handelsgewerbe muss außer Betracht bleiben. Als Orientierung kann der Begriff des Handelsgeschäfts dienen, den wir später (unter Rn. 518) noch besprechen werden.

hemmer-Methode: Insofern bestehen Ähnlichkeiten zu § 15 I HGB. Auch bei § 25 I S. 1 HGB „lässt sich kein Dritter im Vertrauen auf die Haftung des Erwerbers von einem Fremden überfahren“.

Bei den Altverbindlichkeiten des M aus dem Kaufvertrag handelt es sich um solche mit Bezug zum Handelsgeschäft. Da zudem keine abweichenden Vereinbarungen dem Dritten bekannt geworden sind oder im Handelsregister eingetragen wurden (vgl. § 25 II HGB), liegen die Voraussetzungen der Haftung gem. § 25 I S. 1 HGB vor.

III. Rechtsfolgen des § 25 I S. 1 HGB

Erwerber haftet

Der Erwerber des Handelsgeschäfts tritt in die Verbindlichkeit durch gesetzlichen Schuldbeitritt als Gesamtschuldner ein. 507

Veräußerer haftet nach Maßgabe des § 26 HGB

Das bedeutet aber auch, dass der Veräußerer weiterhin haftet. Es hat ja keine sog. befreiende Schuldübernahme i.S.d. § 415 BGB stattgefunden. Insoweit bewirkt § 26 I S. 1 HGB sogar eine Erleichterung für den Veräußerer. Denn durch § 26 I S. 1 HGB wird die Nachhaftung des Veräußerers zeitlich begrenzt.

hemmer-Methode: Erinnern Sie sich noch an § 160 HGB? Wie bei der Nachhaftung des ausscheidenden Gesellschafters, § 160 I S. 1 HGB, handelt es sich bei § 26 I S. 1 HGB um eine Ausschlussfrist, keine Verjährungsfrist. Dies können Sie im Gesetz an § 26 I S. 3 HGB (bzw. § 160 I S. 3 HGB) festmachen: Wäre § 26 HGB eine Verjährungsvorschrift, so wäre ein Hinweis auf eine entsprechende Anwendung einzelner Verjährungsvorschriften überflüssig. Lernen Sie also auch hier im Zusammenhang und sehen Sie die Parallelen!

IV. Verteidigungsmöglichkeiten des Übernehmers

Der Übernehmer wird häufig eine Haftung für Geschäftsverbindlichkeiten vor der Zeit seiner Geschäftsführung vermeiden wollen. Für ihn eröffnen sich die folgenden Verteidigungsstrategien: 508

§ 25 II HGB

§ 25 II HGB räumt dem Erwerber die Möglichkeit ein, die Haftung gem. § 25 I S. 1 HGB vollständig auszuschließen. Dazu bedarf es aber der Eintragung des Haftungsausschlusses im Handelsregister oder einer Mitteilung direkt an den betroffenen Altgläubiger.

§ 417 I S. 1 BGB analog

wie kann man analoge Vorschriften kennzeichnen im Gesetz?

Durch den (gesetzlichen) Schuldbeitritt soll der Mithaftende nicht schlechter stehen als der ursprüngliche Schuldner. Immerhin tritt der Erwerber ja dieser fremden Schuld bei. Daher kann der Übernehmer alle Gegenrechte aus der Person des früheren Inhabers, die im Zeitpunkt des Geschäftsübergangs bestehen, gegenüber dem Gläubiger geltend machen. Dies wird aus einer Analogie zu § 417 I S. 1 BGB hergeleitet.

Nach der Haftungserweiterung durch § 25 I S. 1 HGH liegt eine Gesamtschuld i.S.d. § 421 BGB vor. Dann können sich die Schuldverhältnisse der Gesamtschuldner im Hinblick auf § 425 BGB (lesen!) unterschiedlich entwickeln.

Einrede der Gestaltbarkeit

Die Stellung des Gläubigers soll sich durch die Haftungserweiterung nicht unangemessen verbessern: Es muss dem Erwerber möglich sein, die Gestaltungsrechte des Veräußerers einredeweise geltend zu machen. Dies ergibt sich aus einer Analogie zu §§ 770, 1137 I S. 1, 1211 I S. 1 BGB. Das bedeutet, dass der Erwerber zwar nicht selbst zur Gestaltungserklärung berechtigt ist, aber die Einrede der Gestaltbarkeit erheben kann.

hemmer-Methode: Mit dem bloßen Behaupten einer Analogie ist es in der Klausur nicht getan. Machen Sie es sich zur Gewohnheit, Analogien auch zu begründen. Dies könnte hier folgendermaßen geschehen:
„Zu prüfen ist, ob X hier analog §§ 770, 1137 I S. 1, 1211 I S. 1 BGB die Einrede der Gestaltbarkeit erheben kann:
Eine *Regelungslücke* ergibt sich daraus, dass der Schuldbeitritt in seinen Rechtsfolgen nicht im Gesetz geregelt ist.
Da der Gesetzgeber diese Möglichkeit der Kreditsicherung nicht in allen Einzelheiten bedacht hat, kann man hier auch von einer unbewussten, *planwidrigen* Lücke sprechen.
Eine *vergleichbare Interessenlage* besteht insoweit, als bei gesetzlich geregelten Mitteln der Kreditsicherung, wie §§ 770, 1137 I S. 1, 1211 I S. 1 BGB zeigen, die Einrede der Gestaltbarkeit typischerweise erhoben werden kann. So muss dies auch bei dem nicht ausführlich geregelten Schuldbeitritt möglich sein."

B. § 28 HGB, Haftung bei Eintritt in das Geschäft eines Einzelkaufmanns

Entstehen einer OHG / KG

Häufig entsteht eine Personengesellschaft auf folgendem Wege: Ein Einzelkaufmann will seinen Betrieb erweitern. Er findet einen Interessenten, der Kapital und „Knowhow" einbringen möchte. Also schließen sich der Einzelkaufmann und die andere Person zu einer Personenhandelsgesellschaft zusammen. Hier stellt sich die Frage, welche Konsequenzen das für die Altverbindlichkeiten des kaufmännischen Handelsgeschäfts hat. 509

Bsp.: *Einzelkaufmann Maier betreibt bereits einen Vertrieb für Landmaschinen unter der Firma „Maier Landmaschinen". Zu dieser Zeit bestand eine Verbindlichkeit aus Kaufvertrag gegenüber Dietrich in Höhe von 100.000 €. Maier will seinen Betrieb nun erweitern. Zusammen mit Huber gründet er eine OHG, mit der Firma „Maier & Huber OHG". An wen kann sich Dietrich nun wegen der Forderung wenden?*

I. Anspruch des D gegen die Maier & Huber OHG gem. §§ 433 II BGB i.V.m. 28 I S. 1 HGB

Der Kaufvertrag kam hier zwischen M und D zustande. Die entstandene OHG wäre danach grundsätzlich nicht verpflichtet. Etwas anderes könnte sich jedoch aus § 28 I S. 1 HGB ergeben:

I. Voraussetzungen des § 28 I S. 1 HGB

Verbindlichkeit des Einzelkaufmanns

Zunächst muss eine Altverbindlichkeit aus dem Betrieb eines Einzelkaufmanns bestehen. Wiederum sind rein deliktisch begründete Verbindlichkeiten ausgeschlossen. 510

Im vorliegenden Fall bestand eine wirksame Verbindlichkeit des D gegenüber dem M aus dem Betrieb des kaufmännischen Geschäfts.

Fortführen des Handelsgeschäfts

Der Einzelkaufmann bringt sein Handelsgewerbe in die neu entstehende Personenhandelsgesellschaft ein. Diese muss das Handelsgewerbe fortführen. 511

- Die Gesellschaft muss eine Personenhandelsgesellschaft (OHG/KG) sein, nicht etwa eine GmbH: Dies ergibt sich bereits aus dem Wortlaut: Einen „persönlich haftenden Gesellschafter" oder „Kommanditisten" kennen nur die Personenhandelsgesellschaften,
- Die Personengesellschaft darf nicht schon vorher bestehen, sondern muss gerade durch den „Eintritt" entstehen.

hemmer-Methode: Zusammenhänge erkennen! Hier fügt sich § 28 I S. 1 HGB in das Gesamtsystem des Gesellschaftsrechts ein: Die Norm gilt nur, wenn eine Personenhandelsgesellschaft erstmals entsteht. Tritt eine Person in eine bestehende Personenhandelsgesellschaft ein, so ist § 28 I S. 1 HGB nicht anwendbar. Schon nach dem Wortlaut des § 28 I S. 1 HGB würde dies auch keinen Sinn machen. Denn der Haftende i.S.d. § 28 I HGB ist nur die Gesellschaft. Diese haftet aber für die von ihr begründeten Gesellschaftsverbindlichkeit sowieso. Vielmehr ist der Fall über § 130 HGB zu lösen: Der Eintretende haftet nach § 130 HGB für die Altverbindlichkeiten der Gesellschaft.

Hier ist eine neue OHG entstanden. Diese führt das von M eingebrachte Handelsgeschäft fort.

„Eintritt“

Der „Eintretende“ wird persönlich haftender Gesellschafter oder Kommanditist. Der Eintritt entspricht wertungsmäßig dem Erwerb des Handelsgeschäfts nach § 25 HGB. 512

H ist, wie es § 28 I HGB erfordert, persönlich haftender Gesellschafter der OHG geworden. Die Gesetzesformulierung „Eintritt“ ist insoweit nur untechnisch, da auf einen Eintritt in eine bestehende Personengesellschaft § 28 I HGB gerade keine Anwendung findet.

II. Rechtsfolgen des § 28 HGB

§ 28 I S. 1 HGB bestimmt, dass die Gesellschaft für die aus dem kaufmännischen Geschäft entstandenen Verbindlichkeiten haftet. 513

hemmer-Methode: Durch diese Rechtsfolge werden Benachteiligungen der Altgläubiger vermieden. Denn häufig hat der Einzelkaufmann sein gesamtes Vermögen, sein Handelsgeschäft, in die Gesellschaft eingebracht. Der einzige Weg für die Altgläubiger an ihr Geld zu kommen wäre danach, die Pfändung des Gesellschaftsanteils zu betreiben. Diesen komplizierten Weg vermeidet § 28 I S. 1 HGB.

Hier haftet demnach die Maier & Huber OHG dem D gem. §§ 433 II BGB i.V.m. 28 I S. 1 HGB.

Haftung der Gesellschafter

Daneben haften aber auch die Gesellschafter der entstandenen OHG/KG. Dies ergibt sich jedoch nicht aus § 28 I S. 1 HGB, sondern bereits aus dem Gesellschaftsrecht. Es gilt die Haftungsverfassung der OHG/KG. 514

II. Anspruch des D gegen H

D kann H aus § 128 S. 1 HGB für die Gesellschaftsverbindlichkeit der OHG in Anspruch nehmen.

hemmer-Methode: Tritt H nur als Kommanditist in die dann entstehende KG ein, so haftet er gem. § 171 ff. HGB.

III. Anspruch des D gegen M

M haftet dem D bereits aus dem Kaufvertrag, § 433 II BGB. In Anspruchskonkurrenz dazu besteht eine Haftung des M gem. § 128 S. 1 HGB für die Gesellschaftsverbindlichkeit der OHG.

hemmer-Methode: Im abgewandelten Fall, dass der frühere Geschäftsinhaber nur als Kommanditist der entstehenden KG beitritt, greift die Besonderheit des § 28 III HGB ein. Der frühere Geschäftsinhaber haftet dann nur zeitlich begrenzt, § 26 I S. 1 HGB gilt entsprechend. 515

C. §§ 25 I S. 2, 28 I S. 2 HGB

Diese Normen betreffen den Übergang von Forderungen auf den Erwerber bei dem Übergang des Handelsgeschäfts. Problematisch ist, was darunter zu verstehen ist, wenn das Gesetz davon spricht, die Forderungen „gelten ... als ... übergegangen“. 516

e.A.: cessio legis

Zum Teil wird angenommen, die Forderungen gingen im Wege eines gesetzlichen Forderungsübergangs (cessio legis) gem. §§ 412, 398 S. 2 BGB tatsächlich über.

h.M. Schuldnerschutzvorschrift

Die wohl h.M. sieht in § 25 I S. 2 HGB, und in dem ähnlich formulierten § 28 I S. 2 HGB nur einen gesetzlichen Rechtsscheintatbestand. Die Funktionsweise ähnelt dabei den §§ 406 ff. BGB.

Bsp.: *Maier hat sein kaufmännisches Handelsgeschäft an Huber verkauft. Aus der vorhergehenden Zeit steht M eine Forderung gegen Dietrich zu. Huber führt das Handelsgeschäft unter der bisherigen Firma mit Erlaubnis des Maier fort. Allerdings stellt sich nun heraus, dass die Abtretung der Forderung unwirksam war. D hat davon nichts erfahren und zahlt an Huber. Ist er von seiner Schuld befreit?*

Eine Schuldbefreiung durch Erfüllung gem. § 362 I BGB ist hier fraglich. Diese setzt nämlich das Bewirken der geschuldeten Leistung an den richtigen Gläubiger voraus. Hier war die Abtretung § 398 S. 1 BGB aber nicht wirksam erfolgt. Somit erfolgte die Leistung grundsätzlich an den Nichtgläubiger (nach der M.M. erfolgt jedoch gem. § 25 I S. 2 HGB bereits eine cessio legis, §§ 398, 412 BGB, die gerade nicht unwirksam wäre).

Allerdings kann sich D hier auf § 25 I S. 2 HGB berufen. Denn H hat die Firma des M mit dessen Zustimmung weitergeführt. Die Forderung aus dem kaufmännischen Geschäft des M gelten danach als auf H übergegangen. Demnach gilt gegenüber dem D der H als der richtige Gläubiger. Die Erfüllungswirkung tritt gem. §§ 362 I BGB i.V.m. 25 I S. 2 HGB ein.

hemmer-Methode: Die Klausur kann hier ohne weiteres dadurch „gestreckt“ werden, dass nach Ansprüchen von M gegen H gefragt wird. Denken Sie an die bereicherungsrechtliche Rückabwicklung gem. § 816 II BGB, die immer in Betracht kommt, wenn an einen Nichtberechtigten mit schuldbefreiender Wirkung geleistet wird! Vgl. zu § 816 II BGB: hemmer/Wüst, Bereicherungsrecht, Rn. 397 ff.

§ 7 ALLGEMEINES ZU HANDELSGESCHÄFTEN

Die allgemeinen Vorschriften zu den Handelsgeschäften sind in §§ 343-372 HGB geregelt. Sie enthalten Spezialnormen, die die Normen des BGB verdrängen, modifizieren oder ergänzen, vgl. Art 2 I EGHGB. 517

A. Begriff des Handelsgeschäfts

Wie häufig in der Gesetzessystematik, werden in §§ 343 ff. HGB die allgemeinen Grundsatze vor die Klammer gezogen, die für die speziellen Handelsgeschäfte Anwendung finden. 518

hemmer-Methode: Für den Klausuraufbau bedeutet das jedoch, dass die allgemeinen Vorschriften nicht vorneweg geprüft werden dürfen, sondern im Rahmen der jeweiligen Spezialvorschriften.

Bsp.: Maier betreibt ein Gewerbe, das sich auf den Vertrieb von Landmaschinen spezialisiert hat. Um eine größere Anzahl an Maschinen unterzubringen, will er eine neue Lagerhalle bauen. Er bestellt bei Einzelkaufmann Dietrich die entsprechenden Dachziegel. Kann Dietrich auch dann Zinsen verlangen, wenn Maier nicht zahlt, die Voraussetzungen des Schuldnerverzugs aber (noch) nicht vorliegen?

Ein entsprechender Zinsanspruch schon vom Tag der Fälligkeit an könnte sich aus § 353 S. 1 HGB ergeben. Allerdings müsste die Forderung des D aus einem beiderseitigen Handelsgeschäft stammen.

Ein Handelsgeschäft i.S.d. § 343 I HGB hat die folgenden Voraussetzungen: 519

- (mindestens) ein Kaufmann, §§ 1 ff. HGB
- Geschäft
- Bezug zum Handelsgewerbe

I. Kaufmannseigenschaft der Beteiligten

Kaufmannseigenschaft

§ 343 I HGB erfordert, dass es sich um ein Geschäft eines **Kaufmanns** handelt, die sog. personelle Komponente des Handelsgeschäfts. Die Kaufmannseigenschaft wird anhand der §§ 1 ff. HGB überprüft. 520

hemmer-Methode: „Doppelter" Schachtelaufbau! Im Rahmen der Spezialvorschrift wird der Begriff des Handelsgeschäfts geprüft. Hier wiederum muss inzident die Kaufmannseigenschaft festgestellt werden.

Wie sich aus § 345 HGB ergibt, muss mindestens ein Beteiligter Kaufmann sein. Für spezielle Handelsgeschäfte ist aber die Kaufmannseigenschaft beider Beteiligter erforderlich. Man spricht dann von beiderseitigen Handelsgeschäften im Gegensatz zu einseitigen Handelsgeschäften.

> § 353 S. 1 HGB gilt für beiderseitige Handelsgeschäfte. D selbst ist laut Sachverhalt Einzelkaufmann. Auch M ist gem. § 1 I, II HGB Kaufmann i.S.d. § 343 I HGB

II. Geschäft

Geschäft

Geschäft i.S.d. § 343 I HGB ist jedes Rechtsgeschäft oder jede rechtsgeschäftsähnliche Handlung. Für rein deliktische Handlungen und sonstige Realakte gelten grundsätzlich keine handelsrechtlichen Sonderregelungen. Unter „Geschäfte" fallen die Abgabe von Willenserklärungen, Mahnung, Schweigen im Handelsverkehr aber auch die Geschäftsführung ohne Auftrag. 521

> Der Abschluss eines Kaufvertrages, wie im vorliegenden Fall, fällt unproblematisch unter § 343 I HGB.

III. Bezug zum Handelsgewerbe

Bezug zum Handelsgeschäft

Die zentrale Voraussetzung des § 343 I HGB ist, dass das betreffende Geschäft einen Bezug zum Betrieb des Handelsgewerbes des Kaufmanns aufweist. 522

Einzelkaufmann

Beim Einzelkaufmann ergibt sich die Schwierigkeit dieser Bestimmung daraus, dass zwischen Privatgeschäften und Handelsgeschäften des Kaufmanns zu unterscheiden ist. 523

Die Rechtsprechung fasst den Zusammenhang zum Handelsgewerbe weit auf. Es genügt jedes Geschäft, das den Interessen des Handelsgewerbes dient. Dies sind selbst Hilfs- und Nebengeschäfte,

> *Z.B. die Errichtung oder Erweiterung von Betriebsgebäuden.*

Vermutung des § 344 I HGB

Bleiben Unklarheiten über den Zusammenhang des Geschäfts zum Handelsgewerbe, so greift die Vermutung des § 344 I HGB ein. Dieser vermutet die Zugehörigkeit der Geschäfte zum Handelsgewerbe. Es handelt sich dabei um eine Vermutung i.S.d. § 292 S. 1 ZPO (lesen!); eine Widerlegung der Vermutung durch den Beweis des Gegenteils ist also möglich.

Dabei ist jedoch der Zeitpunkt des Vertragsschlusses maßgeblich, weil der Geschäftspartner sich auf die Zugehörigkeit des Geschäfts zum Handelsgewerbe soll verlassen können, wenn er mit einem Kaufmann kontrahiert. Es müssen also Umstände nachgewiesen werden, aus denen sich schon im Zeitpunkt des Vertragsschlusses ergab, dass eigentlich kein Bezug zum Handelsgewerbe vorlag.

hemmer-Methode: Achten Sie genau auf den Wortlaut des § 344 I HGB: Vermutet wird nur, dass der Zusammenhang zum Handelsgewerbe besteht. Für die Zweifel an dem Vorliegen eines Geschäfts oder die Kaufmannseigenschaft kann § 344 I HGB natürlich nicht herangezogen werden.
Die Vorschrift ist europarechtlich betrachtet nicht unbedenklich, weil so einem Kaufmann für den Fall, dass er ein privates Geschäft tätigt, der Verbraucherschutz der §§ 474 ff. BGB entzogen werden könnte. Denn im Rahmen des BGB kommt es grundsätzlich auf eine rein objektive Betrachtung an, wenn es um die Frage geht, ob jemand als Verbraucher oder Unternehmer agiert hat.

Für unseren Fall bedeutet dies:

1. Für D liegt der Bezug zum Handelsgewerbe i.S.v. § 343 I HGB vor. Inhalt seines Handelsgeschäfts ist gerade der Verkauf von Baumaterialien.

2. Für M ist der Bezug zum Handelsgewerbe i.S.v. § 343 I HGB problematischer: Sein Kerngeschäft ist der Vertrieb von Landmaschinen. Allerdings wird der Bezug zum Handelsgeschäft auch bei sog. Nebengeschäften angenommen. Dazu zählt auch die Erweiterung von Betriebsgebäuden, wie im vorliegenden Fall. Der Vermutung des § 344 I HGB bedarf es hier also nicht.

Ergebnis: Es liegt ein beiderseitiges Handelsgeschäft vor. § 353 S. 1 HGB findet Anwendung. Ein Zinsanspruch besteht schon vom Tag der Fälligkeit an. Zur Höhe des Zinsanspruchs, vgl. § 352 I S. 1 HGB.

Handelsgesellschaften

Für Handelsgesellschaften ist die Einordnung, zumindest für die Personenhandelsgesellschaften, meist einfacher. Die Handelsgesellschaften besitzen keine „Privatsphäre“; bei Ihnen ist jedes Geschäft mit einem Dritten ein Handelsgeschäft. Die Vermutung des § 344 I HGB hat also für Handelsgesellschaften keine Bedeutung. 524

B. Handelsbräuche: das Kaufmännische Bestätigungsschreiben (KBS)

Handelsbräuche, § 346 HGB

Im Handelsverkehr haben sich im Laufe von Jahrzehnten Gewohnheiten und geschäftliche Bräuche durch beständige Übung eingespielt. 525

Diese „ungeschriebenen Regeln“ werden durch § 346 HGB als Handelsbräuche mit rechtlich verbindlicher Wirkung ausgestattet. Der wohl bedeutendste Handelsbrauch sind die Folgen des Schweigens auf ein kaufmännisches Bestätigungsschreiben.

Gewissheit über den Inhalt des Vertrages

Um Sicherheit über den Inhalt eines mündlich geschlossenen Vertrages zu erlangen, wird häufig ein bestätigendes Schreiben versandt auf dem die Ergebnisse der mündlichen Vereinbarungen zusammengefasst werden. Dies dient dem Bedürfnis des Handelsverkehrs, schnelle Gewissheit über den Vertragsschluss zu erlangen.

Dazu folgender Beispielsfall:

Ausgangsfall: *Maier bestellt telefonisch bei Dietrich für seinen Landmaschinenhandel zehn Traktoren vom Typ „Standard“ zum Preis von 45.000 € pro Stück. Dietrich sagt am Telefon die Lieferung zu. Um Sicherheit über diesen Großauftrag zu gewinnen, schickt er dem Maier noch am selben Tag ein Schreiben mit folgendem Inhalt:*

„Bezugnehmend auf unser Gespräch vom heutigen Tage bestätige ich, dass Sie bei mir zehn Traktoren vom Typ „deluxe“ zum Preis von 50.000 € pro Traktor verbindlich bestellt haben. Die Auslieferung erfolgt baldmöglichst. gez. Dietrich“

Maier überfliegt diesen Brief und bemerkt den versehentlichen Irrtum des Dietrich nicht. Als Dietrich bei Lieferung der Traktoren „deluxe“ die Rechnung über 500.000 € übergibt, weigert sich Maier den „überhöhten“ Betrag zu zahlen. Zu Recht?

Dietrich könnte einen Anspruch auf Zahlung von 500.000 € gem. § 433 II BGB haben.

Dazu müsste ein Vertrag entsprechenden Inhalts geschlossen worden sein. Telefonisch fand hier ein Vertragsschluss statt. Dieser Vertrag betraf aber einen anderen Kaufgegenstand mit einem geringeren Preis (450.000 €).

Der Vertrag könnte aber mit dem Inhalt von 500.000 € Kaufpreissumme zustande gekommen sein, wenn der Vertrag infolge des Schweigens des M als mit dem Inhalt des unwidersprochenen Bestätigungsschreibens zustande gekommen gilt. Dazu müssten die Voraussetzungen des Schweigens auf ein KBS vorliegen.

hemmer-Methode: Sprechen Sie terminologisch genau vom „Schweigen auf das kaufmännische Bestätigungsschreiben"! Erst das unwidersprochene kaufmännische Bestätigungsschreiben (KBS) sorgt dafür, dass fingiert wird, der Vertrag sei mit dem Inhalt des KBS zustande gekommen.

I. Die Voraussetzungen des KBS

1. Persönlicher Anwendungsbereich

Empfänger

Tauglicher Empfänger eines KBS ist zumindest ein Kaufmann i.S.d. §§ 1 ff. HGB. Nach wohl herrschender Ansicht genügt es aber, wenn der Empfänger ähnlich einem Kaufmann am Rechtsverkehr teilnimmt und von ihm ein kaufmännischer Umgang mit einem Bestätigungsschreiben zu erwarten ist. 526

Absender

Noch geringere Anforderungen sind an die Person des Absenders zu stellen. Ihm drohen ja regelmäßig nicht die nachteiligen Folgen des Bestätigungsschreibens. Allerdings wird man auch hier verlangen müssen, dass der Betreffende ähnlich einem Kaufmann am Geschäftsleben teilnimmt. 527

hemmer-Methode: Versuchen Sie den Grundgedanken, der einer „Theorie" zugrunde liegt, zu verstehen: Das Erfordernis, dass auch der Absender am Geschäftsleben wie ein Kaufmann teilnimmt, gründet sich in der Einordnung als Handelsbrauch (vgl. § 346 HGB). Es entspricht wohl nicht der üblichen Handelssitte, dass ein Privatmann einem Kaufmann ein Bestätigungsschreiben zusendet.
Keinesfalls darf aber der Empfänger nur ein „reiner" Privatmann sein. Wer nichts von den z.T. komplizierten Handelsbräuchen wissen kann, soll nicht durch sie belastet werden.

In unserem Fall ist M Kaufmann i.S.d. § 1 ff. HGB. Auch D nimmt als Händler von landwirtschaftlichen Maschinen zumindest wie ein Kaufmann am Rechtsverkehr teil.

2. Vorangehen von Vertragsverhandlungen

Das KBS dient dazu, Unsicherheiten hinsichtlich des Inhaltes des Vertrages zu beseitigen. Solche Unsicherheiten bestehen nicht, wenn der Vertragsschluss bereits schriftlich erfolgte. Hier lässt sich der Inhalt des Vertrages meist leicht ermitteln. Eines KBS bedarf es nicht. 528

deklaratorisches KBS

Vielmehr müssen dem KBS mündliche (fernmündliche) Verhandlun- 529
gen vorangegangen sein. Aus Sicht des Absenders ist dabei schon ein wirksamer Vertragsschluss erfolgt. In solchen Fällen, in denen ein wirksamer Vertrag vorliegt und nur der Inhalt durch das KBS schriftlich fixiert werden soll, spricht man von einem deklaratorischen KBS.

konstitutives KBS

Häufig wird zwischen den Parteien vereinbart, dass eine mündliche 530
Vereinbarung nur dann wirksam sein soll, wenn sie schriftlich bestätigt wird. Wegen des fehlenden Rechtsbindungswillens ist damit durch die mündliche Vereinbarung noch kein wirksamer Vertrag zustande gekommen.

Es besteht insoweit nur sog. „Abschlussreife". Erst durch das unwidersprochene Bestätigungsschreiben wird der Vertragsschluss wirksam, sog. konstitutives KBS.

Abgrenzung zur Auftragsbestätigung

Streng davon zu unterscheiden ist die sog. Auftragsbestätigung. Hier 531
geht der Absender noch nicht von einem wirksamen Vertragsschluss (und auch nicht von einer Abschlussreife) aus. Er will den Vertrag erst durch die Annahme eines Angebots zustande bringen. Weicht die „Auftragsbestätigung" vom Angebot ab („ja, aber ..."), so kommt der Vertrag nicht zustande. Vielmehr gilt die „Annahme" gem. § 150 II BGB als Ablehnung des Angebots und gleichzeitig als neues Angebot. Zur Annahme dieses neuen Angebotes genügt aber grundsätzlich nicht das bloße Schweigen des Empfängers.

hemmer-Methode: Entscheidend ist also die subjektive Sicht des Absenders, wie sie sich aus dem Inhalt des Schreibens ergibt. Ergibt sich aus dem Inhalt des Schreibens (§§ 133, 157 BGB), dass der Absender den Vertrag für schon geschlossen (oder für abschlussreif) hält, so liegt ein KBS vor. Will er den Vertrag erst durch eine Annahme zustande bringen, handelt es sich lediglich um eine Auftragsbestätigung.

Im Fall ergibt sich aus dem Schreiben, dass D davon ausgeht, dass ein Kaufvertrag bereits zustande gekommen ist. So spricht D von der „verbindlichen Bestellung". Auch der Hinweis auf die sofortige Auslieferung legt nahe, dass D hier von einem wirksamen Vertragsschluss ausgeht.

3. Unmittelbares Nachfolgen

Das Bestätigungsschreiben muss den Verhandlungen unmittelbar 532
nachfolgen und auf dieses Bezug nehmen. Es muss dazu geeignet sein, den Inhalt des Vertrages verbindlich festzulegen.

***Bsp.:** Ein „Bestätigungsschreiben", das vier Monate nach den mündlichen Verhandlungen erfolgt, kann kaum den Inhalt eines vermeintlichen Vertragsschlusses bindend festlegen.*

In unserem Fall nimmt M unmittelbar Bezug auf das Telefongespräch zwischen M und D. Das schriftliche Bestätigungsschreiben folgte den Verhandlungen hier unmittelbar noch am selben Tag nach.

4. Redlichkeit des Absenders

nicht bei Arglist

Die Wirkungen des KBS treten nicht ein, wenn der Absender nicht 533
schutzwürdig ist. Formuliert der Absender das **KBS bewusst unrichtig**, weil er hofft, die Änderung werde nicht bemerkt, so handelt er arglistig. Versendet ein arglistiger Vertreter das unrichtige KBS, so erfolgt eine Zurechnung gem. § 166 I BGB.

5. Genehmigungsfähiger Inhalt des KBS

nicht bei gravierenden Abweichungen

Die Unredlichkeit des Absenders ist meist schwer zu beweisen. Die 534
Wirkung des KBS tritt jedoch auch dann nicht ein, wenn der Inhalt des KBS gravierend von dem Vorbesprochenen abweicht. In diesem Fall kann der Bestätigende vernünftigerweise nicht damit rechnen, dass der Empfänger mit dem neuen Inhalt einverstanden ist.

***Abwandlung**: Dietrich übersendet ein KBS, in dem er zusätzlich die Bestellung von Anhängern als vereinbart hinstellt. In den Verhandlungen hatte M aber ausdrücklich ein dahingehendes Angebot des D abgelehnt.*

Der zusätzliche Inhalt des KBS, der einen völlig neuen Kaufgegenstand einbringt, liegt so weit von den Vorverhandlungsergebnissen entfernt, dass D hier nicht mit dem Einverständnis des anderen rechnen konnte. Der Vertrag kommt hinsichtlich der Anhänger nicht nach dem Inhalt des unwidersprochenen KBS zustande.

Problem bei AGB

Problematisch ist insbesondere, ob der Inhalt des KBS noch genehmigungsfähig ist, wenn der Bestätigende seine AGB beifügt und diese in den Vorbesprechungen noch nicht genannt waren.

Man könnte zwar meinen, die AGB seien wegen § 305 II BGB schon nicht wirksam in den Vertrag einbezogen worden. Aber gem. § 310 I BGB gilt § 305 II BGB für Unternehmer (!) nicht. Daher hält die h.M. die Einbeziehung von AGB in das KBS für genehmigungsfähig, soweit die Verwendung von AGB üblich ist und der Empfänger des KBS mit der Verwendung der AGB rechnen musste.

6. Zugang des KBS, Schweigen des Empfängers

Zugang erforderlich

Das KBS muss dem Empfänger zugehen. Es gilt insoweit die allgemeine Vorschrift des § 130 BGB. 535

kein unverzüglicher Widerspruch

Der Empfänger darf dem KBS nicht widersprochen haben. Wie in § 121 I S. 1 BGB (lesen!) legaldefiniert, muss ein Widerspruch ohne schuldhaftes Zögern geschehen. Ein Widerspruch nach über einer Woche wird regelmäßig als verspätet anzusehen sein. 536

> In unserem Ausgangsfall ging das Schreiben des D dem M zu. Er widersprach dem Inhalt des KBS nicht. Somit liegen im Fall alle Voraussetzungen des Schweigens auf ein KBS vor.

hemmer-Methode: Hier lassen sich leicht Probleme um den Zugang von Willenserklärungen in die Klausur einbauen, vgl. hemmer/Wüst, Zivilrecht für die Zwischenprüfung, Rn. 52.

II. Rechtsfolgen des unwidersprochenen KBS

1. Inhalt des Vertrages

deklaratorisch oder konstitutiv

Rechtsfolge des unwidersprochenen KBS ist, dass der **Vertrag mit dem Inhalt des Schreibens** zustande kommt. Es wird fingiert, dass die Willenserklärungen einen Vertrag des Inhalts begründet haben, wie er im Bestätigungsschreiben niedergelegt worden ist. Dabei ist dann wieder zwischen einem **deklaratorischem** und einem **konstitutivem Bestätigungsschreiben** zu unterscheiden (vgl. Rn. 529). 537

Reichweite der Wirkung

Das KBS dient nicht nur als Beweismittel für den Inhalt des Vertrages. Die Wirkungen des KBS gehen **weit über** eine **einfache Beweiswirkung** hinaus. Das unwidersprochene KBS bewirkt, dass der **Gegenbeweis**, ein inhaltlich vom KBS abweichender Vertrag sei geschlossen worden, **nicht mehr möglich** ist. 538

hemmer-Methode: Für den Prozess bedeutet dies, dass vom Gericht keine Zeugen gehört würden, die eine vom unwidersprochenen KBS abweichenden mündlichen Vertragsschluss bezeugen können.

Es bleibt dem Beklagten also nur die Möglichkeit, das KBS dadurch zu entkräften, dass er eine Unredlichkeit des Absenders oder einen nicht genehmigungsfähigen Inhalt des KBS behauptet und, falls bestritten, beweist.

> Im Ausgangsfall hat sich durch das KBS der Vertragsinhalt auf die Lieferung von Traktoren vom Typ „deluxe“ zum Preis von insgesamt 500.000 € konkretisiert. M muss diesen Preis bezahlen.

2. Anfechtung eines KBS?

Problematisch ist die Frage, ob der Empfänger das KBS rückwirkend gem. § 142 I BGB durch Anfechtung beseitigen kann. Denn bei dem Schweigen auf das KBS handelt es sich nicht um eine Willenserklärung. 539

bloßer Rechtsfolgenirrtum nicht anfechtbar

Einigkeit besteht noch insoweit, als ein bloßer Irrtum über die Bedeutung des Schweigens nicht zur Anfechtung berechtigt. Dabei handelt es sich um einen **unbeachtlichen Rechtsfolgenirrtum**.

„Erklärungsirrtum“

Umstritten ist, wenn der Empfänger infolge flüchtigen Lesens die inhaltliche Abweichung im KBS übersieht und deswegen nicht widerspricht.

Dabei ist zu beachten, dass das Schweigen auf das KBS **keine Willenserklärung, sondern ein Zurechnungstatbestand** ist.

noch h.M.: anfechtbar

Die wohl noch h.M. lässt bei einem solchen Irrtum eine Anfechtung **analog § 119 I 2. Alt. BGB** zu. Der Empfänger könne nicht schlechter stehen, als wenn er seinen Willen ausdrücklich erklärt hätte. (Argument „a maiore ad minus“)

a.A.: nicht anfechtbar

Eine vordringende Ansicht (Medicus, BR, Rn. 58) lässt eine Anfechtung dagegen nicht zu. Es wäre mit dem **Zweck des KBS**, das Vertrauen des Absenders zu schützen, nicht vereinbar, wenn der Empfänger anfechten könnte. Zudem wird vorgebracht, im Handelsrecht sei, abweichend vom allgemeinen bürgerlichen Recht, eine Anfechtung nicht mehr möglich, wenn ein **selbstverschuldeter Irrtum** vorliegt.

§ 8 MÄNGELRECHT BEIM HANDELSKAUF, § 377 HGB

A. Grundgedanken des § 377 HGB

Modifikation des Mängelrechts

Das Erfordernis von Einfachheit, Schnelligkeit und Sicherheit des Handelsverkehrs zeigt sich insbesondere bei Warenumsatzgeschäften. Im Handelsverkehr besteht ein Interesse des Kaufmanns daran, sofort Klarheit darüber zu erlangen, ob insbesondere Mängelrechte geltend gemacht werden können. Die durch § 438 BGB gesetzte Verjährungsfrist von 2 Jahren für bewegliche Sachen ist hierfür denkbar ungeeignet. Gerade unter kaufmännischen Unternehmern besteht noch eine weitere Gefahr: Beim Einsatz fehlerhafter Produkte im Betrieb können weitreichende Mangelfolgeschäden auftreten. Der Verkäufer hat daher ein berechtigtes Interesse, möglichst frühzeitig von fehlerhaften Lieferungen zu erfahren, um Schadensfolgen zu verhindern, die den Wert der Ware um ein Vielfaches übersteigen. Daher werden die **Mängelvorschriften des BGB durch § 377 HGB modifiziert**. 540

hemmer-Methode: Durch die Verbindung des Handelsrechts mit dem Mängelrecht ist § 377 HGB enorm klausurrelevant. Voraussetzung für das Verständnis des § 377 HGB ist das Beherrschen des Systems der Mängelrecht. Die Problematik finden Sie gut aufbereitet in: hemmer/Wüst, Schuldrecht II. 541

B. Die Voraussetzungen des § 377 HGB

Wir wollen uns nun die Voraussetzungen und die Funktionsweise des § 377 HGB anhand eines Beispiels erarbeiten: 542

> *Bsp.: Maier kauft für seinen Gewerbebetrieb einen gebrauchten Pflug für 4.000 € bei Händler Dietrich. Dietrich liefert den Pflug. Maier, der denkt, alles sei in Ordnung, überprüft die Maschine nicht weiter. Nach drei Monaten, als M den Pflug erstmals einsetzen will, stellt er fest, dass die Pflugscharen einen Haarriss aufweisen. Der Pflug ist nicht zu verwenden. Maier fordert wegen des Mangels Dietrich auf, einen neuen Pflug zu liefern. Hat er darauf einen Anspruch?*
>
> M könnte gegenüber D einen Anspruch auf Nacherfüllung gem. §§ 434 I, 437 Nr.1, 439 BGB haben.
>
> I. Ein wirksamer Kaufvertrag liegt vor. Der gelieferte Pflug war auch mangelhaft i.S.d. § 434 I BGB. Mit dem Haarriss weicht der Pflug von der vertraglich vereinbarten Sollbeschaffenheit ab. Hierdurch werden Wert und Tauglichkeit des Pflugs, dessen Pflugscharen beim Einsatz abzubrechen drohen, erheblich eingeschränkt.

Dieser Mangel bestand bereits bei Gefahrübergang, § 446 I S. 1 BGB. Die Voraussetzungen für den Nachlieferungsanspruch liegen also grundsätzlich vor.

II. Der Anspruch auf Nacherfüllung könnte aber nach § 377 II HGB ausgeschlossen sein.

hemmer-Methode: Schachtelaufbau! Auch für § 377 BGB gilt, dass er keinesfalls isoliert geprüft werden darf, sondern immer in die einzelnen Mängelvorschriften einbezogen werden muss. Das alles ist Folge des Art. 2 I EGHGB. vgl. oben Rn. 445.

I. Beiderseitiges Handelsgeschäft

beiderseitiger Handelskauf

Voraussetzung der Anwendung des § 377 HGB ist das Vorliegen eines beiderseitigen Handelskaufs, § 377 I HGB. Liegen die Voraus- 543
setzungen der §§ 343 f. HGB für einen der Vertragspartner bei Vertragsschluss nicht vor, so scheidet eine Anwendung des § 377 HGB aus.

Im vorliegenden Fall handelt es sich um einen beiderseitiges Handelskauf i.S.d. § 377 HGB. Sowohl M als auch D sind Kaufleute. Der Kauf gehört zum Betrieb ihrer jeweiligen Handelsgewerbe, § 343 I HGB.

II. Ablieferung der Ware

§ 377 I HGB begründet eine Untersuchungs- und Rügeobliegenheit. 544
Damit der Käufer aber überhaupt eine **Überprüfungsmöglichkeit** hat, muss die Ware bei ihm abgeliefert werden.

Ablieferung

Der **Begriff der Ablieferung** ist identisch mit dem des § 438 II BGB. Der Verkäufer muss den Gewahrsam an dem Kaufgegenstand aufgeben und dem Käufer die Verfügungsmöglichkeit so eröffnen, dass dieser durch einseitige Handlung Gewahrsam an der Ware begründen kann.

Hier hat D den Pflug an M geliefert. Eine Ablieferung gem. § 377 I HGB hat stattgefunden.

III. Erkennbarkeit des Mangels

erkennbarer Mangel

Aus § 377 II a.E. BGB ergibt sich, dass der Mangel durch eine Un- 545
tersuchung erkennbar gewesen sein muss. Ist der Mangel auch bei **handelsüblichen Untersuchungen** nicht erkennbar gewesen, so tritt die Folge des § 377 II HGB nicht ein. Der Kaufmann wird aber von der Rügepflicht nicht vollständig befreit. Vielmehr hat er gem. **§ 377 III HGB unverzüglich nach Entdeckung** des Mangels diesen dem Verkäufer **anzuzeigen**.

Auch wenn es sich nur um einen feinen Riss handelte, war der Mangel an dem Pflug nach einer handelsüblichen Untersuchung durch M zu erkennen (a.A. vertretbar).

IV. Kein Arglistiges Verschweigen des Mangels

Arglist

Der Verkäufer kann sich auf die Folgen des § 377 II HGB nicht berufen, wenn er den Mangel arglistig verschwiegen hat, § 377 V HGB. Dies folgt dem Grundgedanken von Treu und Glauben, § 242 BGB. 546

hemmer-Methode: Hier können natürlich wieder Fragen der Zurechnung der Arglist eines Erfüllungsgehilfen in die Klausur eingebaut werden. Beachten Sie, dass Arglist wegen des beherrschenden Wissenselements nach § 166 I BGB zugerechnet wird, nicht nach § 278 BGB, der nur bei der Verschuldenszurechnung anwendbar ist.

V. Unterlassen der rechtzeitigen Mangelrüge

Der Käufer muss die abgelieferte Ware unverzüglich untersuchen und, falls sich ein Mangel zeigt, unverzüglich (Legaldefinition in § 121 I S. 1 BGB: „ohne schuldhaftes Zögern") rügen. Wann schuldhaftes Zögern vorliegt, ist unterschiedlich zu beurteilen: 547

mehrere Fristen

- Ist der Mangel **evident**, also eine weitere Untersuchung überflüssig, so ist der Mangel unverzüglich nach der Ablieferung anzuzeigen.

- Ist der Mangel **erst nach Untersuchung erkennbar**, so hat unverzüglich die handelsübliche Untersuchung einzusetzen. Zeigt sich dann ein Fehler, so ist dieser wiederum unverzüglich nach der Untersuchung anzuzeigen. Die Zeit für eine ordnungsgemäße Untersuchung ist also in die Frist miteinzurechnen.

  Hier lag ein Haarriss an dem Pflug vor. Ein solcher feiner Riss ist nicht sofort erkennbar. Allerdings hätte M unverzüglich die Untersuchung beginnen müssen. Die hat M unterlassen. Die Untersuchung hätte dabei spätestens nach einem Tag abgeschlossen sein können. Die Rüge des M nach 3 Monaten kommt zu spät.

hemmer-Methode: In der Klausur ist hier also ein genaues Ausschöpfen des Sachverhaltes angezeigt.

§ 377 IV HGB

Der Käufer soll nicht auch noch mit dem Risiko einer Verspätung auf dem Übermittlungsweg belastet werden. Es genügt daher gem. § 377 IV HGB das rechtzeitige Absenden der Anzeige durch den Käufer.

VI. Wirksamer Ausschluss des § 377 HGB

§ 377 HGB ist dispositiv

§ 377 HGB ist **dispositiv**. Die Vorschrift dient vor allem dem Schutz des Verkäufers. Dieser kann natürlich auf diesen Schutz verzichten. Bei einem formularmäßigen **Ausschluss in AGB** ist jedoch § 307 BGB zu beachten. 548

So wird man den Ausschluss der Rügeobliegenheit für evidente Mängel in AGB durch den Käufer als unangemessene Benachteiligung des Vertragspartners ansehen müssen.

Somit liegen in unserem Fall die Voraussetzungen des § 377 HGB vor. Der Anspruch auf Nacherfüllung ist gem. § 377 II HGB ausgeschlossen.

C. Die Rechtsfolgen der unterlassenen Rüge

I. Rügeobliegenheit

Obliegenheit

Bei dem Unterlassen der Rüge des § 377 I HGB handelt es sich um keine Pflichtverletzung im engeren Sinne; das Unterlassen der Rüge hat keine Schadensersatzverpflichtung zur Folge. Vielmehr normiert § 377 HGB eine Obliegenheit, d.h. bei Unterlassen der Rüge verliert der Käufer ihm ursprünglich zustehende Rechte. 549

II. Reichweite des Ausschlusses von kaufrechtlichen Ansprüchen

Nach § 377 II HGB „gilt die Ware als genehmigt". Der einzelne Mangel an der Kaufsache gilt als geheilt. Aus dem **nichtgerügten Sachmangel** kann der Käufer **keine Rechte** geltend machen.

hemmer-Methode: Hat der Käufer einzelne Sachmängel gerügt, andere aber nicht, so stehen ihm Mängelansprüche nur hinsichtlich der gerügten Mängel zu. 550

Ausschluss von Mängelrechten

§ 377 II HGB betrifft den **Ausschluss von Mängelrechten**, die grundsätzlich bei mangelhaften Waren geltend gemacht werden könnten.

Dabei sind nicht nur §§ 434 ff. BGB hinsichtlich des nicht gerügten Mangels ausgeschlossen. Vielmehr kann der Käufer **keinerlei Rechte geltend machen, die mit dem Mangel in Zusammenhang stehen**. Ansonsten wäre es rein zufällig, ob Rechte präkludiert sind, oder nicht.

So ist auch die Einrede des nichterfüllten Vertrages gem. § 320 BGB ausgeschlossen. Verlangt der Verkäufer Zahlung, kann der Käufer die Zahlung nicht wegen Mangelhaftigkeit der Kaufsache verweigern. Die Ware gilt als genehmigt. Es wird so getan, als habe der Verkäufer mangelfrei geliefert. Er hat seine Pflichten aus § 433 I BGB erfüllt.

hemmer-Methode: Geht es indes nur um die Verletzung von Nebenpflichten als Anlass für die Inanspruchnahme des Verkäufers, so findet ein Ausschluss nach § 377 II HGB nicht statt. Denn Nebenpflichtverletzungen stehen nicht im Zusammenhang mit der mangelhaften Ware, die gem. § 377 II HGB „als genehmigt gilt".

Bsp. (Abwandlung zu Rn. 542): *Bei der Anlieferung des fehlerhaften Pfluges touchiert Dietrich mit seinem Lieferwagen unbemerkt den Holzzaun des Maier. Dabei werden mehrere Holzstangen „angeknackst". Erst zwei Wochen später bemerkt Maier die Schäden an dem Zaun. Kann M den Ersatz der Schäden von D verlangen?*

Hier besteht ein Anspruch des Maier gegen Dietrich aus §§ 280 I, 241 II BGB. Indem D bei der Anlieferung des Pfluges den Zaun beschädigte, hat er eine Nebenpflicht verletzt. Dies geschah zudem schuldhaft.

Der Anspruch aus § 280 I BGB ist hier nicht durch § 377 II HGB ausgeschlossen. Zwar kann ein Ausschluss von Sekundäransprüchen durch § 377 HGB auch die Ansprüche aus § 280 I BGB betreffen. § 377 HGB ist aber nur anwendbar, wenn die Pflichtverletzung im Zusammenhang mit dem (nicht gerügten) Mangel steht. Das wäre allenfalls dann der Fall, wenn es zur Beschädigung des Zaunes als Folge des Mangels gekommen wäre (sog. Mangelfolgeschaden). Dann wäre der Anspruch aus §§ 437 Nr.3, 280 I BGB ausgeschlossen.

Maier kann somit Ersatz der Schäden an dem Zaun aus § 280 I BGB verlangen.

Daneben besteht noch ein Anspruch des M gegen D auf Ersatz des Schadens aus § 823 I BGB wegen der Eigentumsverletzung. Auch dieser wird nicht präkludiert, da § 377 II HGB nicht eingreift.

§§ 823 ff. BGB nicht ausgeschlossen

Nicht ausgeschlossen ist jedoch die deliktische Haftung gem. § 823 ff. BGB, selbst wenn die Eigentumsverletzung auf der Mangelhaftigkeit der Kaufsache beruht. Grund dafür ist, dass hier ein anderes Rechtsgut geschützt ist. § 823 BGB schützt das **sog. Integritätsinteresse**, das Interesse, nicht an eigenen Rechtsgütern verletzt zu werden. Der Schädiger soll nicht nur deswegen privilegiert werden, weil „zufällig" ein Vertrag mit dem deliktisch Geschädigten bestand.

hemmer-Methode: Bei diesem schwierigen Problem können Sie sich mit der entsprechenden Begründung durchaus anders entscheiden. So ist es nicht leicht hinzunehmen, dass § 377 HGB durch die deliktische Haftung praktisch ausgehöhlt werden kann.
Entscheiden Sie klausurtaktisch und begründen Sie Ihr gefundenes Ergebnis genau. Nicht ausreichend wäre es jedoch, wenn Sie sich, wie der BGH, mit einem bloßen Hinweis auf eine bestehende Anspruchskonkurrenz begnügen würden.
Sofern man sich für eine Anwendung von § 823 I BGB entscheidet, kann man den Anspruch infolge der verspäteten Rüge aber u.U. gem. § 254 BGB reduzieren, wenn diese Verspätung zu einer Schadensvertiefung geführt hat.

Wir gratulieren Ihnen, dass Sie sich durchgekämpft haben! Sicher haben Sie festgestellt: So schwierig ist Handels- und Gesellschaftsrecht nicht. Wir hoffen, dass Sie sich jetzt noch mehr freuen, wenn in Klausuren handels- und gesellschaftsrechtliche Bezüge geprüft werden. Last but not least. In der Praxis werden Sie handels- und gesellschaftsrechtliche Kenntnisse auf alle Fälle brauchen. Das Skriptum wird Ihnen auch in Zukunft eine gute Hilfe sein.

Falls Ihnen unser Basics Handels- und Gesellschaftsrecht gefallen hat, freuen wir uns, wenn Sie auch zu unserem Skriptum für Fortgeschrittene greifen.

WIEDERHOLUNGSFRAGEN: Rn.

1. Was besagt der numerus clausus der Gesellschaftsformen? .... **6 f.**
2. Was sind die drei Grundvoraussetzungen der GbR? **13**
3. Wer kann Gesellschafter einer GbR sein? **14**
4. Liegt bei bloßem „Halten und Verwalten“ eine GbR vor? Wie lautet die dogmatische Begründung des Ergebnisses? **20**
5. Warum eignet sich das Vermögenszuordnungsprinzip der Bruchteilsgemeinschaft nur schlecht für eine GbR? **25**
6. Nennen Sie die Grundprinzipien der Gesamthandsgemeinschaften und zitieren Sie jeweils die zugrundeliegenden Normen! .... **27 ff.**
7. Stellen Sie den Streit um die Teilrechtsfähigkeit der GbR dar! Wo hat dieser Streit Bedeutung in der Klausur? .... **32 ff., 79**
8. Welche Rechtsbeziehungen werden im Innenverhältnis, welche im Außenverhältnis geregelt? **35**
9. Warum ist die Unterscheidung zwischen Innen- und Außenverhältnis so wichtig? **36, 94, 96, 145**
10. Welche Arten der Beitragsleistung kennen Sie? Welche liegt im Zweifel vor? .... **38 ff.**
11. Grenzen Sie die Begriffe der Geschäftsführung und der Vertretung voneinander ab! **45**
12. Welche Rechtsfolgen ergeben sich bei Überschreitung der Geschäftsführungsbefugnis? **68**
13. Die Treuepflicht ist ein zentraler Grundsatz des Gesellschaftsrechts. Welchen Inhalt hat die Treuepflicht und wo liegen ihre Grenzen? .... **65 ff.**
14. Welcher Haftungsmaßstab ist bei Pflichtverletzungen eines GbR - Gesellschafters anzusetzen? **69**
15. Kann der geschäftsführende Gesellschafter auch Schäden aus der Geschäftsführung von der GbR ersetzt verlangen? Wie ist dies bei der oHG? .... **60 f., 244**
16. Was unterscheidet die organschaftliche von der rechtsgeschäftlichen Vertretungsmacht? .... **81 ff.**
17. Was besagt das Prinzip der Selbstorganschaft? Gilt das Prinzip zwingend im Innen und Außenverhältnis? .... **85 ff.**
18. Warum bedarf es der Rechtsfigur der „actio pro socio“? Wie wird Sie dogmatisch begründet und wo erfolgt ihre Einordnung in der Klausur? .... **98 ff.**
19. Definieren Sie die Begriffe „haften“ und „schulden“! **45**
20. Welche Haftungsobjekte stehen den Gläubigern nach der kollektivistischen Theorie zu? .... **103 ff.**
21. Was besagt die Akzessorietätstheorie? .... **114 f.**
22. Erklären Sie die Konstruktion der Doppelverpflichtungslehre! .... **116 ff.**
23. Liegt zwischen den haftenden Gesellschaftern ein Gesamtschuldverhältnis vor? Besteht ein Gesamtschuldverhältnis zwischen der GbR und den Gesellschaftern? **120**

24. Wo zeigt sich der entscheidende Unterschied in der Haftung der Gesellschafter nach der Akzessorietätstheorie im Vergleich zur Doppelverpflichtungslehre? *139*

25. Unter welchen Voraussetzungen ist eine Haftungsbeschränkung auf das Gesellschaftsvermögen möglich? .... *145 ff.*

26. Warum bedarf es der Rechtsfigur der „fehlerhaften Gesellschaft"? *160*

27. Was sind die Voraussetzungen der „fehlerhaften Gesellschaft"? .... *161 ff.*

28. Wie unterscheiden sich die fehlerhafte Gesellschaft und die Scheingesellschaft in Voraussetzungen und Rechtsfolgen? *171, 177*

29. Warum müssen grundsätzlich alle Gesellschafter bei der Änderung des Gesellschafterbestandes zustimmen? .... *179 ff.*

30. Haftet ein neu in die GbR eintretender Gesellschafter für Altschulden der GbR? Wie ist dies bei der oHG? *191, 314*

31. Ist ein Ausschluss eines Gesellschafters ohne wichtigen Grund möglich, wenn ein wichtiger Grund nach dem Gesellschaftsvertrag nicht erforderlich ist? .... *198 f.*

32. Warum widerspricht ein Gesellschafterwechsel nicht dem Abspaltungsverbot, § 717 S. 1 BGB. Wie ist der Gesellschafterwechsel rechtlich zu konstruieren? .... *207 ff.*

33. Warum vollzieht sich die Beendigung der GbR grundsätzlich in 2 Phasen? *211*

34. Wie verläuft die „Normenhierarchie" bei der oHG? Welche Normen sind vorrangig anzuwenden? *219*

35. Was unterscheidet die oHG von der GbR? *223*

36. Wann entsteht die oHG im Außenverhältnis? .... *231 ff.*

37. Ist die oHG teilrechtsfähig? Warum kann der Streit um die Gesamthandstheorien hier, im Gegensatz zur Lage bei der GbR, vernachlässigt werden? .... *236 f.*

38. Welchen Regelungszweck haben jeweils die beiden Alternativen des Wettbewerbsverbots, § 112 HGB? .... *247 f.*

39. Welche Art der organschaftlichen Vertretungsmacht liegt im gesetzlichen Regelfall jeweils bei der GbR, bei der oHG und bei der GmbH vor? Einzelvertretungsmacht oder Gesamtvertretungsmacht? *90, 256, 436*

40. Welchen Umfang hat die organschaftliche Vertretungsmacht eines oHG Gesellschafter? *258*

41. Nennen Sie die Ausnahmen im Umfang der Vertretungsmacht vom Grundsatz des § 126 HGB? Welcher Zweck liegt diesen Ausnahmen zugrunde? .... *259 ff.*

42. Warum umfasst § 128 S. 1 HGB grds. nicht die Haftung der Gesellschafter für Sozialverbindlichkeiten der Gesellschaft? *276*

43. Welchen Inhalt hat die Einstandspflicht des Gesellschafters (haftet er auf Erfüllung oder auf das Interesse)? Wie ist in der Klausur vorzugehen? .... *285 ff., 296*

44. Wie wirkt sich die Unterbrechung der Verjährung gegenüber der Gesellschaft auf die persönliche Haftung des Gesellschafters aus? .... *305 ff.*

45. Kann ein Kommanditist organschaftliche Vertretungsmacht besitzen? Kann ihm rechtsgeschäftliche Vertretungsmacht erteilt werden? .... *354 f.*

46. Welche drei Konstellationen der Haftung des Kommanditisten sind zu unterscheiden? *373*

75. Welche Kritik wird gegen die „Rosinentheorie“ vorgebracht? *491*

76. Warum muss die positive Publizitätswirkung des § 15 III HGB eingeschränkt werden? Auf welche Weise erreicht die h.M. diese Einschränkung? *495*

77. Was ist eine „Firma“? *496*

78. Warum hat der Gesetzgeber beim Wechsel des Unternehmensträgers eine Haftungserweiterung auf den Erwerber des Handelsgeschäfts normiert? *498*

79. Muss das dem Erwerb des Handelsgeschäfts zugrundeliegende Rechtsgeschäft zwischen dem Veräußerer und dem Erwerber wirksam sein, damit die Haftung gem. § 25 I S. 1 HGB entsteht? *504*

80. Wie kann sich der Erwerber eines Handelsgeschäftes vor der Haftung nach § 25 I S. 1 HGB schützen? *508*

81. Warum kann § 28 I S. 1 HGB keine Anwendung auf den Eintritt eines Gesellschafters in eine bestehende oHG /KG finden? *511*

82. Nach welchen Regeln haften die Gesellschafter, wenn die entstehende Gesellschaft gem. § 28 I S. 1 HGB einzustehen hat? *514*

83. Über welche Unklarheiten hilft die Vermutung des § 344 I HGB nur hinweg? *523*

84. Warum hat § 344 I HGB für Handelsgesellschaften keine weitreichende Bedeutung? *524*

85. Wie ist das kaufmännische Bestätigungsschreiben von der sog. Auftragsbestätigung abzugrenzen? .... *529 ff.*

86. Können in den Verhandlungen nicht erwähnte AGB Inhalt des Vertrages werden, wenn sie in dem unwidersprochenen KBS enthalten waren? *534*

87. Geht die Wirkung des unwidersprochenen KBS über eine bloße Beweiswirkung hinaus? *538*

88. Kann der Empfänger eines KBS dieses durch Anfechtung rückwirkend beseitigen? *539*

89. Aus welchen Gründen werden im Handelsrecht die Mängelvorschriften des BGB durch § 377 HGB modifiziert? *540*

90. Warum kann sich ein privater Verbraucher gegenüber einem Kaufmann nicht auf die Wirkungen des § 377 II HGB berufen? *543*

91. Wonach ist zu beurteilen, ob die Mangelrüge i.S.d. § 377 I HGB rechtzeitig erfolgt ist? *547*

92. Kann § 377 HGB in AGB auch für evidente Mängel ausgeschlossen werden? *548*

93. Auf welche Ansprüche bezieht sich die Genehmigungsfunktion des § 377 II HGB? Sind deliktische Ansprüche auch von § 377 II HGB erfasst? *550*

Die Zahlen beziehen sich auf die Randnummern des Skripts

K

L

M

N

O

P

R

S

examenstypisch ■ modern ■ effektiv